Ernst Walter Zeeden · DIE ENTSTEHUNG DER KONFESSIONEN

Ernst Walter Zeeden

DIE ENTSTEHUNG DER KONFESSIONEN

Grundlagen und Formen der Konfessionsbildung
im Zeitalter der Glaubenskämpfe

R. OLDENBOURG MÜNCHEN-WIEN 1965

270.6
Z27

167565

© 1964 R. Oldenbourg München-Wien
Druck: R. Spies & Co. Wien

INHALTSVERZEICHNIS

Einführung
Geschichte und Problem der Konfessionsbildung 7

I. Evangelische Bewegung in Deutschland und Ausbreitung der Konfessionen in Europa (1520—1600) 13
   1. Die Anfänge der Reformation in Deutschland und die Ausbreitung des Luthertums 13
   2. Calvin. Ausbreitung und Eigenart des reformierten Protestantismus 17
   3. Die Anglikanische Kirche 23
   4. Die katholische Kirche und ihre Umwandlung seit dem Konzil von Trient 26

II. Grundlagen der Konfessionsbildung in Deutschland . . 32

III. Von der evangelischen Bewegung zur lutherischen Territorialkirche 47

IV. Volkstümliche Reaktionen auf die Reformation 56
   1. Evangelische Regungen und Verhaltensweisen . . . 56
   2. Beispiele des Niedergangs im Katholizismus 60
   3. Populäre Regungen für die katholische Kirche . . . 62

V. Formen konfessioneller Verwirrung und Vermischung . 68
   1. Populäre Folgen herrschaftlichen Religionswechsels: Gehorsam, Gleichgültigkeit, Widerstand 68
   2. Glaubensverwirrung und Bikonfessionalität 72
   3. Legalisierte Mischformen 78

VI. Reste katholischer Glaubensübung und altkirchliche Traditionen im Luthertum 81
   1. Katholische Traditionen im lutherischen Kult und Brauchtum 81
   2. Reste katholischer Glaubensübung 87
   3. Rechts- und Verfassungstraditionen 89
   4. Konservative Grundzüge des lutherischen Kirchentums 90

VII. Richtlinien und Wege konfessioneller Stabilisierung — Gemeinsame Züge bei allen Konfessionen 95
   1. Methoden des Aufbaus und der Reorganisation . . . 95

      2. Allgemeine Hindernisse des innerkirchlichen Aufbaus
         im Luthertum und Katholizismus 101

VIII. Richtlinien und Wege konfessioneller Stabilisierung —
      Kirchlicher Aufbau im Luthertum und Katholizismus . . 113
      1. Innere Reorganisation der lutherischen Kirche . . . 114
      2. Die katholische Reform in Deutschland 119
      3. Entwicklung eines konfessionellen Bewußtseins . . . 129

IX. Formen des inneren Lebens in den Konfessionskirchen . 137
      1. Das Luthertum im Zeichen der Orthodoxie 137
      2. Formen katholischer Frömmigkeit im 16. und 17. Jahrhundert 142

X. Die Konfessionsbildung in Osteuropa 153
      1. Politische Ordnung, Verfassungslage und Nationalitäten 153
      2. Eigenart der evangelischen Bewegung in Osteuropa . 158
      3. Reformation, Gegenreformation und katholische Regeneration 161

Rückschau und Ausblick 179

Nachwort, Literaturhinweise 191

Register 197

ZUR EINFÜHRUNG

GESCHICHTE UND PROBLEM DER KONFESSIONS-
BILDUNG

Die christliche Kirche des Abendlandes war, wie allgemein bekannt, gegen Ende des Mittelalters in eine schwere Krise geraten. Um das Jahr 1500 herum bestritt kein Mensch die Notwendigkeit einer durchgreifenden Reform. Eben deshalb fand Luther ein überwältigendes Echo. Nach Martin Luther traten, noch zu seinen Lebzeiten, andere Reformatoren auf; gegen Ende seines Lebens begann auch die katholische Kirche sich zu reformieren. Der Reformation folgten Glaubensspaltung und Religionskriege auf dem Fuße. Aus den verschiedenen Anläufen, die abendländische Kirche zu erneuern, entstanden die uns heute als christliche Religionsgemeinschaften bekannten Konfessionen. Sie bildeten sich im 16. und 17. Jahrhundert heraus. Ihren geschichtlichen Anfängen nach traten sie — in der Regel — als Versuche ins Leben, die Kirche zu reformieren und sich gegen Konkurrenzreformationen in Verteidigung oder Angriff durchzusetzen.

Die Herausbildung konfessionell unterschiedener Kirchentypen gehört mit zu den Hauptvorgängen der europäischen Geschichte im 16. und 17. Jahrhundert. Die Konfessionsbildung ging, wohl ungewollt, aus der evangelischen Bewegung und der durch sie heraufbeschworenen katholischen Reform hervor. Sie vollzog sich in einem Prozeß, der sich nicht nur auf das Kirchliche beschränkte, sondern weit darüber hinaus alles Öffentliche und Private in Mitleidenschaft riß und tief in die Lebensbereiche des Politischen und Kulturellen hineindrang. Die Reformation und die durch sie ausgelösten Ereignisse fielen in dieselbe Zeitspanne, in der Europa die neue Welt entdeckte: in der es die Seeherrschaft über alle Ozeane gewann, größere Teile

Indiens, Afrikas und des Fernen Ostens erschloß und ganz Amerika eroberte und kolonisierte. In dieser Zeit gewannen aber auch die Königreiche und sonstigen Länder Alteuropas ein schärferes Profil. Die Apparatur der Regierung verfeinerte sich, die politischen Aufgaben und Probleme wuchsen in neue Dimensionen, und im Inneren der Staatswesen suchten die Könige, Fürsten oder sonstigen Hoheitsträger ihre Kompetenzen beträchtlich zu erweitern. Auch die Vorgänge im Raum der Kirche stellten die Inhaber der politischen Gewalt, die Landesherren, Stadtmagistrate, Zwischenherrschaften und dergleichen vor neue Situationen.

Rückschauend möchte man die ersten Anfänge der Konfessionsbildung dort sehen, wo sie den Zeitgenossen der Reformatoren wohl kaum oder nur in den wenigsten Fällen bewußt wurden: nämlich in den evangelischen Predigten, die etwa seit 1520 in größeren Teilen Deutschlands und der Schweiz gehalten wurden und sich rapid verbreiteten; und den in ihrer Folge auftretenden Umbildungen und Vereinfachungen des Kirchenwesens in Gottesdienst und Verfassung. In diesen Vorgängen, die am Beginn des Reformationsgeschehens in zahlreichen Städten und Territorien standen, sah damals wohl kaum jemand den ersten Schritt, der aus der herrschenden Kirche hinausführte. Was da vor sich ging, empfand die Mehrheit der Zeitgenossen vielmehr als den Anfang der längst fälligen kirchlichen Reform. Seit dem Ausgang des Bauernkrieges (1525), seit dem 1. Speyrer Reichstag (1526) und den ersten systematischen Kirchenvisitationen im Kurfürstentum Sachsen (1527—29) war allerdings nicht zu verkennen, daß sich ein eigenständiger lutherischer Kirchentyp abzuzeichnen und langsam zu konstituieren begann. Die Entwicklung der Dinge drängte seit etwa 1524/25 auf eine Fixierung der neuen Formen, die die Reformation hervorgebracht oder angeregt hatte, damit darüber, wie man es mit Gottesdiensten, Armenpflege, Kirchenvermögen, Stiftungen und natürlich auch mit der Lehre halten sollte, Klarheit und eine gewisse Regelung geschaffen werde. Denn ohne eine fundierte Ordnung kam man auf die Dauer nicht aus. Aus ähnlichen Voraussetzungen und auf vergleichbarer Grundlage bildeten sich in Zürich und anderen eidgenössischen Stadtkantonen seit der Mitte der zwanziger Jahre ebenfalls evangelische Kirchen. Diese grenzten sich in der Folge als ein reformierter Typ eigener Prägung nicht nur gegen den Katholizismus, sondern — infolge dogmatischer Differenzen — auch gegen das deutsche Luthertum ab. Calvin, der sich 1549 mit den Zürichern einigte, vermochte sich ebenfalls nicht mit den Lutheranern zu verständigen. Diese reagierten vielmehr äußerst empfindlich auf die calvinische Lehre und Bewegung und setzten ihr seit Beginn der fünfziger Jahre mit heftigen Angriffen zu. Daraus entstand ein Streit zwischen den beiden Hauptrichtungen des Protestantismus, der so lange dauerte wie das konfessionelle Zeitalter überhaupt. Rechnet man hinzu, daß sämtliche evangelischen Richtungen, inklusive der Anglikaner, untereinander mehr oder weniger verfeindet waren, daß sie im Kampf lagen mit der römischen Kirche und daß sich auf der anderen Seite Katholiken, Lutheraner, Reformierte in gleicher Weise gegen die Nebenströmungen der Reformation zur Wehr setzten und Täufer, Schwärmer, Spiritualisten hart bekämpften, so kann man ganz gut verstehen, daß alle religiösen Parteien danach trachteten, sich um ihrer Selbsterhaltung willen fester zusammenzuschließen. Die konkrete Situation, in der sie sich befanden, trieb sie dazu, sich organisatorisch eine haltbare Grundlage zu geben und Lehre und Praxis ihres Bekenntnisses klar und verbindlich zu umreißen. Ihre Bewußtseinslage — die Überzeugung, daß sie die kirchliche Einheit und Wahrheit potentiell darstellten — drängte sie in die gleiche Richtung. Aus dem Zwang dieser Lage heraus begannen sich zu relativ geschlossenen Kirchentypen herauszuformen: die Konfessionen. Jede von ihnen strebte danach, auf ihre Weise der Kirche zu ihrer rechten Gestalt zu verhelfen. Und indem sie zu diesem Zwecke Dogma, Sitte und Frömmigkeit reinigte, antwortete jede Konfession in ihrer Art auf das Reformanliegen der spätmittelalterlichen Kirche.

Unter Konfessionsbildung sei also verstanden: die geistige und organisatorische Verfestigung der seit der Glaubensspaltung auseinanderstrebenden christlichen Bekenntnisse zu einem halbwegs stabilen Kirchentum nach Dogma, Verfassung und religiössittlicher Lebensform. Zugleich ihr Ausgreifen in die christliche Welt des frühneuzeitlichen Europa; ihre Abschirmung gegen Einbrüche und Gefährdungen; und ihre Mitgestaltung durch außerkirchliche Kräfte, insonderheit durch die Staatsgewalt.

Der Vorgang der Konfessionsbildung war recht komplex. Sie hatte ihre juristische, ihre administrative und wirtschaftliche Seite, wie sie auch ihren dogmatischen, geistigen und sittlichen Aspekt besaß. Die Bekenntnisbildung geriet aber auch in den Sog der sozialen Bewegungen in den unteren Schichten, wie die zahlreichen bäuerlichen Aufstände, der große Bauernkrieg, die städtischen Revolten und die Täufer zeigten. Nicht weniger bemächtigten sich die obersten gesellschaftlichen Schichten der Bekentnisfrage. Gerade bei ihnen standen besonders oft politische Interessen mit im Spiel, wenn sie ihren Einfluß zugunsten der einen oder der anderen Konfession zur Geltung brachten.

Kirche und weltliche Herrschaftsgewalt, im 16. Jahrhundert gewöhnlich Obrigkeit genannt, hatten sich seit den Anfängen des Mittelalters auf das engste miteinander verbunden. Diese gegenseitige Bindung hielt auch über das Zeitalter der Glaubenskämpfe hinaus an. Man hielt sie für so selbstverständlich, daß man kaum darüber reflektierte. Man stritt sich lediglich über Positionen innerhalb dieses Verhältnisses.

Auch eine andere Denkweise allgemeineren Charakters blieb über das Mittelalter hinaus noch mächtig. Als sich die Christenheit in verschiedene Bekenntnisse aufspaltete, veränderten sich deshalb die traditionellen religiösen Denkformen von Einheit der Kirche, Verbindlichkeit der Lehre, Verwerflichkeit der Ketzerei usw. zunächst nicht im geringsten. Hatte es für den Horizont des mittelalterlichen Christen von Portugal bis zu den Grenzen Ostmitteleuropas Ketzer und Häresien nur als Randerscheinungen gegeben, die wohl gelegentlich, wie die Hussiten, einen Schock hervorriefen, im übrigen zahlenmäßig aber nicht ins Gewicht fielen, so wimmelte es davon seit der Reformation. Im späteren 16. Jahrhundert sah der Lutheraner wie der Calvinist, der Anglikaner oder Katholik eine respektable Anzahl von Glaubensgemeinschaften um sich herum existieren, die zusammen wohl mehr als die Hälfte der Christenheit ausmachten und sich alle von der allein zuverlässig für wahr und legitim angesehenen Kirche Christi abgesondert hatten. Fragen über Fragen tauchten damit auf. Wie sollte und konnte eine Konfession ihre Angehörigen gegen andersgläubige Einflüsse schützen? Wie hatte man Andersgläubige zu behandeln? Sollte man sie zu vernichten oder zu gewinnen suchen? Wie sollte man ihre Existenz theologisch deuten, wie ihr Tun und Lassen religiös verarbeiten und in das Welt- und Geschichtsbild einordnen? Wieweit und in welcher Form über die Abgewichenen auf der Kanzel oder in der Schule sprechen?

Diese Situation war für *jede* Konfession in etwa dieselbe. Denn *jede* Konfession war, ihrer Intention nach, universal: *jede* verstand sich als Confessio Catholica und bezeichnete sich in ihren authentischen Verlautbarungen so. Weil sich jedes Bekenntnis als Sprachrohr der *einen* von Gott geoffenbarten Wahrheit verstand, lebten deren verantwortliche Repräsentanten und Interpreten der Überzeugung, in Dingen der Lehre, der Disziplin und des Kultes mit einer Autorität ausgestattet zu sein, welche kraft Amtes die Herzen und Gewissen zu binden befugt war. Von daher stammte ihr Pathos, aber auch ihre Intoleranz und ihre Härte. Das bekenntnismäßige Moment umgriff in den Zeiten der Glaubenskämpfe für einige Generationen das geschichtliche Leben in seiner ganzen Breite und Tiefe. Es löste bewegende Kräfte aus und rief flutendes Leben hervor. So war es von den zwanziger Jahren des 16. bis etwa zur Mitte des 17. Jahrhunderts. Danach gab es noch gegen fünfzig Jahre heftiger Zuckungen; in einzelnen Ländern, wie in England, auch noch kräftige Bewegungen. Bis 1700 ungefähr beruhigten sich aber die Verhältnisse zunehmend. Innerhalb der Konfessionen gewannen spätestens bis zu diesem Zeitpunkte die beharrenden Tendenzen die Oberhand. Die geistig vorantreibenden Kräfte setzten sich fortan über die Bekenntnisfragen im engeren Sinne mehr oder weniger hinweg. Oder aber sie formten, soweit sie bei ihnen Eingang fanden, die Konfessionen im älteren Sinne um. Auf solche Weise haben zum Beispiel der Pietismus und besonders die Aufklärung dem Luthertum und dem Calvinismus im 18. Jahrhundert ein neues Gesicht gegeben.

Die große Zeit für die Konfessionen im Lauf ihrer nun mehr als 400jährigen Geschichte war die Zeit ihrer Anfänge und ersten Ausformung gewesen. Groß im Sinne öffentlicher Geltung und universalen Anspruchs verstanden. Der Geschichte ihrer Entstehung und geschichtsmächtigen Entfaltung wenden wir uns im folgenden zu. Sie bildet unser Thema. Dabei skizzieren wir die Geschichte ihrer äußeren Ausbreitung nur in kurzen Zügen und halten uns nicht lange bei ihr auf, weil sie noch am ehesten bekannt sein dürfte. Wir stellen sie an den Anfang, um uns einen Rahmen zu schaffen, der uns helfen möge, die Dinge, denen wir bei der inneren Geschichte begegnen, in ihren historischen Zusammenhang einzuordnen. Auf die Geschichte der Entfaltung der Konfessionen, des Prozesses ihrer Ausformung im Bereich des Handgreiflichen und Konkreten, unter Schwierigkeiten, Widerständen und Fördernissen, soll danach in erster Linie unser Augenmerk gerichtet sein.

I. EVANGELISCHE BEWEGUNG IN DEUTSCHLAND UND AUSBREITUNG DER KONFESSIONEN IN EUROPA (1520—1600)

1. Die Anfänge der Reformation in Deutschland und die Ausbreitung des Luthertums

Veit Ludwig von Seckendorf (1626—1692), als Verfasser der „Historia Lutheranismi" (1692) einer der wichtigeren Reformationshistoriker der älteren Zeit, machte erstmalig auf den Knick aufmerksam, der mit dem Jahre 1525 im Entfaltungsprozeß der Reformation in Deutschland erscheint. Seckendorf unterschied, mit deutlichen Wertakzenten, die „herrlichen ersten sieben Jahre" der Reformation von den späteren Jahrzehnten einer landesherrlichen Phase, in welcher die volkstümlichen und spontanen religiösen Kräfte, die das Geschehen bislang vorangetragen hatten, von den Territorialgewalten gezügelt, zurückgedrängt und schließlich zum Erliegen gebracht wurden. Der mächtige Impetus der Reformation hörte nun gewiß nicht 1525 mit einem Schlage auf. Er ließ aber offensichtlich nach und wurde schwächer. Die Gewalt einer alles umfassenden Volksbewegung hat die Reformation danach in Deutschland nie mehr erreicht. Eine solche, alles ergreifende Bewegung, war sie in ihren Anfangsjahren aber gewesen. Sie entstand unmittelbar unter dem Eindruck der 95 Thesen von 1517 und machte Martin Luther mit Windeseile zum Helden der Nation. Die Bewegung erkor ihn zum Sprecher und Anwalt ihrer Anliegen. Spannungen, die sich jahrzehntelang aufgeladen hatten, entluden sich in diesem allgemeinen Aufbruch. Soziales Reformbegehren in den unteren Schichten und ein naiver Patriotismus vereinigten sich mit dem etwas literarischen Pathos humanistischer Bildungsreform, mit antiklerikalen Affekten und mit den tieferen Regungen einer auf Erneuerung der Kirche drängenden Frömmigkeit zu einer elementaren Bewegung in der Nation. Unter dem Prätext des geheiligten Namens Reform geriet nahezu *alles* in Fluß. Die Unzufriedenheit nahm revolutionären Charakter an. Die Träger der politischen Ordnung im Reiche, geistliche und weltliche Fürsten, zeigten sich ungewöhnlich beunruhigt. Durch ihre amtlichen Schriftstücke zog sich in diesen Jahren die Sorge vor einer Erhebung des Gemeinen Mannes. Seit mehr als hundert Jahren hatte man stets im gleichen Zuge von einer Reform der Kirche und des Reiches gesprochen. *Jetzt* schien es soweit zu sein. Luther selbst sprach in seiner am stärksten durchschlagenden Reformschrift „An den christlichen Adel deutscher Nation" die politischen Gewalten im Reiche an und beschränkte sich in seinen Vorschlägen keineswegs auf den im engeren Sinne religiösen Bereich. Die revolutionär erregte Publizistik, die in Hunderten von Flugschriften ein Ausmaß gewann wie noch nie, diskutierte Geistliches und Weltliches wacker durcheinander. Als sich der ritterschaftliche Adel 1522 zum letzten Kampf gegen das Fürstentum erhob, schrieb er das Evangelium auf seine Fahne. Während der Wittenberger Unruhen 1521/22 predigte der Theologieprofessor Andreas Karlstadt, der geistliche Stand sei dem Evangelium zuwider und wurde, in Konsequenz seiner Lehre, selber wenigstens kurzfristig Bauer. Thomas Münzer und eine radikale Gruppe im frühesten Täufertum lehrten mit religiöser Argumentation die soziale Gleichheit und tasteten die Fundamente des Fürstenstandes an. Die Bauern im Südwesten und in Mitteldeutschland beriefen sich aufs Evangelium, als sie ihre im Grunde gar nicht so unberechtigten Wünsche an ihre Grundherren anmeldeten. Sie riefen Luther und ein Gremium von Theologen zu Schiedsrichtern an. Publizistisch führten einige evangelische Geistliche für die Bauern die Feder. Und in vielen deutschen Städten nahm die Reformation im Zusammenhang mit sozialen Revolten ihren Einzug, — so in Bremen und Osnabrück, in Stralsund, Frankfurt und Basel, aber nicht nur dort.

Die allgemeine Bewegung, die so weit in das Gebiet des politisch-sozialen Kampfes und der geistigen Auseinandersetzung hinausbrandete, entbehrte freilich nicht einer inneren Mitte: Alle, die sich vom großen Aufbruch tragen ließen, waren willens, sich für das „Evangelium" einzusetzen — so sonderbar sich das manchmal auch ausnahm und so unevangelisch mitunter drauflosgeschlagen wurde. Wer aber, wie Luther, sich an diesem inneren Kern orientierte, ging daran, die Kirche nach Richtlinien des Neuen Testaments umzugestalten; in der Lehre, im Gottesdienst, in den kirchlichen Einrichtungen. Die einen mehr selbständig, andere im engeren Anschluß an den Reformator von Wittenberg. Dieser innere, religiöse, im strengeren Sinne kirchliche Impuls inmitten der allgemeinen Bewegung erhielt sich jahrzehntelang am Leben, und er war es auch, der die lutherische Reformation durch all die politischen Wechselfälle und sonstigen Gefahren und Widerstände hindurchtrug, denen sie in der Folgezeit begegnete. Ihre Stärke lag darin, daß sie einem machtvollen Anliegen der Zeit entsprach und seit Generationen geäußerte Wünsche in die Tat umsetzte. *Das* machte sie fast unangreifbar. Im Gottesdienst gab sie der Muttersprache Raum, ohne deshalb das Lateinische völlig zu verdrängen. Sie beseitigte die gewissermaßen spätgotischen Schnörkel und Auswüchse in Kult und Brauchtum und rückte die Heilige Schrift in den Mittelpunkt. Machte sie auf der einen Seite die Bibel populär, so fegte sie auf der anderen Seite viele populäre Bräuche und Einrichtungen zum Tempel hinaus. Denn sie war rasch bei der Hand, alles, was es da gab an Segnungen, Weihen, Wallfahrten und Prozessionen, unter die Kategorien von Mißbrauch, Aberglaube und Götzendienst einzustufen und dementsprechend zu behandeln. Luther selbst und in seiner Gefolgschaft erstklassige Kräfte unter den Mitreformatoren kümmerten sich um den Schulunterricht und die religiöse Unterweisung. Mit dem Religionsunterricht war es im Mittelalter nicht weit her gewesen. Erst die Reformation führte ihn für die breite Masse ein. Seit Mitte der zwanziger Jahre kamen Katechismen über Katechismen heraus. Sie alle übertraf der Luthersche an Faßlichkeit und volkstümlicher Redeweise. Gleichermaßen ließ Luthers Deutsche Bibel alle anderweiten Versuche weit hinter sich. Mit alledem schuf die sich zur Reformation verfestigende evangelische Bewegung ein

Potential, das ihr in den nunmehr bald anhebenden Glaubenskämpfen auf Jahrzehnte hinaus zu einem gewaltigen Vorsprung verhalf und sie in ihrem Kern auf Jahrhunderte hinaus schier unverwundbar machte.

Was die *Ausbreitung* des Luthertums betrifft, so nahm es in Deutschland bis gegen 1560 seinen Einzug in fast alle Reichsstädte, ausgenommen Köln, Aachen und eine Anzahl von kleineren Stadtgemeinden im Elsaß und im Südwesten. Bis zu diesem Zeitpunkte führten es auch die weltlichen Kurfürstenstaaten und fast alle weltlichen Territorialherren in Nord- und Mitteldeutschland als Landeskonfession ein, desgleichen im Süden und Westen Württemberg und die fränkischen Markgrafschaften und zahlreiche kleinere Herrschaften.

Lutherisch gesonnen war auch ein beträchtlicher Bevölkerungsanteil im Gebiet katholischer Obrigkeiten; vor allem in Österreich und in den geistlichen Fürstentümern. Und innerhalb dieser Untertanenschaft wieder besonders das städtische Bürgertum, Ritterschaft und Standesherren. *Hier* vor allem, nicht so sehr in den Gebieten evangelischer Obrigkeit, setzte die Gegenreformation ein.

Über *Deutschlands Grenzen hinaus* wirkte nach den *Niederlanden* und nach *Frankreich* hinein die lutherische Reformationsbewegung mehr wie ein Sauerteig. Sie verstärkte dort die humanistisch-biblizistische Welle. Luthers Bücher fanden großen Absatz; es entstand ein kirchlich noch ungeformtes evangelistisches Protestantentum. Es hatte unter Verfolgung zu leiden und brachte seine ersten Märtyrer hervor. Zu geschichtlicher Bedeutung wuchs es aber erst heran, als Calvin seit der Mitte des 16. Jahrhunderts diese evangelistischen Elemente an sich zog. Eben dadurch aber, daß *Calvin* sie kirchlich und dogmatisch disziplinierte, wurden sie für das reformierte Bekenntnis gewonnen und gingen dem Luthertum verloren. Aber noch ehe diese Wendung im Westen einsetzte, hatte die lutherische Reformation in einer europäischen Großlandschaft Fuß gefaßt: der gesamte *skandinavische Norden* inklusive seiner Außenposten *Finnland* und *Island* reformierte sich unter dem Einfluß von Wittenberg. Dänische und schwedische Studenten, die dort

studiert hatten und dann in ihrer Heimat zu hohen kirchlichen
Ämtern gelangt waren, führten im Einvernehmen mit der
königlichen Gewalt und im Zusammenwirken mit ihr die
Reformation in beiden Reichen seit Anfang der zwanziger Jahre
ein. Wesentlich bescheidener, wenn auch nicht ganz unbedeutend,
war die Resonanz im *Osten* und *Südosten*. Hier gab es deutsche
Siedlungsräume in *Böhmen* und *Siebenbürgen,* deutsche Landesherrschaften im Gebiet der beiden geistlichen Ritterorden in
Preußen und *Livland,* ansehnliche deutsche Bevölkerungselemente in Hunderten von *Städten.* Und überall, wo im Osten
Deutsche lebten, nahmen diese das Luthertum an, meistens gleich
um 1520 herum. Auch die *Magyaren* und *Slawen* fühlten sich in
dieser Zeit von der Reformation sympathisch angesprochen.
Allerdings mehr von der Reformation an sich als speziell und
exklusiv vom Luthertum. Denn auf die Dauer blieb nur ein
Teil der *Slowaken* und die einheimische Bevölkerung unter
deutscher Herrschaft in Preußen und im Baltikum lutherisch,
dazu eine Minderheit in Ungarn. Alle übrigen Protestanten im
östlichen Mitteleuropa gingen später entweder zum Calvinismus
oder zu irgendwelchen evangelischen Sondergemeinschaften über
oder wurden wieder katholisch, während vor allem die Deutschen geschlossen am Luthertum festhielten[1]).

2. Calvin. Ausbreitung und Eigenart des reformierten Protestantismus

Nach einem Wort von Paul Joachimsen — dem wir eine aus-
gezeichnete Konzeption der Reformationsgeschichte verdanken —
hat Luther seit 1521 die weitere Entfaltung der Reformation
„weniger gestaltet als zugelassen". In diesem Punkte unterschied
sich radikal von ihm der zweite große Reformator des 16. Jahrhunderts, Johannes Calvin (1509—1564). Um die Mitte des
16. Jahrhunderts hatte das Luthertum den Höhepunkt seiner
Ausbreitung bereits überschritten. Um ebendiese Zeit begann der
Calvinismus aus den Mauern von Genf herauszutreten. Er

---

[1]) Näheres s. u. über die Konfessionsbildung im Osten.

breitete sich mit vehementer Kraft aus und durchdrang in den Jahren von 1550 bis 1570 weiteste Teile der europäischen Welt. Außerhalb Deutschlands und Skandinaviens wurde er zur dominierenden Form des Protestantismus. *Calvin* selber hatte an dieser Entwicklung den stärksten Anteil.

Der von ihm begründete Typ kirchlicher Verfassung ging von der *Gemeinde* aus. *Sie* war ihm die von Gott gestiftete und die Kirche tragende Institution. Sie selber legitimierte die Organe, durch die sie ihre kirchlichen Aufgaben vollzog, die Pastoren, Lehrer, Diakone, Ältesten. Sie konstituierte als wichtigstes vollziehendes Organ das *Konsistorium* (später meist *Presbyterium* genannt). Verfassungsrechtlich ein Organ der Selbstverwaltung, entwickelte sich das Konsistorium zum verantwortlichen Gremium für die kirchliche Regierung und Gesetzgebung: auch die geistliche Gerichtsbarkeit und Strafgewalt fiel ihm zu. Insbesondere wurde es zum Kontrollorgan, das die Gemeindeglieder in Dingen des Dogmas und der Lebensführung ständig zu überwachen hatte, und darin die dem Reformiertentum eigentümliche *Kirchenzucht* praktizierte.

Wie in der Verfassung, so ging auch im *Kult* Calvin seine eigenen Wege. In der Gottesdienstordnung hatte er sich von der Straßburger Liturgie inspirieren lassen und verfuhr längst nicht so konservativ wie Luther. Er nahm radikale Abstriche am katholischen Kultus vor. Altäre, Bilder, Kerzen, Beichte usw. schaffte er kurzerhand als unbiblisch ab und reduzierte den Gottesdienst auf Predigt, Psalmengesang und Gebete. Für die Feier des Abendmahls richtete er besondere Gottesdienste ein; sie fanden mehrmals im Jahr statt (also verhältnismäßig selten). In der *Glaubenslehre* ging er wie Luther auf die Heilige Schrift zurück und stimmte überhaupt mit Luther in vielen wesentlichen Punkten überein. In einigen Fragen von Belang wich er allerdings deutlich von ihm ab. Was die Lehre vom *Abendmahl* und die christologischen Probleme, die dahinterstanden, anging, so distanzierte sich darin Calvin für damalige Begriffe dezidiert von Luther; er vertrat hier eine Auffassung, die ihm die Lutheraner bitter übelnahmen und um derentwillen sie ihn schonungslos verketzerten. Calvin lehrte eine *wirkliche* — also nicht, wie

Zwingli, bloß symbolische —, aber nur *geistige* — und nicht, wie Luther, in der Hostie konkrete — Gegenwart Christi. Luthers entgegenstehende Überzeugung, daß Christi Leib im Abendmahls*brot* gegenwärtig sei, lehnte er als Götzendienst und Rückfall in den Papismus ab und machte sich damit nicht eben Freunde im deutschen Luthertum. Auch bei der *Taufe* hielt er den Sakramentsrealismus Luthers für übertrieben, sogar für schädlich. In der katholischen Kirche und im Luthertum betete man bei der Taufe den Exorzismus. Calvin räumte damit auf. Die Hebammentaufe (Nottaufe) verbot er entschieden, weil ihm die Notwendigkeit der *Kinder*taufe überhaupt fragwürdig schien. Getreu seinem ihn ganz und gar beherrschenden Gedanken von der absoluten und vollkommenen Majestät Gottes ging er schließlich über Luthers fundamentalen Ansatz von der Rechtfertigung *allein* aus dem Glauben noch einen Schritt hinaus. Er lehrte präzis, Gott habe durch seinen Ratschluß bereits vor aller Zeit jeden einzelnen Menschen zur Verdammnis oder zum Ewigen Leben prädestiniert. Es war dies die theologisch umstrittene, aber ungewöhnlich geschichtsmächtige Lehre von der doppelten Vorherbestimmung (praedestinatio duplex).

Auf dreifachem Wege verbreitete Calvin nach der zutreffenden Beobachtung Imbarts de la Tours den reformierten Protestantismus: Durch seine Anhänger, durch seine Bücher und durch seine Briefe. Er machte den Anhängern seines Glaubens zur Pflicht, sich tätig für die Ausbreitung der Reformation — in *seiner* Formulierung: für das Reich Christi — einzusetzen und sich diesem Dienste aktiv hinzugeben. Damit weckte er jene moralischen und religiösen Energien, die den Calvinismus in den ersten Jahrzehnten seiner historischen Existenz kennzeichneten und ihn zu einer beherrschenden Kraft in der europäischen Geschichte seit der Mitte des 16. Jahrhunderts machten. Während das Luthertum sich bald mit seinem Besitzstand begnügte, rasch konservativ wurde und sich inneren Problemen zuwendete, übernahm der Calvinismus die protestantische Initiative in der Welt. Im Streit über die oben skizzierten Lehrunterschiede kam es in der Mitte der fünfziger Jahre zum Bruch zwischen Calvinismus und Luthertum. Damit tat sich ein Riß auf, der die von Calvin unermüdlich betriebenen Versuche, die Wittenberger und Genfer Reformation zu vereinigen, endgültig vereitelte und über Generationen hinweg die beiden stärksten Potenzen im Gesamtprotestantismus bis zur offenen Feindseligkeit voneinander entfremdete.

Im ganzen waren es aber nicht nur Differenzen in der Lehre und Besonderheiten in der kirchlichen Verfassung, wodurch sich der Calvinismus vom Luthertum abhob. Er unterschied sich von ihm durch eine andere Vitalität: durch sein *Pathos* der geistlichen Welteroberung; durch *tätige Hingabe* an das große Ziel, das Reich Gottes auf der Erde, in den Grenzen des Möglichen, zu verwirklichen; und durch sein unbekümmertes *politisches Engagement*. In diesem seinem konfessionellen Temperament besaß der Calvinismus eine weitaus stärkere Verwandtschaft mit dem gegenreformatorischen Katholizismus als mit dem Luthertum.

Nicht zuletzt stellten sich ihm gerade deshalb in *Deutschland* Schwierigkeiten über Schwierigkeiten in den Weg. Während er sich etwa seit 1550 rasch und intensiv über Frankreich, Schottland und die Niederlande verbreitete, die anglikanische Kirche in England unterwanderte und im Osten von Ungarn bis Litauen eine zahlreiche — wenn auch manchmal zweifelhafte — Anhängerschaft fand, war Deutschland für ihn ein ungewöhnlich harter Boden. Der Calvinismus vermochte hier nur stellenweis und vereinzelt Wurzel zu fassen. Die lutherische Kirche fühlte sich durch ihn nicht nur in ihrer Verfassung, sondern auch in ihrem Kult und ganz besonders in ihrer ‚reinen Lehre‘ angegriffen. So sehr die lutherischen Theologen auch untereinander stritten, so einig waren sie, den Calvinismus zu verdammen und für eine Ketzerei zu erklären. Anderseits fehlte es dennoch nicht ganz an Kräften, die dem Calvinismus in Deutschland den Boden bereiteten. Theologisch leistete hier der melanchthonische Flügel des Protestantismus — der sogenannte Philippismus — die wichtigste Vorarbeit, indem er sich, gestützt auf die Confessio Augustana Variata von 1540, der calvinischen Abendmahlsauffassung näherte. Sodann trugen die reformierten Flüchtlinge, die seit den fünfziger Jahren aus England und den Niederlanden nach Deutschland strömten und sich als Fremdengemeinden in

Calvinismus

Wesel, Frankfurt, Straßburg und anderen Orten niederließen, den Calvinismus ins Reich und machten mit ihm bekannt. Eine gewisse Berührung erfolgte auch in einigen südwestlichen und nordwestlichen Landschaften, die an die Niederlande und an die Schweiz grenzten. Schließlich wandte sich 1560 ein bedeutender Reichsfürst, Kurfürst Friedrich III. von der Pfalz, dem Calvinismus zu und öffnete ihm auch die Tore der Universität Heidelberg. In der Pfalz, am Niederrhein, in Ostfriesland und in der Folge in einigen kleineren Grafschaften in Westdeutschland, von denen Nassau die größte war, in Bremen und Anhalt bildeten sich in der zweiten Hälfte des Jahrhunderts reformierte Kirchen. Sie kamen dem Genfer Vorbild allerdings nur unterschiedlich nahe. Denn selbst dort, wo das reformierte Bekenntnis Eingang fand, durfte es sich nicht frei und nach seinen eigenen Gesetzen entfalten, sondern mußte auf manch genuin calvinisches Wesensmerkmal verzichten. Wegen des herrschenden obrigkeitlichen Kirchenregiments ließen sich die reformierte Kirchenzucht und Gemeindeverfassung nur mit so weitgehenden Abstrichen verwirklichen, daß man sie kaum mehr als solche erkannte. Einzig am Niederrhein, wo der Herzog von Kleve nicht in der Lage war den Konfessionszwang zu praktizieren, bildeten sich unter dem Einfluß von reformierten Emigranten Gemeinden von genuin calvinistischem Zuschnitt. Darüber hinaus gelangte das Reformiertentum dort, wo die melanchthonische Richtung des Luthertums sich ihm in der Abendmahlslehre genähert hatte, in der sublimen Form des *Kryptocalvinismus* nach Deutschland. In dieser Form, in der es nur die Lehrauffassung modifizierte, ohne die kirchliche und gottesdienstliche Struktur sichtbar zu verändern, unterwanderte es stellenweise das Luthertum und gewann in einzelnen Landeskirchen einzelne Anhänger (wohl ausschließlich in der Bildungsschicht und unter den gelehrten Theologen). Der Kryptocalvinismus rief also niemals eine starke Bewegung hervor. Seine Bekenner tauchten jedoch an vielen Stellen vereinzelt auf. In zwei größeren Wellen gelangte er, in den sechziger und neunziger Jahren, nach Kursachsen, dem engeren Wirkungsfeld Melanchthons und der engeren Heimat des *Philippismus*. In beiden

Fällen wurde, kaum daß die strengere lutherische Observanz wieder Einfluß auf die Landesobrigkeit gewonnen hatte, auf die Kryptocalvinisten systematisch Jagd gemacht, und jedesmal mußte ein sächsischer Kanzler seine Sympathie für sie mit dem Tode büßen; der eine auf der Folter (Cracow 1570), der andere auf dem Richtplatz (Krell 1600). Denn die Hüter der lutherischen Rechtgläubigkeit beobachteten den wirklichen oder vermeintlichen Kryptocalvinismus mit äußerstem Argwohn, fahndeten ingrimmig hinter ihm her und suchten ihn auszutreten, wo sie seiner habhaft wurden.

Alles in allem hatte um die Jahrhundertmitte das Luthertum in Deutschland ein weites Terrain und, als reformatorische Bewegung, vor dem Calvinismus einen Vorsprung von zwanzig bis dreißig Jahren gewonnen. Ungeachtet aller internen Streitigkeiten war es gesonnen, diese Position zu halten. Auch hatte es sich kirchlich bereits viel zu fest organisiert und betrachtete die Reformation Luthers zugleich viel zu sehr als eine Nationalangelegenheit, als daß es hätte geneigt sein können, dem Calvinismus das Feld zu räumen.

Der Calvinismus blieb innerhalb des deutschen Protestantismus immer eine Minderheit, entfaltete aber innerhalb der Grenzen, die ihm dadurch gezogen waren, bemerkenswerte politische und konfessionelle Energien. Kirchenpolitisch bildete er mit der Kurpfalz und den wenigen reformierten Ständen den aktiven Flügel der Protestanten auf den Reichstagen bis zum Dreißigjährigen Krieg. In den Herzogtümern Jülich-Kleve-Berg entwickelte er ein kräftiges Synodalwesen, in Wesel, der Hauptstadt Kleves, dominierte er nicht nur kirchlich, sondern auch kommunalpolitisch, indem er die Lutheraner und Katholiken daselbst zu Bürgern minderen Rechtes herabdrückte.

Die Kraft des Calvinismus war bedeutend. Vom niederrheinischen Reformiertentum her breitete sich im frühen 19. Jahrhundert die Synodalverfassung über den gesamten deutschen Protestantismus aus. Seine Bildungsinteressen gingen gleichfalls über den Durchschnitt hinaus. Hier schlug seine städtische Abkunft (aus Zürich und Genf) durch, aber auch sein Appell an den einzelnen und seine Verantwortung. Neben

Heidelberg, das in den reformierten Epochen der Kurpfalz zu einem mittel- und westeuropäischen Bildungszentrum heranwuchs, entwickelten sich auch die von kleineren reformierten Territorialherren gestifteten Hochschulen und akademischen Gymnasien zu Bildungsanstalten von ansehnlichem Rang, wie Herborn und Burgsteinfurt. Auch an diesen kleineren Akademien lehrten zeitweilig Gelehrte von europäischem Ruf, so Olevian, Alsted, Altusius, H. J. Heidegger. Ein frischer internationaler Wind, den der Calvinismus als Konfession mit sich brachte, wehte auch durch diese Hochschulen und machte sie — auch wegen des raschen Ortswechsels von Studenten und Professoren — für ein paar Jahrzehnte zu Stätten weltweiter Begegnung, bevor sich der Staub eines Provinzialpädagogiums über sie legte.

Allerdings: So intensiv der Calvinismus Leben und Kultur der westlichen Seevölker, Hollands, Schottlands, Nordamerikas, auch Englands und der Schweiz, hatte prägen helfen können, so wenig war ihm das in Deutschland möglich. Er erreichte hier zuwenig Regionen, als daß er von da aus der Nation als Ganzem hätte seine Züge einzeichnen können. Hier blieb seine Einwirkung hinter derjenigen der beiden anderen Konfessionen merklich zurück.

3. Die Anglikanische Kirche

Einen eigentümlichen Weg, für den es sonst keine Parallele gibt, nahm die Reformation in *England*. Hier entstand die dritte große protestantische Konfessionskirche. Sie unterschied sich von den Kirchen lutherischen und reformierten Glaubens bemerkenswert dadurch, daß sie den katholischen Habitus am strengsten wahrte und daß sie sich damit begnügte, Nationalkirche zu sein. Obwohl sie die Konfessionsbildung in Deutschland überhaupt nicht beeinflußte, ist sie als aus der Reformation hervorgegangene Kirche bedeutend genug, um wenigstens in wenigen Strichen charakterisiert zu werden. Sie entstand als *schismatische* Kirche. Denn es waren nicht *dogmatische* Gründe, die ihre Trennung von Rom bewirkten.

König Heinrich VIII. (1509—1547), der sich bald nach dem Auftreten Luthers literarisch als Verteidiger der alten Kirche aufgespielt hatte, geriet Ende der zwanziger Jahre des 16. Jahrhunderts in Differenzen mit dem Papst. Die Streitigkeiten, denen ein ganz persönlicher Anlaß zugrunde lag, nahmen rasch einen hochpolitischen Charakter an. Der König baute, im Zusammenspiel mit dem Parlament, stufenweise die Rechte des Papstes in England ab, unterwarf sich den Klerus und trennte sich schließlich von Rom, indem er sich selbst zum Haupt der Kirche von England machte, mit der einschränkenden Formulierung „soweit es das Gesetz Christi erlaube" (1531).

Eine komplementäre Gesetzgebung sanktionierte diesen Schritt (1531—1534). Danach befahl der König, die Klöster aufzuheben und ihren Besitz zugunsten der Krone einzuziehen (1536—1539). Im übrigen blieb die mittelalterliche Struktur der Kirche erhalten: Bischofsverfassung, katholische Liturgie und Sakramentspraxis, selbst die katholische Glaubenslehre (soweit sie nicht das Verhältnis der bischöflichen Hierarchie zum Papsttum berührte).

König Heinrichs VIII. Absage an den Papst ging auf kirchen*politische* Motive zurück, entsprang allem Anschein nicht gerade religiösen Antrieben und war keine „*Reformation*" im Sinne Luthers, Zwinglis oder Calvins. Wohl machten sich einige evangelische Regungen in England bemerkbar, aber doch nur schwach. Gegen Ende seines Lebens schritt Heinrich energisch dagegen ein.

Unter der kurzen Regierung seines unmündigen Sohnes Eduard VI. (1547—53) öffnete sich dagegen, dank der protestantischen Gesinnung des Regenten Eduard Seymour, Herzogs von Somerset, England evangelischen Einflüssen reformierter Provenienz. Es kam zu einer tiefergreifenden Reform des Gottesdienstes durch das Common Prayer Book (1549/52) und zu einer Revision der Abendmahlslehre im Sinne der Auffassung Calvins. Königin Maria Tudor (1553—58) machte dies alles für die wenigen Jahre ihrer Regierung wieder rückgängig. Sie führte die englische Kirche unter die Obödienz des Papsttums wieder zurück und machte den Katholizismus zur Staatsreligion. Ihrer Schwester Elisabeth I. (1558—1603) blieb es vorbehalten, der

Die Anglikanische Kirche

anglikanischen Kirche nach Verfassung und Lehre eine Form zu geben, die — allem Anschein nach — der Mehrheit der englischen Bevölkerung zusagte und sich über Jahrhunderte hinweg bis zur Gegenwart erhielt. Wie ihr Vater Heinrich VIII., zog sie für die entscheidenden Schritte das Parlament heran. Dieses regelte durch Gesetze die kirchlichen Verhältnisse im Sinne einer mittleren Linie zwischen festländischem Protestantismus und römischem Katholizismus. Die oberste Regierungsgewalt (supreme Governor) wurde dem Königtum in die Hand gelegt, die Hierarchie beibehalten, desgleichen die katholische Liturgie; in die Lehre, die in den 39 Artikeln von 1563 ihre Fixierung erhielt, gingen jetzt in stärkerem Maße protestantische Einflüsse ein.

Während unter Maria Tudor die Protestanten eine blutige Verfolgung über sich ergehen lassen mußten, unterdrückten Heinrich VIII., Eduard VI. und Elisabeth I. mit unterschiedlicher Schärfe und Konsequenz die Katholiken. Heinrich und Elisabeth verwahrten sich im übrigen nicht minder hart gegen evangelische Sektierer, Elisabeth speziell auch gegen die Calvinisten. In der großen Revolution des 17. Jahrhunderts (1640—49) unterlagen König und Staatskirche dem opponierenden Parlament und der von Calvinisten und Independentisten getragenen religiösen Opposition; die Restauration (1660 ff.) stellte Königtum und Staatskirche wieder her, beschränkte sie aber in ihren Rechten und beließ den anderen evangelischen Richtungen und Konfessionen ein bedingtes Lebensrecht im Staate. Die „glorreiche" Revolution von 1688/89 ging auf diesem Wege einen bedeutenden Schritt weiter. König Wilhelm II. führte die Toleranz für Protestanten aller Schattierungen ein und erhob die Gewissensfreiheit (mit Vorbehalt) zum Gesetz; freilich blieben der anglikanischen Kirche, als Staatskirche, und ihren Angehörigen gewisse Vorrechte gewahrt.

Aufs ganze gesehen entfalteten sich in England neben der anglikanischen Kirche evangelische Konfessionen, freiere kirchliche Gemeinschaften (Quäker, Methodisten) und religiöse Bewegungen seit dem 17. Jahrhundert in weitaus größerer Fülle als auf dem Kontinent. Strukturell ließ die anglikanische Kirche innerhalb ihrer Gemeinschaft desgleichen verschiedenen Richtungen die Möglichkeit zu freier Entfaltung (Low Church mit evangelisch-biblizistischem, Broad Church mit rationalistisch-liberalem, High Church mit katholischem Charakter). Im Zuge der Entstehung eines überseeischen englischen Weltreichs faßte die anglikanische Kirche in allen Erdteilen Fuß, sie entwickelte sich namentlich in Kanada, Südafrika, Australien und Neuseeland zu einer großen Konfessionsgemeinschaft; die seit 1784 selbständige Episkopalkirche in den Vereinigten Staaten von Amerika ist aus der anglikanischen Kirche hervorgegangen.

Das Christentum der angelsächsischen Völker brachte seit dem 17. Jahrhundert nicht nur eine Fülle von unterschiedlichen Formen der kirchlichen Gemeinschaften und Gruppen — mit jeweils besonderen Formen des Gottesdienstes, der Lehre usw. — hervor, sondern entwickelte im Zusammenhang damit auch eine Theorie und Praxis der religiösen Toleranz, die sehr viel weiterging, als es die kirchlichen Vorstellungen und Gewohnheiten der kontinentaleuropäischen Völker bis ins 18., teilweise bis ins 19. Jahrhundert hinein zuließen — einzig Holland ausgenommen. Charakteristischerweise vollzog sich die Entwicklung politischer und religiöser Freiheiten in England Hand in Hand. Die Katholiken allerdings gelangten erst 1829 zur vollen bürgerlichen Gleichberechtigung.

4. Die katholische Kirche und ihre Umwandlung seit dem Konzil von Trient

Im gleichen Maße, wie die evangelischen Konfessionen sich ausbreiteten, verlor die katholische Kirche an Boden. Seit der Mitte des 16. Jahrhunderts vollzog sich in ihr angesichts des rapiden Verfalls und Rückgangs eine bedeutende Umkehr. Wollte sie neben dem Luthertum und dem aufsteigenden Calvinismus überhaupt noch bestehen, so mußte sie sich zu einer Reform der kirchlichen Verfassung, der Sitte, Frömmigkeit und Disziplin entschließen und mußte sich außerdem der Mühe unterziehen, das reformatorische Glaubensgut sorgfältigst auf seinen Lehrgehalt hin zu prüfen und sich damit auseinandersetzen. Zu einer inneren Wende dieses Charakters kam es unter dem Pontifikat Papst Pauls III. (1534—1549). Sie fand ihren sichtbarsten Ausdruck in der Gründung des Jesuitenordens und seiner raschen Ausbreitung und im Konzil von Trient. Zwar blieben die Katholiken in allen Ländern außer Spanien, Italien und Irland noch lange Zeit anfällig für den Protestantismus. Doch sah die römische Kirche dem großen Abfall nicht mehr tatenlos zu. Im Zuge der religiösen Erneuerung, die sich bis in das 17. Jahrhundert hinein fortsetzte, überwand sie die Apathie, mit der sie als Ganze den Anfängen der Reformation gegenübergestanden hatte und erwachte zu einem überraschend kräftigen neuen Leben. Die Dynamik des Protestantismus sprang auf sie über. Sie ging seit der Jahrhundertmitte daran, Verlorenes zurückzugewinnen und das, was ihr verblieben war, zu halten. Erst als sich etwa seit der Mitte des 16. Jahrhunderts die Reformation lutherischer Provenienz innerhalb des deutschen Sprachgebiets zur Konfession verengt hatte, konnte die katholische Kirche allmählich neben ihr etwas an Boden gewinnen. Eine religiöse Bewegung von der elementaren Kraft des evangelischen Aufbruchs hatte die katholische Kirche nicht hervorrufen können — zum Teil aus inneren, zum Teil aus äußeren Gründen. Immerhin hatte sie Kräfte der Reform entbunden, denen es auch nicht ganz an Schwung mangelte. In ihnen repräsentierte sich vornehmlich aber etwas anderes: die Kraft der Regeneration nach der geschichtlichen Erfahrung eines beunruhigenden Zusammenbruchs.

Genauso wenig wie Luthertum und Calvinismus verschmähte sie die Hilfe des weltlichen Arms und ebenso wie die aus der Reformation hervorragenden Konfessionen verzichtete sie darauf, die politischen Obrigkeiten zu kirchlichen Aktionen zu inspirieren. Diesen unter dem Namen Gegenreformation weithin bekannten Prozeß begleitete ein innerkirchlicher Umwandlungsprozeß, den das *Trienter Konzil* eingeleitet hatte.

Im *dogmatischen* Bereich hatte das Konzil in den umstrittenen Fragen der Heilslehre die katholische Auffassung fixiert und die traditionelle Lehre von den Sakramenten gebilligt. Die Richtlinien für die kirchliche *Reform* befaßten sich aus gutem Grunde vorwiegend mit dem *geistlichen Stande*. Die Konzilsväter erließen bindende Vorschriften für die Erziehung der Priester, für die Seelsorge in den Pfarreien, für die geistliche und administrative Regierung der Bistümer. Die Konzilsdekrete verpflichteten die Bischöfe, Diözesansynoden und Visitationen zu veranstalten und Priesterseminare einzurichten. Das Konzil modernisierte die kirchlichen Rechts- und Verfassungsverhältnisse wohl behutsam, aber doch durchgreifend. Es gab dem Bischof klare Kompetenzen in die Hand und versetzte ihn in die Lage, sein Bistum tatsächlich zu verwalten und zu regieren, wozu er im Spätmittelalter wegen Durchlöcherung seiner Rechte oft nicht imstande gewesen war. Indem das Konzil das bischöfliche Amt wiederherstellte, schuf es den wichtigsten Ansatzpunkt für die innerkirchliche katholische Reform. Schließlich erkannte es mit wünschenswerter Deutlichkeit die Autorität des Papstes als Haupt der sichtbaren Kirche an: es bat den Papst offiziell, er möge die Konzilsbeschlüsse bestätigen. Mit diesem wichtigen Entscheid der feierlichen Schlußsitzung vom 3. auf den 4. Dezember 1563 fand das Konzil sein Ende.

Nachdem die in Trient versammelten Väter ihr Werk getan hatten, lag alles Weitere beim Papste. Pius IV., gewillt, das Konzil unter Dach und Fach zu bringen, sprach am 26. Januar 1564 die Bestätigung mündlich aus; die entsprechende Bulle wurde im Juni 1564 publiziert. Mit ihr fand das Konzil seinen gültigen Abschluß — einen Monat nach dem Tode Calvins († 27. Mai 1564 in Genf), nachdem es seinerzeit zwei Monate vor Luthers Tode († 18. Februar 1546) am 13. Dezember 1545 eröffnet worden war.

Im kirchlichen Bereich setzten die auf Pius IV. († 1565) folgenden Päpste das Reformwerk von Trient fort. Pius V. (1566—72) gab die liturgischen Bücher und den römischen Katechismus heraus und kümmerte sich energisch um die Kirchenzucht. In seinen schroffen Maßnahmen deutete sich der kämpferische Geist an, der mit den Religionskriegen über Europa heraufzog. Gregor XIII. (1572—85) begünstigte kräftiger als alle anderen Päpste die Arbeit der Jesuiten. Er stiftete innerhalb und außerhalb Roms zahlreiche nationale Theologenseminare — darunter das Germanikum — und gründete die nach ihm benannte päpstliche Universität. Für Deutschland und die Schweiz errichtete er ständige *Nuntiaturen* in Köln, Luzern und Graz. Die in der Regel mit recht hohen Vollmachten ausgestatteten Nuntien visitierten von ihrem Sitz aus im weitesten Umkreis und leiteten Reform und Rekatholisierung in den Gebieten katholischer Obrigkeiten in der Schweiz, in Österreich, in Bayern, Süddeutschland und am Rheine ein. Auf Gregor XIII., der damit das neuzeitliche päpstliche Gesandtschaftswesen einrichtete, geht auch die Reform unseres bis heute gültigen Kalenders zurück.

Die innerkirchlich katholische Reform verlief anders in den Ländern mit geschlossen katholischer Bevölkerung als in den Ländern mit konfessionell gemischter Bevölkerung und in den Landstrichen, wo ein zahlenmäßig schwacher Restkatholizismus sich notdürftig legal oder im Untergrund am Leben erhielt. Geringe Reste von Katholiken, wohl nicht mehr als 3 bis 5 Prozent der Einwohnerschaft (wenn überhaupt so viel), überdauerten in Schottland und England die mehr als zweihundert Jahre bis zur Katholikenemanzipation, zum Teil unter schwierigen und gefährlichen Lebensbedingungen. Kleine und kleinste katholische Minoritäten existierten in einigen evangelischen Territorien und Städten Nord- und Mitteldeutschlands. Von Osteuropa über das deutsche Reichsgebiet, über die Niederlande und die Schweiz bis nach Frankreich gab es eine ganze Skala von konfessionellen Mischungsverhältnissen. Von Litauen bis zu den Pyrenäen, von Ungarn bis zur Kanalküste kämpften die verschiedenen Bekenntnisse miteinander, und nur selten kam es vor, daß die politischen Gewalten sich nicht mit daran beteiligten. Innerhalb dieses weiten Gebietes standen auch die *politischen* Auseinandersetzungen gewöhnlich unter konfessionellen Vorzeichen; denn die Konfession war ein Politikum geworden, wie umgekehrt die Politik eine konfessionelle Angelegenheit. Innere Reform und massiver Glaubenskampf gingen oft Hand in Hand, besonders auf seiten der Katholiken und Calvinisten. Zwischen 1550 und 1600 wogte die konfessionelle Bewegung mächtig hin und her. Ab 1600 begannen die Verhältnisse sich zu festigen. Vom Beginn des 17. Jahrhunderts an zeigte sich, daß nördlich der

Alpen, in Polen die Bevölkerung fast geschlossen wieder katholisch geworden war und daß auch Frankreich — bis auf eine vielleicht 10 Prozent (?) umfassende agile, geistig und kommerziell aktive reformierte Minderheit — ein katholisches Land blieb. In Österreich und Böhmen dauerten die Unruhen noch an, im übrigen Deutschland waren bei der katholischen Kirche geblieben oder zu ihr zurückgekehrt die Mehrheit der Herrschaften im Süden und Westen, sehr geringe Teile in der Mitte und im Osten; im weiteren Mitteleuropa knapp die Hälfte der schweizerischen Eidgenossenschaft, von den Generalstaaten eine nicht ganz geringfügige Minderheit und außerdem die Gesamtheit der spanisch-burgundischen Lande zwischen Deutschland und Frankreich. Irland blieb katholisch, obwohl die englische Krone, der die Insel unterworfen war, sich das Kirchengut aneignete, die Klöster unterdrückte, dem Land die anglikanische Staatskirche aufzwang und von der Mitte des 16. bis zum Ende des 17. Jahrhunderts im Anschluß an mehrere Aufstandsversuche, die sie blutig niederschlug, die Bevölkerung mit periodischen Katholikenverfolgungen heimsuchte.

In der Staatenwelt Italiens, in Spanien und Portugal blieben Bevölkerung und Regierung durchweg katholisch. Wohl beteiligten sich die beiden stärksten Potenzen des katholischen Südens, der Papst und der König von Spanien, je auf ihre Weise engagiert an den Glaubenskämpfen im übrigen Europa. Innerhalb Italiens, Spaniens und Portugals vollzog sich jedoch die katholische innerkirchliche Reform ungehindert von politischen und konfessionellen Störungen, wie sie in der Mitte Europas fast an der Tagesordnung waren. Diese Länder waren vom Protestantismus so gut wie unberührt geblieben. Sie hatten keinen Thesenanschlag, keine evangelische Volksbewegung und keine Bilderstürme erlebt. Hier lebte die katholische Kirche ungebrochen weiter; die Reform, geistig und substantiell gestützt, gefördert und getragen durch die in den romanischen Ländern aufgebrochenen Kräfte der religiösen Erneuerung, wandelte die kirchlichen Verhältnisse nach den Richtlinien und wohl auch im Geiste des Trienter Konzils um. Aber es blieb doch die gleiche Kirche, unangefochten und allumfassend für das Bewußtsein der einheimischen Bevölkerung, weder in Frage gestellt, gefährdet, verfolgt, reduziert, noch eine Konfession neben mehreren wie in Mitteleuropa, in England, Irland oder Siebenbürgen. Die universalen Tendenzen der christlichen Kirche und ihren missionarischen Drang scheinen aber damals eben diese romanischen katholischen Völker am stärksten gespürt zu haben. Der Impuls zur überseeischen Mission ging von ihnen aus, und wenn zahllose Angehörige der neuen Orden sich für die Auseinandersetzung mit den Häretikern in Mitteleuropa zur Verfügung stellten, so mochte auch darin ein missionarischer Elan stecken. Unter sehr viel andersartigen Umständen vollzog sich dagegen in Mittel- und Osteuropa die Festigung des Katholizismus. Hier wurde er in schärferem Sinne als im Süden „Konfession".

II. GRUNDLAGEN DER KONFESSIONSBILDUNG IN DEUTSCHLAND

Was zwischen Reformationsbeginn und Entwicklung der einzelnen Konfessionskirchen zu innerer Krisenfestigkeit und äußerer Stabilität liegt, sind recht bewegte Vorgänge, die sich über fünfzig bis hundertfünfzig Jahre erstreckten. Im großen und ganzen scheinbar bekannt, sind sie im einzelnen doch noch vielfach unerforscht. Als das Kernland der Reformation und als Außenposten der katholischen Regeneration bietet für das Studium der Anfänge und der Ausformung des konfessionellen Kirchentums *Deutschland* eines der interessantesten und lehrreichsten Beispiele; vielleicht das lehrreichste überhaupt. Und zwar aus Gründen seiner politischen Struktur. Denn weil die Aufrichtung, sei es des einen, sei es des anderen Bekenntnisses, hervorragend an das Territorium gebunden war, hatte fast ein jedes Territorium seine eigene Reformations- oder Rekatholisierungsgeschichte. Durch ihren unvergleichlichen Reichtum an Nuancen und Formen unterscheidet sich so die kirchliche Geschichte Deutschlands seit der Reformation von derjenigen fast sämtlicher übrigen europäischen Länder. Deshalb ist es aber auch ungleich schwieriger, Reformation und Gegenreformation auf deutschem Boden zusammenfassend darzustellen. Es begegnet einem eine schier unüberwindbare Fülle von Phänomenen angesichts der territorial und landschaftlich oft so gänzlich voneinander abweichenden kirchlichen Verhältnisse und der mit ihnen im Zusammenhang stehenden politischen und sozialen Strukturen. Der Prozeß der Konfessionsbildung ging in Deutschland an erster Stelle vom Glaubensbekenntnis und seinen Verkündern aus, die ihm Raum schafften, und auf der anderen Seite von den Inhabern der obrigkeitlichen Gewalt, die dem Bekennt-

Grundlagen der Konfessionsbildung in Deutschland

nis gleichfalls Raum schafften, nur freilich wieder auf andere Weise. Beide Potenzen, Bekenntnis und Obrigkeit, standen allenthalben als die tragenden Kräfte im Vordergrund der Konfessionswerdung und bildeten deren Fundament. Daneben wirkte unterschiedlich noch manche Kraft stärkeren oder geringeren Grades auf ebendiesen Prozeß mit ein. Verschiedene Stände der damaligen Gesellschaft traten als solche Potenzen vereinzelt in Erscheinung. Hauptsächlich der Adel; aber nicht nur er. Auch andere soziale Schichten übten auf die konfessionelle Ausformung des Christentums hie und da einen gewissen Einfluß; desgleichen die meist sozial homogenen, mit politischen Rechten begabten Korporationen (Stifts- und Domkapitel; Zünfte). In einzelnen Territorien gab die mittlere Verwaltungsinstanz der Vögte, Schösser, Amtleute, Rentmeister usw. der konfessionellen Gestaltung im lokalen Radius die Note, notfalls auch in einem dem landesherrlichen Willen entgegengesetzten Sinne. Schließlich konnte unter Umständen auch die Masse des einfachen Volkes in Stadt und Land durch elementare Willensäußerung in die konfessionelle Entwicklung eingreifen, ihr eine neue Richtung geben oder die eingeschlagene Richtung vorantreiben.

Auf der Hand lag die gestaltende Kraft der Glaubensbekenntnisse und ihrer Verkünder, in erster Linie der Reformatoren, aber auch des Ignatius von Loyola und, im engeren Rahmen, des Petrus Canisius. Luthers und Calvins Schriften erhielten bald quasikanonischen Rang.

Sie lieferten die Maßstäbe für den inneren Aufbau und die geistigen Waffen für den theologischen Streit mit Andersgläubigen. Sie auszulegen gehörte bald zum Pensum des theologischen Unterrichts an den Universitäten und machte einen beträchtlichen Teil desselben aus. Bald nach der Jahrhundertmitte waren alle Konfessionen so weit, daß sie den hauptsächlichen Inhalt ihrer Glaubensmeinung inklusive der immer wichtiger werdenden Unterscheidungspunkte in offiziellen Lehrschriften vorlegen konnten. Mit diesen Konfessionen, Bekenntnissen des rechten Glaubens oder Bekenntnisbüchern war das Luthertum vorangegangen, als es 1530 die Confessio Augustana vorlegte. Ihre Aussagen bedurften aber nach manchen Richtungen der Erläuterung und Ergänzung, insbesondere der Abgrenzung gegen das Schwärmertum und den Calvinismus. Auch schien es angebracht, der innerlutherischen Lehrzersplitterung vorzubeugen und einen Glaubenskonsens herzustellen. Seit 1557 ergriffen einige aktive evangelische Fürsten in dieser Richtung die Initiative und veranlaßten ihre theologischen Mitarbeiter, den lutherischen Glauben spezifiziert zu formulieren. Das Ergebnis war, nach langwierigen kirchenpolitischen Verhandlungen und theologischen Disputen, die Formula Concordiae (1577—1580). Sie trug die Unterschrift von 86 Fürsten und Städten.

Auch die anderen Bekenntnisrichtungen schritten fort, ihre Lehre zu fixieren und zu klären. Nachdem Calvin mit seinem Genfer Katechismus (1542, lat. 1545) und der Institutio Religionis Christianae (1536, 4. Aufl. 1559) vorangegangen war, kamen nationale reformierte Unterweisungsschriften und Glaubensformulierungen offiziellen Charakters um 1560 in größerer Zahl heraus: die Confessio Gallicana (1559), Scotica (1560), Belgica (1561), Helvetica posterior (1566) und der Heidelberger Katechismus (1563). Sie enthielten bezeichnenderweise fast durchweg auch Bestimmungen über die Gemeindeverfassung und die Kirchenzucht, weil beide in den Augen Calvins zu den Glaubensgegenständen im engeren Sinne gehörten. Die entsprechenden katholischen Verlautbarungen traten 1564 mit den Trienter Dekreten und 1566 mit dem Trienter Katechismus in Erscheinung. Gleich den reformierten Büchern bezogen sich die offiziellen katholischen Publikationen auf Glaube, Disziplin und Unterweisung.

Diese dogmatischen Bücher machten der Lehrunsicherheit, aber auch der Lehrfreiheit ein Ende. Sie präsentierten sich als ein autoritativer Leitfaden und definierten in den strittigen Fragen mit Verbindlichkeit, was de fide sei und was nicht. Auf dieser Grundlage der fixierten Lehre entwickelten sich in reicher Fülle durch Explikation der einzelnen Gegenstände (loci) und deren Zusammenordnung theologische Summen des rechten christlichen Glaubens, mit denen auf theologischem Felde das Zeitalter der protestantischen *Orthodoxie* anhob (eine entsprechende Bezeichnung für die katholische Theologie ebendieser Zeit hat sich nicht eingebürgert). Es reichte vom ausgehenden 16. bis ins frühe 18. Jahrhundert.

Die Bekenntnisbücher und die sie explizierende dogmatische (und immer zugleich gegen die Andersgläubigen polemische und scharfsinnig kontroverse) Theologie bildeten die geistige Grundlage der konfessionellen Glaubensgemeinschaften, deren sich im übrigen erziehend, richtend, unterweisend und regulierend die politische Obrigkeit nach allen Richtungen hin annahm.

Ihre tonangebende Rolle ist bekannt. Der Normalfall des damaligen Staatskirchentums mit seinem cuius regio eius religio-Prinzip ist nicht immer und nicht überall rein und ohne Beisatz verwirklicht worden. Durch das Protektorat über eine bestimmte Konfession, aber auch durch deren sittigenden und religiösen Einfluß vergrößerte sich im allgemeinen die Regierungsgewalt der obrigkeitlichen Person, ihr Eingriffsrecht in die Kirche usw., auf der anderen Seite steigerte sich, jedenfalls in vielen Fällen, bei den regierenden Personen der religiöse Ernst und Bekehrungseifer. Die Superattendenten von Liegnitz und Brieg bewiesen zum Beispiel ihrem Herzog Georg II. aus Isaias 49 das Recht des Fürsten zum bischöflichen Amte und machten ihm klar, daß *er* der *eigentliche* Superattendent der Kirche sei.

In ihrem Verhältnis zur Kirche ihres Landes und zu deren Bekenntnis war jedoch keineswegs *eine* Obrigkeit der *andern* gleich. Übereinstimmung gab es hier nur in dem *Grundsatz* des aus der Landeshoheit fließenden obrigkeitlichen Bekenntniszwangs. Seine *Anwendung* jedoch erfolgte nach Maßgabe verschiedenster Faktoren, wie der persönlichen religiösen Einstellung; der konkreten politischen, dynastischen, unter Umständen auch wirtschaftlichen Situation; der verfassungsmäßigen Struktur des Herrschaftsgebietes usw. Die Ergebnisse landesherrlicher Religionspolitik gingen daher nicht selten auseinander. Der obrigkeitlichen Macht waren hier und da bestimmte *Grenzen* gezogen; vielfach hatte sie *Rücksichten* zu nehmen, über die sie nicht ungestraft hinweggehen durfte. Zum Beispiel mußte der Herzog von Kleve nach seiner Niederlage im Kampf um Geldern gegen Karl V. sich zum Innehalten einer katholischen

Konfessionspolitik in seinen Ländern verpflichten. Nicht zuletzt spielte die *persönliche Gesinnung* des Inhabers der obrigkeitlichen Gewalt für die Behandlung mancher Fragen die entscheidende Rolle.

Wenn die Landes- oder Stadtobrigkeiten sich der Kirche annahmen, so geschah dies zunächst wohl ganz allgemein aus der Gewohnheit und Übung spätmittelalterlichen Staatskirchentums heraus. Freilich zeichnete sich hinter dieser Gewohnheit ein Interesse für die Kirche ab, welches sich auf mehrere Motive zurückführen läßt. Als Beweggründe traten hervor: ein wacher, praktischer Sinn für Ausbeutung und Geschäftemacherei; Instinkt für politische Machterweiterung; und ein Bewußtsein von singulärer religiöser Verantwortlichkeit des Regenten für die Regierten.

Im ersteren Sinne scheinen zum Beispiel die Grafen von Ostfriesland und diejenigen von Oldenburg die Reformation, ohne engeres Verhältnis zu ihren Ursprüngen, in Form von Vereinnahmung kirchlicher Besitzungen und Gerechtsame rasch genutzt zu haben. Auch die fränkischen Hohenzollern, Markgraf Georg und Markgraf Casimir, lehnten den Gesichtspunkt der puren Nutzung keineswegs ab. Seriöser verfuhren andere Staaten, wie zum Beispiel Kursachsen, wenn sie nur die *Überschüsse* der zunächst für karitative und pädagogische Zwecke verwendeten kirchlichen Erträgnisse zur Finanzierung ihrer politischen Unternehmungen — in diesem Falle des Schmalkaldischen Bundes — heranzogen. Immerhin lagen die Überschüsse wesentlich höher als die Aufwendungen für Schulen, Spitäler usw. Man verwendete sie unter anderem auch für den Straßen- und Brückenbau und tilgte davon die staatlichen Schulden. Auf anderen Wegen, zum Beispiel durch Erlangung päpstlicher Genehmigung zur Inkorporation oder zur Einbehaltung kirchlicher Abgaben, steuerten katholische Fürsten dieselben Ziele an; so scheint sich etwa Kurfürst Jacob III. von Eltz, Erzbischof von Trier, in Dingen der Abtei Prüm in dieser Richtung bewegt zu haben.

Weit verbreitet war die Vorstellung und Praxis, daß Kirche und Konfession, als Regierungsinstrument gehandhabt, der allenthalben angestrebten Vereinheitlichung des Territoriums gute Dienste leisten dürften. Die Zahl der Beispiele hierfür ist unübersehbar. Aus ihrer Fülle sei daher nur *ein* besonders pointiertes zur Illustration des Problems angeführt: Einer der frühesten Reformationsfürsten, Herzog Ernst der Bekenner von Lüneburg, Mitunterzeichner des Speyrer Protests von 1529, verbot dem Rat der Stadt Lüneburg, die Reformation einzuführen, und befahl ihm, bei der bisherigen altkirchlichen Religionsübung zu verharren, bis er, der Herzog, als christliche Obrigkeit, eine neue kirchliche Ordnung einrichten werde. Hier erhob, mit anderen Worten, der Machtwille der aufstrebenden Landesherrschaft die Reformationseinführung zum fürstlichen Monopol und machte, ungeachtet aller, in diesem Fall vorhandenen, religiösen Intention, einen durchaus politischen Gebrauch davon.

Das Bewußtsein einer unvergleichlichen *seelsorglichen* Verantwortung der Territorialobrigkeit für die Territorialuntertanenschaft lief dem weltlichen Libertätsstreben der Reichsstände parallel und stellte gewissermaßen dessen geistliche Komponente dar. Denn gegen den Kaiser gewendet besagte es: eine die Reichsglieder bindende kirchliche Verantwortung komme dem Reichsoberhaupt keineswegs zu — wie es Karls V. Auffassung war und wie sie unter anderem in den sechs Krönungsfragen der Liturgie der Königskrönung ihren Niederschlag gefunden hatte —; dagegen beanspruchte eine jede Territorialobrigkeit eine im Prinzip *unantastbare* Religionshoheit für ihren speziellen Herrschaftsbezirk. In der Verfassungsgeschichte des Reiches drückte sich diese Überzeugung erstmalig in der berühmten Formel des Reichstagsabschiedes von Speyer 1526 aus. Die landesfürstlichen Verlautbarungen hoben gewöhnlich einen doppelten Aspekt dieser geistlichen Hoheit hervor: erstens: sie sei von *Gott* unmittelbar verliehen und ein integrierender Bestandteil des Fürstenamts; zweitens: sie sei verliehen *um der armen Untertanen und ihrer Gewissen willen* — und gerade für die rechte Betreuung und Unterweisung der Untertanen in der Lehre müsse der Inhaber der Obrigkeit sich vor Gottes Richterstuhl verantworten. Die landesherrlichen Kirchenordnungen und Religionsmandate waren fast durchweg von dem Pathos dieser Auffassung erfüllt.

*

Reformatoren und Theologen aller Bekenntnisse trugen weidlich dazu bei, den Obrigkeiten die mit ihrem Amt verbundene kirchliche Verantwortung aufs Gewissen zu binden und ihnen durch kräftigen biblisch gewürzten Zuspruch ihre religiöse Fürsorgepflicht vor Augen zu stellen. Umgekehrt fragten freilich Regenten und Magistrate auch gern und oft bei bestimmten politischen und kirchlichen Vorhaben bei Reformatoren oder anderen kirchlichen Autoritäten um Rat und ließen sich Weisungen über die geistliche Seite ihrer geplanten Unternehmungen geben. Überhaupt zeichneten sich für ihr persönliches Leben nicht wenige Fürsten, Fürstinnen und Fürstenkinder aus durch eine vom Geist ihres Bekenntnisses bestimmte religiöse Lebensführung, von Fürst Georg dem Gottseligen von Anhalt und den ernestinischen Kurfürsten über Friedrich den Frommen von der Pfalz und Wilhelm den Frommen von Baiern bis hin zu Ernst dem Frommen von Gotha. Ja selbst noch ein so verhältnismäßig spätes Dokument wie das Politische Testament des Großen Kurfürsten bezeugte in seiner Präambel die Stärke des religiösen Gesichtspunktes in Sachen der Regierungsführung, während anderseits in den Memoiren der, gleichfalls reformierten, Sophie von der Pfalz, späteren Kurfürstin von Hannover (1630—1714), die Anfänge innerer Distanzierung vom Bekenntnis sichtbar werden.

Wenn Reformatoren und Theologen die Regenten, durch Betonung ihrer religiösen Vormundschaft gegenüber den Regierten, gewißlich in den *Dienst* des Bekenntnisses zu stellen und darin zu festigen vorhatten, so weiteten sie praktisch damit freilich den Umkreis obrigkeitlicher Befugnis ungemein aus und steigerten die Macht der Staatsgewalt. Zugleich schufen sie damit auch die geistigen Voraussetzungen für die Glaubenskämpfe, insofern sie das religiöse Pathos der Protestanten und Katholiken jetzt ins Politische transponierten und darauf drangen, daß die Obrigkeit die praktischen Folgerungen, die sich aus den dogmatischen Maximen ergaben, in die Tat umsetzte. Da die Konfessionen, von Ausnahmen abgesehen, sich gegenseitig nicht duldeten, führte im politischen Bereich die Unduldsamkeit zu den verschiedensten Formen der religiösen Verfolgung und Unterdrückung, wobei solcher Handlungsweise das eigentümliche Bewußtsein zugrunde lag, es geschehe zur Ehre Gottes und stelle eine Art defensiven Frömmigkeitsaktes dar, dessen Unterlassung als Sünde zu erachten sei. Durchweg maß man in Sachen der eigenen und der anderen Konfession mit zweierlei Maß. Pfalzgraf Ottheinrich von Neuburg, der spätere Kurfürst bei Rhein, schlug bekanntlich in den Vorverhandlungen zum Augsburgischen Religionsfrieden vor, die Duldung von Protestanten im Bereich katholischer Landesobrigkeiten reichsgesetzlich vorzuschreiben, verwarf aber gleichzeitig strikt eine entsprechende Duldung der Katholiken unter protestantischen Obrigkeiten. Sein Nachfolger, Kurfürst Friedrich III., reformierten Bekenntnisses, beklagte sich offen über die Unduldsamkeit anderer Obrigkeiten, verfolgte selber aber Katholiken wie Lutheraner; vom Landgrafen von Hessen gemahnt, sich etwas toleranter zu verhalten und die Verfolgung einzustellen, widersprach er mit der klassischen Begründung: daß es „viel ein ander Ding" sei, „einen zum Guten und zu Gottes Wahrheit (zu zwingen), ein anderes aber, zum Bösen, Abgötterei und Lügen zu treiben". Derselbe Kurfürst teilte sich in mehreren Gebieten in die Landesherrschaft mit den Fürstbischöfen von Worms und Speyer. In diesen Kondominaten führte er den Calvinismus ein, ohne sich um das Mitbestimmungsrecht der Mitobrigkeit und um deren Proteste zu kümmern. Diese offenkundige Verletzung der Hoheitsrechte seiner Partner in der Landeshoheit begründete er religiös mit dem Gedankengang: „Damit die armen Untertanen mit notwendiger und heilsamer Seelsorge versehen würden, solle die gemeine christliche Wohlfahrt der zeitlichen strittigen Jurisdiktion vorgezogen werden".

Dementsprechend trugen die Maßnahmen der Staatsgewalt in Dingen der Konfession ein doppeltes Gesicht. Die Kirche mit ihrer Apparatur wurde eingespannt in den Dienst der weltlichen Macht; umgekehrt nahm sich diese weltliche Macht aber der Kirche in ihren Nöten an, half ihr auf und ließ sich das sogar etwas kosten. Manchmal ist die Unterscheidung beider Motive mit Sicherheit nicht zu treffen. In beiden Fällen aber wurde der Festigungs- und Vereinheitlichungsprozeß der Konfession vorangetrieben.

Daß die weltlichen Gewalten der Kirche unter die Arme griffen, lag nahe und verwunderte niemanden. Wenn sie Gewalt anwendeten, so waren da die Zeitgenossen außerordentlich unempfindlich, jedenfalls wenn es in eigener Sache geschah. Das Schwert galt als Mittel, Ordnung zu halten. Darum trug es die Obrigkeit. Auch daß man um der Religion willen politische Bündnisse schloß, oder als ultima ratio zu den Waffen griff, hielten die Zeitgenossen grundsätzlich für richtig und gut, gegebenenfalls sogar für verdienstlich und Gott wohlgefällig[1]). Im übrigen waren die politischen Obrigkeiten nicht nur der Meinung, daß sie sich um Religion und Kirche von Amts wegen kümmern müßten — sie hielten auch dafür, daß derjenige, der sich ihren kirchlichen Richtlinien nicht fügte, sich politisch verging. Luther zum Beispiel hielt die täuferischen Lehren hinsichtlich ihres politischen Effektes für Anstiftung zum Aufruhr und vertrat die Auffassung, daß man die Täufer als potentielle Aufrührer von Staats wegen strafen müsse.

Einschränkend und ergänzend ist dazu allerdings noch folgendes anzumerken: Obwohl es seit Mitte des 16. Jahrhunderts klar formulierte Bekenntnisse der Calvinisten, Katholiken und Lutheraner gab und obwohl obendrein die Praxis eines durchgebildeten und gemeinhin durchgreifenden Staatskirchentums blühte, verlief der Konfessionsbildungsprozeß dennoch nicht entfernt so glatt und rasch, wie man es bei solchen Voraussetzungen eigentlich hätte annehmen sollen. Im Gegenteil, es bedurfte, grob gerechnet, noch etwa eines vollen Jahrhunderts turbulenter äußerer Kämpfe und innerer Auseinandersetzungen, bis die einzelnen Konfessionen sich bis zu einer gewissen Krisenfestigkeit konsolidiert und Gestalt von relativer Dauerhaftigkeit gewannen.

---

[1]) So noch bis ins mittlere 17. Jahrhundert. Vgl. etwa die schwedische Flugschriftenpropaganda für Gustav Adolfs Eintritt in den Dreißigjährigen Krieg.

Unter den Gründen, die dies erklären, wird innerhalb des staatlichen Bereiches am ehesten an den Umstand zu erinnern sein, daß nicht immer die Obrigkeit eine uneingeschränkte Freiheit besaß, in kirchlichen Dingen zu verfügen. Auch der *Spielraum* ihrer Bewegungsfreiheit scheint nicht überall und nicht immer der gleiche gewesen zu sein. Die Theorie des Verhältnisses von Kirche und Staat war nuancenreich und sah bei Juristen gewöhnlich anders aus als bei Theologen; in der Praxis konnten dem obrigkeitlichen Konfessionsbestimmungsrecht Schranken der verschiedensten Art gezogen sein. Und nicht zuletzt reagierten die einzelnen Konfessionen mitunter recht unterschiedlich auf die Handhabung kirchlicher Dinge durch die Staatsgewalt. Vollzog sich also auch die Entfaltung der Konfessionen im Schatten und unter dem Protektorat der Staatsgewalt, so war letztere ihnen gegenüber nicht immer ganz frei und auch nicht immer gleichmäßig in ihrem Verhalten.

Ihre Bewegungs- und Entscheidungsfreiheit konnte von außen wie von innen eingeschränkt sein. Zum Beispiel durch auswärtige *politische* Einwirkung. Hierfür gab es eine ganze Skala von Möglichkeiten, angefangen bei Rügen und Verwarnungen in Form diplomatischer Noten, über Drohungen und Ankündigung von Repressalien bis hin zu massivem militärischen Druck, zu Krieg, Eroberung, Besatzung usw. In Deutschland haben durch Anwendung ihrer kaiserlichen Prärogative Karl V. und Ferdinand II., in bescheidenerem Maße auch Rudolf II. Einfluß auf die Religionsverhältnisse innerhalb einzelner Territorien genommen oder doch zu nehmen gesucht. Das Interim 1548, das Restitutionsedikt 1629 und Rudolfs II. Intervention im Erbstreit von Kleve bezeugten es. Von *innen* her konnte, etwa innerhalb eines föderativen Gebietes wie der Eidgenossenschaft, der Spielraum für die einzelne Obrigkeit eingeengt sein durch staatsrechtliche Übereinkünfte, Sonderregelungen und Verträge: So schlossen im 2. Kappeler Landfrieden 1531 die katholischen Urkantone und die protestantischen Stadtkantone den Kompromiß, die Gemeinherrschaften paritätisch zu regieren und für deren Gebiet einen bestimmten konfessionellen Status zu fixieren. Eine Fülle vergleichbarer Ausnahmeklauseln enthielt der Augsburgische Religionsfriede. In Ungarn und Polen erfreuten sich die Magnaten weitgehender religiöser Freiheitsrechte gegenüber der Krone, in Österreich, Böhmen und Mähren desgleichen die Stände, jedenfalls für längere Zeit. In den zu Polen gehörigen Teilen Preußens erwirkten sich die größeren deutschen Städte vom polnischen König das Recht auf Ausübung des lutherischen Gottesdienstes. Ähnlich verhielt es sich mit den nach 1561 an Polen fallenden, ehemals zum Deutschen Orden gehörenden Teilen des Baltikums. Gegen politische Unterwerfung gewährte König Sigismund II. August der livländischen Ritterschaft und dem neuen Herzog von Kurland, Gotthard von Ketteler, kirchliche Autonomie und freie Ausübung des lutherischen Gottesdienstes. Unter bestimmten Gesichtspunkten erhielten sogar die Mennoniten im Weichseltal Duldung und beschränkte Religionsfreiheit.

Oft nahm auch, je nach Charakter des religiösen Bekenntnisses, das gegenseitige Verhältnis von Obrigkeit und Konfession spezifische Formen an. Zum Beispiel suchte der Calvinismus, wie aus Calvins politischer Korrespondenz hervorgeht, den Staat im Dienste der Konfession gewaltig zu aktivieren, suchte sich aber gleichzeitig im Bereich von Dogma, Kult und Kirchenzucht möglichst unabhängig zu erhalten. Im allgemeinen zeigte das Luthertum weniger Widerstandswillen, die Staatsgewalt aus dem innerkirchlichen Raum zu verdrängen, was vermutlich mit der halbgeistlichen Rolle zusammenhängt, welche es der Obrigkeit zuerkannte. Die katholische Kirche wiederum mußte sich, sowohl in Deutschland wie außerhalb, ebenfalls viele Eingriffe von seiten des weltlichen katholischen Fürstentums gefallen lassen, wahrte jedoch institutionell und im Prinzip ziemlich strikt die libertas ecclesiae.

Hinzu kommt, daß, wo eine stärkere ständische Gewalt dem Fürstentum gegenüberstand, diese sich gern mit einem der fürstlichen Kirchenpolitik gegenüber oppositionellen Bekenntnis verband. In Ostfriesland beispielsweise sieht man nicht recht, ob der Calvinismus die ständische Opposition religiös vorantrieb oder ob die Stände aus Opposition gegen den Landesherrn den Calvinismus protegierten. In Lemgo in der Grafschaft Lippe vermochte sich das Luthertum zu halten, obwohl der Landesherr die ganze übrige Grafschaft zwang, sich dem reformierten Bekenntnis anzuschließen: die Stadt als solche fühlte sich stark genug, ihrem Grafen gegenüber selbständig aufzutreten. Ein engerer Zusammenhang zwischen Ständen und religiös oppositionellem Bekenntnis scheint bestanden zu haben, mindestens für längere oder kürzere Zeit, in Schottland, Frankreich, Österreich, Mähren, Böhmen, Bayern, aber auch in vielen Fürstbistümern (Münster, Paderborn und anderen). Auch in Holland spiegelten sich die Differenzen zwischen den politischen Parteien und sozialen Schichten im Gegensatz oder mindestens in der feineren Unterscheidung der Bekenntnisse, zum Beispiel im Gegensatz der Remonstranten und Kontraremonstranten.

Wo schließlich die Zwischengewalten, Standesherren, Ritterschaften, wie zum Beispiel in den vereinigten niederrheinischen Herzogtümern Kleve-Jülich-Berg die Drosten, über eine gewisse Handlungsfreiheit verfügten, konnte es rasch zu einer Koexistenz der verschiedensten Glaubensformen im gleichen Herrschaftsgebiet kommen, zumal wenn, wie es hier der Fall war, der regierende Fürst konservatives Reformstreben mit einer auf erasmische Anregungen zurückgehenden Politik der Gewaltlosigkeit verband und dadurch von sich aus den einzelnen religiösen Strömungen einen gewissen Freiheitsraum beließ.

Relative Toleranz der Obrigkeit kam also mehrfach vor. Möglicherweise ging sie auf grundsätzliche religiöse Prinzipien zurück. Sie war meistens aber Ausdruck der innenpolitischen Rechts- und Verfassungslage. Der Augsburgische Religionsfrieden sah zum Beispiel die Parität zweier Konfessionen in einzelnen Reichsstädten vor und schützte die katholischen Klöster unter evangelischer Obrigkeit. Die Habsburger ließen sich in Österreich und Böhmen auf Religionsverträge ein, in denen sie sich den Ständen und Städten gegenüber zu Konzessionen in Glaubensdingen bereit erklärten.

Viele Städte verfügten trotz nomineller Abhängigkeit von einem Landesherrn über weitgehende Freiheiten. Sie nahmen daher auch die konfessionellen Angelegenheiten in die Hand und verfuhren in ihnen nach eigenem Ermessen. Die Städte waren kaum zu zählen, die auf eigene Faust evangelisch wurden. Es konnte auch vorkommen, daß katholische Untertanen katholischer Landesfürsten im eigenen Territorium durch evangelische Zwischenobrigkeiten verfolgt wurden. Trotz cuius-regio-eius-religio-Prinzip lebten bis gegen 1600 viele Protestanten unter katholischer Territorialherrschaft; so war es vornehmlich in einigen Fürstbistümern (Hildesheim, Osnabrück, Würzburg, Bamberg) und ganz eklatant in Österreich (außer Tirol).

Einen Sonderfall bildeten staatsrechtlich und, zum Teil als Folge davon, konfessionell die Lausitzen und Schlesien. Als Länder der böhmischen Krone gehörten sie zum Herrschaftsgebiet der Habsburger. Die *Lausitzen*, Böhmen nördlich vorgelagert und bis in die Landschaft südlich von Berlin sich erstreckend, lagen von der Zentrale in Wien weit entfernt. Als von Sachsen her die Reformation ins Land drang, reichte der Arm Kaiser Ferdinands I. nicht weit genug, um dem zu wehren. Die habsburgische Oberherrschaft bewirkte lediglich, daß dort, wo die alte Kirche sich aus eigner Kraft zu halten vermochte, der Katholizismus wenigstens nicht ausgerottet wurde, sondern am Leben blieb. Solchergestalt repräsentierten etwa zehn Prozent der Bevölkerung und einige Klöster eine bescheidene Kontinuität der katholischen Kirche in dieser mitteldeutschen Landschaft, übrigens bis auf den heutigen Tag. *Schlesiens* politischer Status besaß im Reich keine Parallele. Das Land gliederte sich in ein paar Fürstentümer, das geistliche Territorium des Fürstbischofs von Breslau und das Stadtgebiet von Breslau. Alle diese Herrschaften konnte man den Reichsständen vergleichen. Sie gehörten aber nicht in deren Kreis, sondern unterstanden als ihrem Oberherrn gemeinsam dem Kaiser in seiner Eigenschaft als König von Böhmen. Er beaufsichtigte sie in verhältnismäßig milder Weise; sie besaßen Formen und Ordnungen der gemeinsamen Selbstverwaltung. Darüber hinaus hatten einzelne schlesische Fürstentümer ihre separaten Landtage und Ständeausschüsse. Kontrolle und Gewalt des Kaisers reichten nicht hin, den Konfessionszwang auszuüben. Das Luthertum breitete sich schon in den ersten Jahren der Reformation dort aus; es gewann den größten Teil Niederschlesiens, aber auch Breslau und Teile Oberschlesiens. Im Unterschied zu den Erscheinungen konfessioneller Ver-

Grundlagen der Konfessionsbildung in Deutschland

hetzung, denen wir in Deutschland und Europa auf Schritt und Tritt begegnen, begegneten sich in Schlesien die verschiedenen Bekenntnisse recht tolerant und konziliant.

Die *relative* Toleranz — bei *grundsätzlichem* Festhalten am staatlichen Religionsbestimmungsrecht — ging also auf die verschiedensten Ursachen zurück. Verfassungsmäßige Schwäche des Monarchen (Polen, Böhmen), staatsrechtliche Abmachungen (Eidgenossenschaft, Deutschland), situationsbedingte politische Rücksichten (Frankreich, Österreich) begünstigten sie. Eine Duldung in Grenzen konnte aber auch einer überlegenen Staatsvernunft und zwischenstaatlichen Verträgen entspringen, so bei Wilhelm von Oranien und dem Großen Kurfürsten von Brandenburg, oder auf wirtschaftspolitische Gründe zurückgehen. So bot man gelegentlich Emigranten oder bestimmten Berufsgruppen, die man vom Ausland ins Land hineinzuziehen wünschte, Duldung an und verlieh ihnen die Freiheit der Religionsausübung. Altona, Glückstadt, Friedrichsstadt, Hanau waren solche bewußt geschaffenen Freistätten für religiös Andersgläubige, welche aus volkswirtschaftlichen Erwägungen die Landesherrschaft ins Land holte. Für die Brabanter und Holländer, die man ihrer Deichbaukunst wegen haben wollte, wurde sogar auf der Hallig Nordstrand an der schleswig-holsteinischen Westküste eine katholische Pfarrei gegründet. Überall aber bedeuteten die Formen begrenzter Duldung oder erzwungener Toleranz ein mehr oder weniger starkes Abweichen vom strengen Gedanken der Glaubenseinheit im Territorium und ein Durchbrechen des obrigkeitlichen Konfessionszwangs. Praktisch wurde die konfessionelle Uniformität eines Territoriums auch dort auf eine harte Probe gestellt, wo infolge Dynastiewechsels oder Konversion die Konfession des Landesherrn wechselte, insonderheit, wenn mehrere solcher Religionswechsel aufeinanderfolgten, wie in der Kurpfalz und der Markgrafschaft Baden-Baden. Hier ließ nicht selten jede der konfessionellen Phasen bleibende Spuren in der Bevölkerung zurück.

Nimmt man weiter hinzu, daß ein gewisser Restbestand an Katholizismus sich in fast allen evangelisch werdenden Ländern eine Zeitlang, manchmal sogar beachtlich lange, wenn auch meistens kümmerlich, am Leben erhielt; daß in Territorien, in denen seit Mitte des 16. Jahrhunderts die katholische Restauration zu wirken begann, sich gewöhnlich größere Bevölkerungsteile der Reformation zugewendet hatten; und daß überall in der Stille Täufer und Sektierer fortexistierten — so liegt auf der Hand, daß ein einigermaßen geordnetes kirchliches Leben im Normalfall kaum herzustellen war, wenn die Landesobrigkeit nicht in Richtung auf Einheit des Bekenntnisses und Gleichheit der Zeremonien wirkte und sich zu diesem Zweck ihres Polizei-, Gerichts- und Regierungsapparates bediente.

III. VON DER EVANGELISCHEN BEWEGUNG ZUR LUTHERISCHEN TERRITORIALKIRCHE

Während die Reformation sich in Deutschland ereignete und auf Europa übergriff, ereignete sich, so könnte man etwas überspitzt sagen, die Gegenreformation (inklusive katholischer Reform) in Europa und griff von dort nach Deutschland über. Von daher ergab es sich, daß evangelische und katholische Konfessionsbildung jeweils einen unterschiedlichen Verlauf nahmen. Innerhalb des Protestantismus entwickelten sich wiederum Luthertum und Calvinismus nach verschiedenen Gesetzen und unter andersartigen Bedingungen. Alle genannten Konfessionen glichen sich darin, daß sie gegen Sekten und kleinere Sondergemeinschaften rigoros vorgingen und sie unschädlich zu machen suchten.

Die lutherische Konfessionsbildung ging aus der großen evangelischen Bewegung hervor, die seit 1520 fast das ganze deutsche Sprachgebiet ergriffen hatte. Die evangelische Welle erfaßte den deutschen Norden von Friesland bis nach Pommern und Preußen, Mitteldeutschland von Hessen und Westfalen bis nach Schlesien und an die Sudetenländer. Südwärts gelangte sie über Franken und Schwaben bis in die österreichischen Alpenländer. Wie lebhaft man sich am Rhein für Luther begeisterte, kann man den Berichten des päpstlichen Nuntius Aleander vom Reichstag zu Worms 1521 entnehmen.

Auch wenn die Bewegung später wieder etwas zurücklief — sie hatte doch das Volk in allen Schichten angesprochen und beinahe im gesamten Umkreis des Reiches erfaßt. Bis zur Mitte des 16. Jahrhunderts, bis in die Jahre des Augsburgischen Religionsfriedens und des Trienter Konzilsabschlusses war die überwiegende Mehrheit des deutschen Volkes für den Protestantismus gewonnen. Die lutherischen Obrigkeiten hatten es daher vergleichsweise leichter, ihre Landeskirchen konfessionell zu vereinheitlichen, als die katholischen Obrigkeiten. Die Stimmung war im ganzen dem Protestantismus günstig und dem Katholizismus ungünstig. Das hing mit der antiklerikalen und reformerischen Strömung zusammen, von der seit dem Spätmittelalter die gesamte europäische Christenheit getragen war und welcher zwischen 1520 und 1560 der Protestantismus unvergleichlich besser entsprach als die katholische Kirche. Besonders die Städte sympathisierten mit dem Protestantismus; hier lebte eine anspruchsvolle Bildungsschicht, welcher der katholische Klerus und Mönchsstand intellektuell sehr viel weniger genügte als der durch das akademische Studium hindurchgegangene evangelische Predigerstand. Die gleiche Schicht fand auch noch am ehesten einen Zugang zu den theologischen und kirchlichen Problemen der Zeit und war in der Lage, Stellung zu nehmen. Sie nahm in der Regel eine recht kritische, wo nicht ablehnende Stellung gegen das Papsttum und die Einrichtungen der katholischen Kirche ein: Die Reformation wurde den Städten zum Ventil, um ihrer Verärgerung über die in ihren Augen ungerechtfertigte Privilegierung des Klerus Luft zu machen. Aber nicht nur dies. Die Reformation bot ihnen auch Gelegenheit, sich ihrer alten Beschwerden gegen Kirche und Klerus auf dem Wege legitimer Selbsthilfe zu entledigen. Und nicht wenige machten davon Gebrauch. Zwar wurde kaum eine Stadt über Nacht evangelisch. Und die in älteren Kirchen- und Profangeschichten häufig anzutreffende Wendung, diese oder jene Stadt habe dann und dann „das Evangelium angenommen", verkürzt den historischen Vorgang und verharmlost ihn zugleich. Denn selbst wenn sich der Übergang zur Reformation hie und da verhältnismäßig rasch vollzog, so gingen diesem Umwandlungsprozeß doch oft kritische Auseinandersetzungen innerhalb der städtischen Gremien voraus; der Druck der Bürgerschaft oder bestimmter Gruppen spielte eine Rolle; man veranstaltete gar nicht selten Religionsgespräche, mit oder ohne vorherbestimmten Ausgang; noch öfter mischte sich eine soziale Revolte mit der religiösen Bewegung. Und selbst wenn eine größere Stadt den

Entwicklung zur lutherischen Landeskirche

evangelischen Gottesdienst offiziell einzuführen beschlossen hatte, blieben in den meisten Fällen noch Teile der Bürgerschaft altkirchlich gesonnen. Oft erhielten sich kraft reichsrechtlicher Satzung oder kraft reichsständischer Eigenschaft katholische Institutionen in protestantischer Umwelt. So in Ulm, in Regensburg, in Frankfurt, Straßburg, Dortmund, in Lippstadt, Marburg, Danzig usw. Von den Klöstern ging nur ein Bruchteil geschlossen zum neuen Evangelium über. In Leipzig und Zürich, in Hessen und Hannover, in Brandenburg, Franken und der Kurpfalz und in vielen anderen Regionen bedurfte es eines außerordentlich kräftigen Drucks der Obrigkeit, um die Klostergemeinschaften aufzulösen. Gewöhnlich drängte man ihnen einen evangelischen Prediger und Lesemeister auf, der zum Beispiel obligatorische Katechesen über die Hinfälligkeit der Gelübde zu halten hatte. Man schränkte ihnen das Stundengebet und den Gottesdienst ein und entzog den Nonnenklöstern ihre Spirituale und Beichtväter. Man verbot die Aufnahme von Novizen und Novizinnen und forderte unter günstigen Abfindungsbedingungen die einzelnen Insassen zum Austritt auf. Und wenn das alles, wie gar nicht selten, keinen Zweck hatte, ging man von seiten der Stadt- und Landesobrigkeit zur Gewalt über, hob die Klöster auf, vereinnahmte ihren Besitz und vertrieb die Mönche und Nonnen. Manchmal wandelte man auch die Klöster zu evangelischen Anstalten um. In Brandenburg und Pommern legte der Adel Wert darauf, einige Fräuleinstifte für seine unversorgten Töchter zu erhalten. Das konservative welfische Niedersachsen versuchte kirchliche Konvente auf evangelischer Basis weiterzuführen. Württemberg und Sachsen verwandelten ein paar Männerklöster in Schulen und Lehranstalten. Gelegentlich beließ man auch die katholischen Konvente isoliert an Ort und Stelle und wartete darauf, daß sie ausstarben. Auf solche Weise ging zum Beispiel das berühmte St.-Klara-Kloster in Nürnberg gegen Ende des 16. Jahrhunderts ein.

Im großen und ganzen wußten also die evangelischen Obrigkeiten durch Maßnahmen wie die oben skizzierten die relativ noch am stärksten altkirchlich gesonnene Personenschicht der Klosterinsassen einflußlos zu machen. Der einfache Klerus ging leichter zur neuen Lehre über. Er begrüßte die Aufhebung des Zölibats, den er gewohnheitsrechtlich schon längst nicht mehr praktizierte. Im übrigen teilte die niedere Geistlichkeit auf weite Strecken die allgemeine Aversion gegen die wirtschaftlich immens begüterte und sozial himmelhoch über ihr stehende höhere Prälatur. Auch setzte sie ihr Bildungsstand nicht immer in die Lage, die theologischen Postulate der Reformatoren und ihre Unterschiede von der traditionellen katholischen Glaubenslehre zu verstehen. Die Gebildeten unter den Geistlichen aber waren meistens durch die Schule des Humanismus hindurchgegangen und hatten sich dessen Kirchenkritik, samt allen überstürzten Vorurteilen gegen die überholte Scholastik ebenso zu eigen gemacht wie seine temperamentvolle kirchenreformatorische Gesinnung. Diese akademisch gebildeten Prädikanten aus Welt- und Ordensklerus, fast durchweg, wie vorläufige Erhebungen gezeigt haben, zwischen 1490 und 1505 geboren, gehörten um 1520 bis 1530 also ausgesprochen der jungen Generation an. Diese ihre Generation stellte die Sturmtruppen, die sofort nach Luthers Auftreten die Reformation in alle Winde trugen. Aus ihrer Schicht gingen die zahllosen Sterne zweiter und dritter Größe auf, die als Mitreformatoren in Städten, Territorien, Landschaften und regional begrenzten Räumen die neue Lehre einpflanzten und die evangelische Bewegung sich zur evangelischen Kirche entwickeln ließen. Sie verfuhren dabei anfangs oft spontan, nach Prinzipien, die ihnen Situation und Augenblick eingaben; eine schöpferische Menge von Begabungen ließ damals eine Vielzahl von evangelischen Kirchentümern aufkeimen. Mit diesen Prädikanten erstand aber auch den städtischen und fürstlichen Obrigkeiten eine Schicht von Mitarbeitern, die ihnen bei der konfessionellen Uniformierung ihrer Untertanenschaft die wertvollsten Dienste leistete.

Als sich gegen Ende der zwanziger Jahre die evangelische Bewegung zur Reformation verfestigte, trug ihr das zwar Schutz und Hilfe durch die Obrigkeit, aber auch manchen Substanzverlust ein. Die populären Elemente entzogen sich ihr; sie wurden passiv und gleichgültig; und die Intellektuellen der älteren Generation wurden skeptisch. Die Bauern hatten sich auf Luther berufen — 1525 distanzierte er sich von ihnen und sie sich von ihm. Wenn er die Fürsten ermuntert hatte, die kämpfenden Bauern totzuschlagen wie tolle Hunde, so brauchte sich kein Mensch zu wundern, wenn er beim Landvolk kein Echo mehr fand. In *diesem* Stande kam die evangelische Bewegung zum Erliegen. Anderwärts wogte sie weiter, nahm aber Formen an, die Luther für verderblich hielt. Denn was sich sonst spontan an evangelischen Sonderbewegungen regte, erachtete er aus dogmatischen und religiösen Gründen für des Teufels Erfindung. Sein unerbittlicher Kampf gegen Täufer, Schwärmer und Sakramentierer öffnete vielen Zeitgenossen die Augen darüber, daß der Reformator, trotz aller gegenteiligen Beteuerung, seine eigenen theologischen Positionen für verbindlich ansah. Sie waren ihm das reine Evangelium oder doch dessen, wie er meinte, zwingende Auslegung, der sich niemand, der guten Willens sei, verschließen könne. In diesem Geiste des authentischen Auslegers begegnete er Zwingli und dessen oberdeutscher Gefolgschaft zu Marburg in der berühmten Streitfrage über das Abendmahl und den Leib Christi im Sakrament, was zur Folge hatte, daß die nicht weniger unnachgiebigen Schweizer Reformierten fortan ihre eigenen Wege gingen. In diesen Jahren, wo sich die Reformation lutherischer Provenienz in ihrem dogmatischen Lehrgut und ihren kultischen Formen gegen anderweite evangelische Regungen nicht eben freundlich abzuheben begann, sprangen aber auch alte Bundesgenossen wesentlich anderen geistigen Zuschnitts von Luther ab: Zahllosen Männern seiner ersten Gefolgschaft aus der Bildungsschicht des Humanismus gefielen die Gewalttätigkeiten nicht, die allenthalben dort mit unterliefen, wo sich die Reformation örtlich oder regional durchsetzte. Erasmus gehörte zu den ersten, die über die „Tumultus" klagten. Auch im Humanismus steckte eine kirchliche Reformtendenz. Sie zielte aber nicht so sehr auf Veränderung des Dogmas, Umwandlung des Kirchentums und Beseitigung der Hierarchie als vielmehr auf eine *Besserung* der Sitten, der Frömmigkeit und der religiösen Bildung. Mit dem freudigen Echo war es bei dieser Gruppe längst aus. Viele schwenkten zur alten Kirche zurück, andere hielten sich in einer undefinierbaren Mitte, und selbst diejenigen, die der Reformation treu blieben, machten sich gelegentlich ihre kritischen Gedanken.

Das *Gefolge* änderte sich also und damit auch der *Charakter* der Reformation. Sie blieb freilich immer noch die stärkste Kraft in Deutschland und eroberte, außer zahllosen Territorien, etwa drei Viertel aller Städte. Ihre Anhängerschaft nahm weiter zu. Aber deren Zusammensetzung änderte sich. Die Flugschriften blieben aus und mit ihnen die volkstümliche Resonanz. Die Humanisten, Ritter und Bauern, die im Anfang alle mit von der Partie gewesen waren, verschwanden im Hintergrund. Statt dessen betraten jetzt die *politischen Obrigkeiten* den Vordergrund der Szene und nahmen ihn rasch vollständig ein. Die Kurfürsten, Fürsten und Stadtmagistrate sahen ihre große Stunde kommen. Sie zeigten sich bereit, Luther die Sorge für die Reformation abzunehmen, und taten es auch bis zu einem gewissen Grade. Mit ihren Räten und Theologen gingen sie daran, die Kirche ihres politischen Herrschaftsbezirks institutionell zu reformieren und eigneten sich bei dieser Gelegenheit wohl auch kirchliche Güter, Einkünfte und Rechtstitel in unterschiedlicher Weise an. Wichtiger aber war etwas anderes. Mit seiner Lehre vom allgemeinen Priestertum aller Getauften hatte Luther theoretisch dem geistlichen Stande überhaupt, praktisch dem Papsttum und Episkopat den Boden unter den Füßen weggezogen. Damit entfiel in evangelischen Ländern und Städten die *geistliche Jurisdiktion* des Bischofs mit all ihren Rechten und Kompetenzen. In dieses Machtvakuum stieß nunmehr der Inhaber der *weltlichen Obrigkeit*. Er konnte es um so leichter, als das Spätmittelalter in diesem Punkte bereits kräftig vorgearbeitet hatte. Die kirchlichen Gerechtsame der westeuropäischen Könige und der deutschen Landesherren gingen schon in den Jahrhunderten *vor* der Reformation sehr weit. Auch in den Städten hielten Bürgermeister und Rat die kirchlichen Einrichtungen fest in der Hand: sie kontrollierten gewöhnlich das Vermögen und Inventar der Spitäler, Stiftungen und Klöster im Stadtbezirk; schufen Predigerstellen und übten das Vorschlagsrecht für die Besetzung der Stadtpfarreien aus. Mit einem Wort: sie überwachten und visitierten die Kirche gründlich. Auf dem *Lande,* wo die überwiegende Zahl der Bevölkerung lebte, hatte die soziale Oberschicht, der einfache und der höhere Adel, wesentliche kirchliche Rechte in seiner Hand konzentriert. Wie die Bauern, so waren auch die Landgeistlichen bis zu einem gewissen Grade von den Junkern, Rittern und Standesherren abhängig. Kraft ihrer Rechte bestimmten letzten Endes die adligen Grundherren, wer eine vakante kirchliche Stelle bekam und wer nicht. Auch die Vergabe der reich dotierten Sitze in den Dom- und Stiftskapiteln lag ausschließlich bei *Fürstentum* und *Adel*. Solchergestalt besorgten die kirchliche Stellenbesetzung fast überall die Potentaten im Lande. Mit der Macht des Papstes in der Kirche war es also nicht sehr weit her. Als Luther 1517 seine Thesen veröffentlichte, gab es in Deutschland und Europa ein hochentwickeltes und zugleich massives *Staatskirchentum*. Sollte sich in der Kirche etwas regen, ereignen oder verändern, dann war das für die Inhaber der staatlichen oder städtischen Obrigkeit keineswegs uninteressant. Im Gegenteil: es ging sie an.

Nachdem Luther dieserart weltliche Potentaten in ihrer Eigenschaft als vornehmste Mitglieder der Gemeinde die geistliche Jurisdiktion hatte wahrnehmen lassen und sie provisorisch als Notbischöfe angesprochen hatte, verstanden sie es, aus diesem Provisorium eine Regel zu machen. Fürsten und Magistrate rückten auf diese Weise innerhalb ihres politischen Herrschaftsbereichs an den Platz der geistlichen Obrigkeit und übernahmen deren Funktion. Die gute Basis, die sie sich im spätmittelalterlichen Kirchenregiment geschaffen hatten, erleichterte ihnen diesen Schritt ungemein.

Die Autorität Luthers, der Zwang der Lage, der die evangelischen Obrigkeiten nötigte, sich untereinander politisch und dogmatisch enger zusammenzuschließen, das Übergewicht Kursachsens bei diesen Zusammenschlüssen, das Vorbild der sächsischen Kirchenreorganisation, die Formulierung der ersten Bekenntnisschriften (Confessio Augustana 1530), die militärische und politische Niederlage der Schweizer Protestanten bei Kappel 1531, welche die oberdeutschen Reformierten schließlich zum Anschluß an Wittenberg trieb (1536), dann die nach mancherlei Vorgeplänkel 1552 einsetzenden Streitigkeiten mit dem

Calvinismus — das alles führte dazu, daß das evangelische Kirchenwesen in Deutschland sich aus der schöpferischen Fülle der zwanziger Jahre zu einem einigermaßen einheitlichen Typus von lutherischer Landeskirche entwickelte. Solange Luther lebte, galt sein Rat auch bei manchem starken und selbstbewußten Landesherrn. Nach seinem Tode gab es niemanden, der auch nur annähernd über ähnliche Autorität verfügte. Die Inhaber der weltlichen Obrigkeit setzten sich fortan mit größter Freiheit gegen ihre Landeskirche und gegebenenfalls auch gegen widerstrebende Theologen durch. Der Augsburgische Religionsfriede von 1555 bestätigte dem evangelischen Landesherrn und Stadtmagistrat die Freiheit von bischöflicher Jurisdiktion. Ob und wie die Reformation in seinem Territorium durchgeführt wurde, hing nunmehr so gut wie allein von ihm ab.

Der lutherische Konfessionskirchentyp ließ sich leichter befestigen als vertiefen. Denn was die Gläubigkeit, Frömmigkeit und Sittlichkeit des Volkes und der Geistlichen außerhalb der größeren Städte anging, so bot sich hier der inneren Reform ein weites Feld.

Es war keine Frage: Bei der überragenden Bedeutung der politischen Gewalt für Glaube und Kirchenregiment entstanden lutherische *Kirchenorganisationen* nur auf dem Boden von *politischen Einheiten*. Große zusammenhängende Staatskirchen brachte Skandinavien hervor. Wo sich aber die politische Landkarte föderativ aufgegliedert hatte wie in der Schweiz, in Norddeutschland und den Niederlanden, oder wo sie atomisiert worden war wie im deutschen Westen und Süden, da zersplitterte sich nicht nur konfessionell, sondern, innerhalb desselben lutherischen Bekenntnisses, noch einmal organisatorisch das evangelische Kirchenwesen. So viele Zwergsouveränitäten, so viele Landeskirchen gab es zuletzt im Raume einer politischen Splitterregion. Das betraf von den großen Konfessionen am stärksten das *Luthertum* wegen der eigentümlichen Personalunion zwischen Landesherrn und Landesbischof, die sich über die situationsbedingte Hilfskonstruktion vom Notbischof gebildet hatte. Dasselbe betraf zwar *auch,* aber doch weniger wirksam, den Calvinismus und den Katholizismus. Weniger wirksam den *Katholizismus,* weil sich hier die Kirche mit der fortwirkenden Jurisdiktion der Bischöfe und — in letzter Instanz — des Papstes jenseits der politischen Gewalt *institutionell* gesichert hatte. Und weniger wirksam das *reformierte* Christentum, weil dieses disziplinär und theologisch in der *Gemeinde* und in den durch die Gemeinden beschickten *Synoden* sich gleichfalls einen Raum der geistlichen Unabhängigkeit wenigstens grundsätzlich geschaffen hatte. Freilich brachten es die Verhältnisse des 16. und 17. Jahrhunderts mit sich, daß der Katholizismus und in Deutschland auch der Calvinismus gezwungen waren, sich mit den städtischen und staatlichen Obrigkeiten zu arrangieren und sich von ihnen unter Umständen viel gefallen zu lassen.

Dafür hatten Calvinismus und Katholizismus mit anderen, meist sehr viel größeren Schwierigkeiten gerade in Deutschland zu kämpfen. Weil die evangelische Bewegung dem Protestantismus in Deutschland überall eine lutherische Note gegeben hatte, stieß die reformierte Bewegung gewöhnlich auf wenig Gegenliebe. Und zwar nicht nur bei den Theologen. Auch populäre Reaktionen blieben nicht aus und erzeugten weithin eine dem Calvinismus ungünstige Stimmung. Der Katholizismus aber mußte in Deutschland gewissermaßen ganz von vorn beginnen. Wieder anders lagen die Probleme und Aufgaben für Luthertum, Calvinismus und Katholizismus in konfessionellen Grenz- und Streulagen, wo die Bevölkerung der verschiedenen Bekenntnisse sich nahe berührte. Daraus ergaben sich nicht nur Streitigkeiten, sondern auch Mischungen und Verwischungen, die unter Umständen bis in die gebildeten Stände hineinreichten. Solche Verhältnisse bildeten sich aber auch dort, wo die Landesherren von ihrem Konfessionszwang keinen Gebrauch machten oder dazu nicht in der Lage waren.

Populäre Reaktionen haben den Gang von Reformation und Gegenreformation zwar kaum entscheidend beeinflußt, gehören aber mit in das Gesamtbild. Daher sei von ihnen im folgenden zunächst die Rede. Es handelt sich dabei im wesentlichen um Vorgänge und Verhaltensweisen, die sich in den Anfängen von Reformation und Gegenreformation häufiger einstellten als am Ende der konfessionellen Epoche. Sie sind allerdings nicht nur in den Anfangsjahrzehnten zu beobachten.

IV. VOLKSTÜMLICHE REAKTIONEN AUF DIE REFORMATION

Soweit sich feststellen läßt, haben wir es unterhalb der zahlenmäßig geringen Bildungsschicht im Reformationsjahrhundert in Deutschland mit einem Volk zu tun, dessen Kirchlichkeit und Brauchtum vielleicht religiös fragwürdig sein möchte, das in seiner Religiosität aber doch lebenskräftig und von naiver Selbstverständlichkeit war. „Einfältig, roh und unwissend, wenn auch für die Frömmigkeit empfänglich" nannte der niederdeutsche Reformator Johannes Pollius die Bevölkerung am Niederrhein und in Westfalen. Hunderte von Chroniken, Visitationsakten und Kirchenordnungen belehren uns, daß es unbillig wäre, dieses Urteil auf Nordwestdeutschland zu beschränken. Es traf einen allgemeinen Sachverhalt. Der Pfarrerstand, von der Elite studierter Stadt- und Hofprediger abgesehen, hatte, einerlei ob er sich aus dem Weltklerus oder dem Mönchtum rekrutierte, eine Reform nach Sitte und Bildung, genau wie das Volk, meist außerordentlich nötig. Die gleiche Ausgangslage begegnet uns in diesem Punkte beim Protestantismus wie beim Katholizismus.

1. Evangelische Regungen und Verhaltensweisen

Als die Reformation an die Tore der Städte klopfte und übers Land hinweg zog, fand sie fast überall ein starkes Echo, gelegentlich sogar rasenden Beifall. Trotzdem wäre es ein bares Wunder gewesen, hätte sich überhaupt kein Widerstand, keine Abwehr und keine kritische Distanz gezeigt. An der neuen Lehre schieden sich bald die Geister. In den Stadtbürgerschaften, in den Klöstern, in den Domkapiteln öffneten sich die einen der neuen Bewegung, andere hielten zurück oder traten ihr entgegen. Es blieb nicht aus, daß sich die entgegengesetzten Gruppen verfeindeten, verleumdeten und schließlich wohl auch zu Tätlichkeiten übergingen. Die Motive verflochten sich auf beiden Seiten. Der Geist der evangelischen Freiheit schlug gar nicht selten um ins Materielle und Soziale und rief einen Geist der Ungebundenheit und Zügellosigkeit wach. Wer für die alte Kirche eintrat, mochte es aus tieferer Überzeugung tun; vielleicht auch ohne tiefere Einsicht, aus Treue oder aus Liebe zur Gewohnheit; vielleicht aber auch um materieller und sozialer Interessen willen; vielleicht aus einer Mischung von allem. Die Angreifer hatten zündende Parolen, die Verteidiger nur solche, die auf die Masse wenig Eindruck machten. So gewann die Reformation an Boden und verlor die alte Kirche Anhänger und Sympathien und schrumpfte in ihrem Bestande auf einen Rest zusammen. Die zahlreichen Visitationsberichte aus der zweiten Hälfte des 16. Jahrhunderts geben übereinstimmend zu erkennen, daß in den mittel- und norddeutschen Territorien unter protestantischer Landesherrschaft das Volk mit verschwindenden Ausnahmen dem Bekenntnis nach evangelisch geworden war. Sachsen, Brandenburg, Mecklenburg, Pommern, Hessen, die welfischen und thüringischen Lande, das magdeburgische, bremische, halberstädtische, merseburgische Stiftsgebiet zeigten alle dasselbe Bild. Katholiken gab es nur in den wenigen reichsrechtlich gesicherten Reservaten um die paar nichtaufgehobenen Klöster herum in und bei Halberstadt, Goslar, Helmstedt, Magdeburg usw., in Erfurt, Hildesheim und auf dem Eichsfeld, und auch hier nur in bescheidenen Mengen. Sonst nur noch als Einzelerscheinungen mit Seltenheitswert, auf weite Strecken hin überhaupt nicht. In Preußen und in den evangelischen süddeutschen Territorien (Ansbach, Kulmbach, Württemberg, Baden-Durlach) sah es ähnlich aus. Die Kraft und Popularität der Reformation bezeugte sich aber vor allem darin, daß sie breite Bevölkerungsschichten auch in den Territorien unter katholischer Landesherrschaft für sich gewonnen hatte. Im 17. Jahrhundert zeigte sich, daß in den habsburgischen Ländern der Protestantismus nicht nur äußerlich angenommen worden, sondern tiefer eingewurzelt war. Nur so war es zu erklären, daß Zehntausende von Exulanten aus den Alpenländern, Böhmen und Mähren um des evangelischen Glaubens willen die Heimat verließen und auswanderten.

Verglichen mit dem Luthertum scheint der Calvinismus, mit der bedeutenden Ausnahmeerscheinung des Nordwestens, nie so recht populär geworden zu sein. In Nassau und der Pfalz, in einer Handvoll Grafschaften im hessisch-westfälisch-rheinischen Raum (Lippe, Lingen, Wied, Tecklenburg, Wittgenstein und anderen), in Anhalt, später in Kurbrandenburg und Teilen Schlesiens, in abgemilderter Form auch in Niederhessen, führten ihn die *Fürsten* ein. Die lutherische Bevölkerung, allem Anschein nach wohl etwas informiert und angestachelt durch ihre Lehrerschaft und Geistlichkeit, reagierte in vielen Fällen heftig und ließ sich diese neue Lehre nicht ohne weiteres gefallen. In der Oberpfalz widersetzten sich ihr Pfarrer, Volk und Ritterschaft; in Brandenburg und Preußen erzwangen Adel und Geistlichkeit bindende Zusagen über die Freiheit des lutherischen Kults. Es kam vor, daß die Leute ihre Kinder von einem katholischen Pfarrer in der Nachbarschaft anstatt von dem ihnen aufgezwungenen calvinistischen Geistlichen taufen ließen. In den Ketzerkatalogen lutherischer Theologen figurierten neben Papisten und allen möglichen Sektierern auch die Calvinisten. Selbst Kirchenlieder wurden gegen den Calvinismus gedichtet und gesungen. Die volkstümlichen Kräfte wendeten sich also entschieden gegen ihn. Oder sie ließen ihn gewähren, ohne sich zu ihm zu bekehren — wie es in der Pfalz, jedenfalls auf dem Lande, der Fall gewesen zu sein scheint. Nur hie und da kam es auch einmal zu einer populären Bewegung für den Calvinismus, wie 1593 in Liegnitz, wo 300 Frauen einen Auflauf vor dem Schloß veranstalteten, um die Absetzung eines des Calvinismus verdächtigen Pfarrers zu verhindern[1]).

Anderseits zog der Calvinismus vornehmlich die geistig und politisch aktiven Kräfte an und versammelte eine positive Auslese um seinen Kult und in seinen Gemeinden. Populär setzte er

---

[1]) *Schweinichen*, Denkwürdigkeiten, hrsg. von H. *Desterley* (Breslau 1878), 391 ff. Nach Georg Daniel *Thebesius*, Liegnitzsche Jahrbücher III, 254, optierten die Frauen für den Geistlichen, weil er beliebt war, verstanden aber nichts von der reformierten Lehre.

sich in Ostfriesland, getragen von Bauernschaft, Städten und Ritterschaft, gegen den lutherischen Landesfürsten durch. Am Niederrhein gewann er in der bedeutendsten Stadt, in Wesel, die Schicht der politisch führenden Familien und drang hier, wie auch in den anderen Städten dort, in die soziale Oberschicht ein.

Das niederrheinische Gebiet des Herzogtums Kleve-Jülich-Berg entwickelte sich konfessionell nach eigenen Gesetzen. Die sonst üblichen Spielregeln galten hier nicht, weil der regierende Fürst jahrzehntelang darauf verzichtet hatte, von seinem Religionsbestimmungsrecht Gebrauch zu machen. Reformation und alte Kirche lebten hier nebeneinander, zeitweilig auch durcheinander. Beide unterwanderte in der zweiten Hälfte des 16. Jahrhunderts der Calvinismus. Jahrzehntelang lebten und webten evangelische Bewegung und humanistische Reform, lutherische Reformation, katholische Kirche und Calvinismus auf dem Boden des gleichen Territoriums miteinander. Aus den Mischungen und Verunklärungen, die verständlicherweise nicht ausblieben, bildete sich erst um die Wende zum 17. Jahrhundert ein schärfer empfundenes konfessionelles Bewußtsein heraus. Dabei trat unter sozialem und geographischem Aspekt eine bemerkenswerte Sonderung zutage. Zwar besaßen die reformierten Gemeinden Mitglieder aus allen gesellschaftlichen Klassen, von den untersten Schichten über die Handwerker bis zu den Ratsfamilien. Im ganzen aber zeigte sich, daß besonders das gehobene Bürgertum und der eingesessene Adel den Protestantismus angenommen hatten — mehrheitlich, nicht ausschließlich: *Innerhalb* des Protestantismus aber gelangte das *Reformiertentum* zur Führung. Was die weitere Aufgliederung der Bekenntnisse betraf, so hatte der Protestantismus seinen Schwerpunkt in den Städten, der Katholizismus auf dem Lande. Im Jahre 1609 existierten in 23 von 24 Städten des Herzogtums Kleve evangelische Gemeinden. Die Landbevölkerung, die von der religiösen Bewegung, die durch die Städte gezogen war, im besten Fall nur einen Teil mitbekommen hatte, lebte konservativ. Sie war stärker in älteren Gewohnheiten verwurzelt und hielt sich daher überwiegend zum Katholizismus. Aber nicht nur zwischen Stadt und Land bestand ein konfessionelles Gefälle, sondern auch zwischen rechtem und

linkem Rheinufer. Der Strom bildete eine Grenze zwischen den
Bekenntnissen. Das Volk war am rechten Ufer überwiegend
reformiert, am linken Ufer überwiegend katholisch. Rechts-
rheinisch mußten sich die wenigen katholischen Gemeinden ihrer
Haut wehren; hier lagen die städtischen Zentren des Calvinismus,
wie Wesel und Duisburg. Ihnen entsprach auf dem linken
Rheinufer als Hauptkraft des Katholizismus das Stift Xanten,
dessen Archidiakone sich im 17. Jahrhundert zur Seele des
Widerstands gegen die Religionspolitik der seit 1613 reformierten Landesherren entwickelten.

Die Kraft und die Reichweite der evangelischen Bewegung war
nicht nur daran abzulesen, daß man dort, wo sie die Landesobrigkeit gewonnen hatte, nach ein paar Jahren oft nur noch
wenige Katholiken antreffen konnte. Sie bezeugte sich aus entge-
gengesetzter Perspektive auch in den Einbrüchen und Zerstörun-
gen, die in den Ländern mit altkirchlicher Obrigkeit über das
katholische Kirchentum kamen. Der Stoß, den die Reformation
führte, brachte manches zu Fall, was keinen festen Stand hatte;
aber auch dort, wo er nicht völlig durchschlug, erschütterte er die
kirchliche Ordnung und Disziplin. Wenn das auch nicht *überall*
der Fall war, so doch oft genug. Die Beispiele dafür sind nicht zu
zählen. Ein paar Nachrichten über Zustände und Verhaltensweisen der katholischen Bevölkerung und ihrer Geistlichkeit
mögen einen Begriff davon geben.

2. Beispiele des Niedergangs im Katholizismus

In *Niederösterreich* waren, nach den Berichten des Petrus
Canisius, der damals für kurze Zeit (1554—1555) das Bistum
Wien verwaltete, Hunderte von Pfarreien ohne Priester. In
Steiermark fand nach Ausweis der Visitation von 1544/45, unter
Wahrung der äußeren katholischen Formen, ein liturgisch un-
vollständiger und lehrmäßig lutherischer Gottesdienst statt. In
Niederbayern stellte sich bei der durch Herzog Albrecht V. an-
geordneten Visitation von 1564 heraus, daß ein Teil der Geist-
lichen weder die Messe las noch die Absolutionsformel be-
herrschte. Die Kirchen waren verschmutzt wie Ställe. In den

Häusern, nicht nur der Priester, sondern auch der Bauern, wurde protestantisches Schrifttum in Menge gefunden. Petrus Canisius, der den Herzog beriet, berichtete, daß von den Mönchen im Lande eine größere Zahl mit ihren Konkubinen außerhalb ihrer Zellen lebte. In einem Brief an denselben Canisius nannte der Konvertit Dr. Martin Eisengrein die Diözese *Regensburg* eine Senkgrube aller Schlechtigkeit und sagte dem Klerus dort Schändlichkeiten nach, die man fast nicht wiedergeben kann. 1550 wurde durch den Bischof von Konstanz eine Visitation am *Hochrhein* und weiter nördlich im Kaiserstuhl, *Breisgau* und *Schwarzwald* vorgenommen. Der Visitationsbericht rügte an einer großen Zahl von Geistlichen sowohl auf dem Lande als auch in den Städten, zum Beispiel in Breisach und Freiburg, ein wüstes Benehmen: Trunksucht (am häufigsten), Waffentragen und nächtliches Randalieren; und beklagte sich über eine dementsprechende Vernachlässigung des Gottesdienstes, namentlich in Freiburg. Merkwürdigerweise waren die Pfarrgemeinden mit ihren Geistlichen fast durchweg zufrieden. Weiter rheinabwärts, im Landgebiet der *Diözese Speyer,* ließen die Geistlichen massenhaft Kirchen und Pfarrhäuser verfallen und vernachlässigten nicht nur die Predigt, sondern auch die Sakramentenspendung. In der Stadt Speyer selbst oblag der Durchschnitt des niederen Klerus dem Trunk und dem Konkubinat und erfüllte gleichfalls nur mangelhaft seine gottesdienstlichen Funktionen. In den dortigen Bettelklöstern griff die Zuchtlosigkeit derart um sich, daß von ihnen 1576 der päpstliche Nuntius nach Rom meldete, der hier zutage getretene Grad von Entartung könne schlechthin nicht mehr überboten werden. Eines der bedeutendsten Mitglieder des Jesuitenordens aus dessen Frühzeit, Hieronymus *Nadal,* hielt sich 1555 anläßlich des Reichstages in Augsburg auf und schrieb von dort nach Rom an Ignatius von Loyola, daß es vielleicht bald keinen Katholiken mehr in Deutschland geben werde: „... Die katholischen Bischöfe sind hilflos ... Sie dulden Priester, die verheiratet sind oder in offenem Konkubinat leben, auch ihre Prediger sind halbe Lutheraner, weil sie sonst überhaupt keine kriegen können." Um die gleiche Zeit fragte Gerhard *Kalckbrenner,* Prior der Kartause zu *Köln,* bei Ignatius an, ob es nicht besser wäre, Europa in seiner Lauheit fahren zu lassen und das Evangelium statt dessen zu den Heiden zu tragen. Man könnte das Bild noch weiter ausmalen nach dieser Richtung[1]).

Dennoch würde man sie verkennen, wenn man nicht differenzierte und über dem großen Faktum des Zerfalls die kleineren, manchmal vereinzelten, aber doch allenthalben auftauchenden Tatsachen altkirchlicher Gesinnung und anfänglichen Wiederaufbaus übersähe. Auch wenn sie nach Zahl und Wirkung jedenfalls lange Zeit hindurch nur gering gewesen waren und nicht ins Gewicht fielen, wird man sie nicht unterschlagen dürfen. Denn *sie* bildeten die Anknüpfungspunkte für die im wesentlichen von auswärts einströmende katholische Erneuerungsbewegung.

3. Populäre Regungen für die katholische Kirche

Fast überall, wo die katholische Kirche in die Verteidigung gedrängt wurde, weil in einer Stadt oder einem Territorium der Protestantismus seinen Einzug nahm, fanden sich überzeugungstreue Gläubige, die mit Grundsätzen und Argumenten der Neuerung entgegentraten und sich auch in Momenten persönlicher Gefährdung standhaft zeigten. Größere oder kleinere Bevölkerungsgruppen, auch einzelne Persönlichkeiten und Familien verhielten sich so, wie die lokale und regionale Forschung ermittelt hat, in allen Landschaften und Herrschaftsgebieten, wo die Reformation zum Zuge kam, von der Schweiz und Oberbaden quer durch Deutschland bis in die Territorien östlich der Elbe, bis nach Hamburg, Ostpreußen und Schlesien. Spontane Reaktionen im Anschluß an die Einführung eines neuartigen Kirchen- und Gottesdienstwesens wird man freilich nicht überbewerten

---

[1]) Die materialreichen Werke von *Schmidlin* über die bischöflichen Diözesanberichte an den Heiligen Stuhl (3 Teile, 1908/1910), von Andreas Kardinal *Steinhuber* über das Germanikum (2. Auflage 1906, 1. Band) und von G. *Schreiber* über das Weltkonzil von Trient (2. Band, 1951) liefern hierzu ausreichend Beispiele. Die Trostlosigkeit der Situation war evident.

dürfen; es konnte sich dabei um ganz natürliche Regungen zugunsten bewährter Ordnungen und alter Gewohnheiten handeln, an denen man soviel nicht auszusetzen fand und zu denen man ein lebensmäßig fundiertes Verhältnis besaß. Immerhin kamen auch bewußtere Reaktionen vor. Die Bauern des Berner Oberlandes erhoben sich für die alte Kirche gegen ihre Stadtobrigkeit. In der Kurpfalz widersetzten sich einige Kollegiatstifte und Frauenklöster entschieden der vom Kurfürsten erzwungenen Einführung der Reformation. Ebenso wehrten sich die Benediktinerinnen in Niedersachsen und in Havelberg bis aufs Letzte gegen den Konfessionszwang und setzten, soweit es in ihren Kräften stand, Gewalt gegen Gewalt. Auch die meistens sehr gebildeten Nonnen zu St. Klara in Nürnberg gaben dem Drängen des städtischen Rates nicht nach, obgleich dieser ihnen das Leben außerordentlich schwer machte. Ernst zu nehmende Gegner traten den Anfängen der Reformation in Halle an der Saale und in Hamburg entgegen und hielten fest und besonnen ihre Position, bis sie der Übermacht der neuen Bewegung weichen mußten.

Überraschend oft kam es vor, daß selbst solche Mönche, Nonnen und Weltkleriker, deren Lebensführung nicht eben den besten Eindruck hinterließ, ungeachtet gröblicher Verstöße gegen Zucht und Wandel, sich deutlich zur katholischen Kirche bekannten und auch unter äußeren Schwierigkeiten an ihr festhielten. Canisius berichtete aus Niederbayern, daß selbst verlotterte Leute Wert darauf legten, für Katholiken gehalten zu werden. Das gleiche Phänomen begegnet auch in anderen Landschaften gar nicht selten, zum Beispiel in Westfalen oder in Oberbaden und im südlichen Schwarzwald und Schwaben. Die ungemein reformbedürftigen Benediktiner zu St. Georgen im Schwarzwald widerstrebten hartnäckig den massiven Protestantisierungsversuchen, die der Herzog von Württemberg anstellte, nachdem er sich die landesherrliche Gewalt über das Kloster ertrotzt hatte. Zum Schluß wanderten sie geschlossen auf österreichisches Gebiet nach Villingen aus, wo sie um ihres Bekenntnisses willen in Ruhe gelassen wurden. Ähnlich verhielt sich die Weltgeistlichkeit am Oberrhein. Als 1556 der Markgraf von Baden-Durlach sein Land dem evangelischen Glauben zuführte und im gleichen Jahr der Kurfürst von der Pfalz dasselbe tat, zog es der Pfarrklerus in überwiegender Mehrheit vor, katholisch zu bleiben und das Land zu verlassen.

Aus speziellen Forschungen, die für einzelne, enger umgrenzte Gebiete und Örtlichkeiten vorliegen, ergibt sich, daß in solchen Gegenden, wo nach einer Periode politischer Intoleranz zugunsten des Protestantismus ein paritätischer Status oder Ähnliches eingeführt wurde, ein Teil der Bevölkerung wieder zum Katholizismus zurückkehrte. Darüber hinaus trifft man an den verschiedensten Stellen auf einzelne Gemeinden, Geistliche, auch Konvente und Kapitel, die durch ihr Verhalten eine positive Einstellung zur katholischen Kirche bezeugten. Es gibt aus Mittelbaden Beispiele, daß sich Gemeinden um 1550 von ihrer katholischen, aber lässigen Obrigkeit einen katholischen Pfarrer erbaten, an Stelle des vorhandenen evangelischen, weil sie den katholischen Kult auszuüben begehrten. Um die gleiche Zeit, teilweise auch früher, amtierten am Oberrhein und in Schwaben vereinzelt intakte Priester. Ein solcher leitete zum Beispiel die Pfarrei der Stadt Geislingen, die zum Ulmer Territorium gehörte. Die Reichsstadt Ulm hatte daher größte Schwierigkeiten zu überwinden, um dort den evangelischen Gottesdienst einzuführen. In Ulm vermochte sich eine kleine, aber aktive katholische Minderheit dauernd zu halten, desgleichen in Frankfurt am Main, Straßburg, Dortmund und in anderen kleineren Reichsstädten. Eine neuere Studie über den Konstanzer Dominikanerinnen-Spiritual Wendelin Faber zeigt, daß sowohl bei diesem Ordensmann als auch bei den von ihm betreuten Nonnen eine geformte Religiosität vorhanden war, die sich auch in der kritischen Zeit der Einführung der Reformation (um 1530) bewährte. In Chur hielt die Mehrzahl der Insassen der dortigen Klöster während der Reformationswirren auch unter Gefahr am alten Glauben fest; ebenso das Domkapitel daselbst, welches sich nach Bekenntnistreue, Amts- und Lebensführung von der Masse der deutschen Domkapitel vorteilhaft unterschied — was vielleicht darauf zurückging, daß es sich aus dem Bürgertum und nicht aus dem Adel rekrutierte. Es rettete dadurch die Fortexistenz des Bistums inmitten der heftigen bündnerischen Religionskämpfe. Das gleichfalls bürgerliche Domkapitel von Ermland bewährte sich in ähnlicher Weise. Der Abt von St. Blasien, Kaspar I. (1541—1571) hielt rigoros auf Ordnung innerhalb der dem Kloster inkorporierten Pfarreien und sperrte zum Beispiel Konkubinarier ein. Zu Kröv an der Mosel verjagte um 1570 die katholische Gemeinde sua sponte den lutherischen Pfarrer, den ihr die Regierung zu Zweibrücken zugewiesen hatte. Einige von den zahlreichen niederösterreichischen Landgemeinden, die Mitte des 16. Jahrhunderts von ihren Geistlichen verlassen worden waren, pflegten auf Weihnachten einen Priester und Ausspendung der Sakramente zu verlangen. Die adlige Frauenabtei Göß in der Steiermark blieb geschlossen katholisch, obwohl sich Adel und Städte des Landes fast geschlossen dem Protestantismus zugewandt hatten und auch die gesamte Verwandtschaft der Nonnen evangelisch geworden war. Im Glauben und Wandel intakt erwiesen sich fast alle Klöster der Kartäuser, namentlich dasjenige zu Köln, sowie die Konvente der Klarissen zu München, Bamberg und Nürnberg. 1535 veröffentlichte der Weihbischof von Salzburg und Bischof von Chiemsee, Berthold Pirstinger, eine deutsche Erklärung der Messe, gedacht zur besseren Unterrichtung des *Laien*standes und auch, wie aus dem Vorwort hervorgeht, von einem Laien *angeregt*, dem österreichischen Hauptmann von Kufstein, Christoph Fuchs von Fuchsberg zu Laufenburg; welcher um Information in Sachen des katholischen Glaubens gebeten hatte, damit er wisse, was er den religiösen Neuerern zur Antwort geben könne.

Der Widerstand der Altgläubigen regte sich mit unterschiedlicher Kraft. Sie reagierten von Landschaft zu Landschaft verschieden. Lebten sie unter protestantischer Obrigkeit und hatten sie keinen Protektor, der stark genug war, um die Landesherrschaft politisch unter Druck zu setzen, so gingen sie mit der Zeit im Protestantismus auf, wenn sie nicht auswanderten. Ließ die Obrigkeit sie in Ruhe, ohne dem Protestantismus ernstlich zu wehren, wie etwa in den Lausitzen, im mainzischen Gebiet um Erfurt, auch am Niederrhein, in den Stiften Osnabrück und Hildesheim oder im östlichen Westfalen, so erhielt sich gewöhnlich ein Teilbestand der alten Kirchenorganisation und mit ihm ein Rest von Altgläubigen, der zahlenmäßig zwischen fünf bis fünfzig Prozent schwanken mochte, innerhalb dieser Grenzen aber öfter niedrig (Ravensberg, Lausitz) als hoch (Niederrhein) lag.

Während die evangelische Bewegung nach sämtlichen Himmelsrichtungen mühelos vordrang und im ersten Ansturm beinahe alle deutschen Regionen eroberte, fand sie lediglich in einem größeren Länderkomplex im Westen und Südwesten keinen Widerhall: im linksrheinischen Gebiet von Kleve und Jülich, Köln, Aachen und Luxemburg scheint sich das Volk bis hinab nach Trier und Lothringen mehr oder weniger unangefochten in seiner katholischen Religiosität erhalten zu haben, desgleichen in der Zentralschweiz und im österreichischen Breisgau. Dasselbe Bild boten der südliche Schwarzwald und die östlich daran anschließenden Herrschaften auf der schwäbischen Alb und im oberschwäbischen Raum zwischen Donau und Bodensee; die Grafschaften Fürstenberg und Hohenzollern und die zahlreichen kleinen weltlichen und geistlichen Reichsstände daselbst. Es handelt sich um ein Phänomen, das der Deutung einen weiten Spielraum läßt, aber doch in jedem Fall darauf schließen läßt, daß in diesen Landstrichen die katholische Kirche populär stark verwurzelt war. Zeitgenössische Quellen aus der Stadt Köln oder über die Verhältnisse im Schwarzwald erwecken den Eindruck, daß man hier für den Protestantismus kein geschärftes Ohr hatte, ja einfach an der Reformation vorbeilebte, weil man von ihr, wie zum Beispiel in St. Blasien oder in St. Peter, kaum etwas erfuhr.

In Luxemburg, dessen innerkirchliche Verhältnisse durchaus nicht zum besten standen, enthielt ein dem Klerus von der Regierung abgefordertes Gutachten über die nach dem Tridentinum einzuschlagenden Reformen betreffend die Sakramente die bemerkenswerte Aussage, daß ohne sie „vana sit nostra religio". In den Territorien und kleinen Herrschaften zwischen Schwarzwald und schwäbischer Alb stellte — für die katholischen Souveräne — der Protestantismus nur ein geringes kirchliches Problem dar, die Reform dagegen ein großes. Die Inhaber der geistlichen Jurisdiktion schlugen sich in diesen Landschaften nicht mit Lutheranern herum, sondern mit dem Kirchenregiment der katholischen Fürsten. Auch in der kirchlichen Geschichte Lothringens war das vordringliche Problem nicht der Protestantismus, sondern das Staatskirchentum der Herzöge. Ähnlich, nur daß sich alles in kleinerem Rahmen abspielte, lagen die Dinge in Disentis in Graubünden, wo Abtei und politische Gemeinde zwar beide dem Katholizismus anhingen, sich aber über die Formen der Abtswahl (ob mit oder ohne direkte Mitwirkung der weltlichen Regierungsinhaber) heftig zerstritten und übrigens auch wegen Errichtung einer Schule in erbittertem Kampf lagen.

Obwohl es schwer sein wird, alle Beweggründe zu ermitteln, die hier mitgesprochen haben mochten, so scheint doch ein durchgehender Charakterzug das Verhalten bestimmt zu haben: es handelte sich um eine Bevölkerung von ausgeprägt konservativer Veranlagung. Wie neuere Untersuchungen gezeigt haben, war zum Beispiel das Volk am Niederrhein in merkwürdiger Mischung reformfreundlich und neuerungsfeindlich in einem. Religiöse Motive mochten mit im Spiele sein, mußten es aber nicht unbedingt. Ob es eine Rolle gespielt hatte, daß es sich um Landstriche handelte, die alle diesseits des Limes im spätrömischen Reiche gelegen hatten, möge offen bleiben.

V. FORMEN KONFESSIONELLER VERWIRRUNG UND VERMISCHUNG

Wenn eine evangelische Obrigkeit stetig eine am lutherischen Bekenntnis orientierte Konfessionspolitik betrieb und darin ein bis zwei Generationen lang nicht gestört wurde, dann gab es gewöhnlich über Unklarheit in Bekenntnisdingen nichts zu klagen. Es sei denn, die Visitatoren beschwerten sich über mangelhafte *Kenntnis* in Glaubenssachen und über ein Weiterleben von *katholischen Überlieferungen* beim Volk und bei den Landgeistlichen.

Hatten die protestantischen Obrigkeiten diesen Stand im allgemeinen bis gegen 1600 erreicht, so brauchten die katholischen Landesfürsten in der Regel noch vierzig, fünfzig oder sechzig Jahre mehr, bis sie auf der ganzen Linie so weit waren. Bis 1600 und noch darüber hinaus strömten in ihren Territorien die verschiedenen konfessionellen Richtungen durcheinander und bekämpften sich auf die verschiedenste Weise. Ähnlich sah es im politischen *Gemengegelage* des Westens und Südwestens aus. Die Kämpfe schärften nicht immer die Gegensätze, sondern stumpften sie unter Umständen ab. Mischungen und Verwischungen waren die Folge. Sie kennzeichneten bis 1600 und noch länger das konfessionelle Erscheinungsbild in diesen Landschaften. Dieselbe Erscheinung stellte sich aber auch dort gern ein, wo ein *Regierungswechsel* den Untertanen einen Konfessionswechsel bescherte.

1. Populäre Folgen herrschaftlichen Religionswechsels: Gehorsam, Gleichgültigkeit, Widerstand.

Auf der Ebene des einfachen Mannes, des Bauern und Landarbeiters, des Handwerkers und gelegentlich auch des gehobenen Bürgers durfte ein echtes Verhältnis zu den theologischen Zeitfragen meistens nicht erwartet werden. Infolgedessen fehlte es bei diesen Leuten, die die Masse des Volkes ausmachten, oft an einem näheren Verständnis für eine Umschichtung des Glaubens und des kirchlichen Wesens. Was über den Wissens- und Bildungsstand der einfacheren Bevölkerung, namentlich auf dem Lande, in Visitationsakten und dergleichen Nachrichten ziemlich einhellig gemeldet wird, läßt vermuten, daß es den Leuten nicht immer schwer fiel, einem Bekenntniswechsel der Obrigkeit zu folgen. Waren doch auch die Landgeistlichen massenhaft derart dürftig gebildet, daß ein hessischer Visitator 1556 im Hinblick auf ein repräsentatives Exemplar dieses Standes sagen konnte, von dieser Sorte sei keine Ketzerei zu befürchten, weil es dazu an jeder Kenntnis mangele. In einer Nachricht über das Verhalten der 1556 zum Protestantismus geführten Bevölkerung von Oberbaden hieß es: „Die Leute lassen ihnen den neuen Glauben wohl gefallen." Als im Baden-Badenschen Teil der Markgrafschaft Markgraf Philibert (1536—1569) den Protestantismus zu begünstigen anfing, faßte in seinem Lande nach Aussage des Abtes von Tennenbach das „New Evangelium" mehr und mehr Wurzel. Ähnlich äußerten sich, einige Zeit später (1584), über die gleiche Bevölkerung die baden-badischen Räte nach der Wiedereinführung des Katholizismus; nämlich: überraschend schnell habe sich das Volk wieder an katholische Sitte und Frömmigkeit gewöhnt. Dasselbe sagte, mit anderen Worten, der mit den geistlichen Aufgaben der Restauration betraute bayrische Jesuit Georg Schorich. Er schrieb 1573 an seinen Ordensgeneral, daß trotz anfänglichen Murrens alle Leute ihm nunmehr freundlich begegneten. Schorich führte in den drei Jahren 1570—1573 sechs Städte — darunter Baden-Baden und Rastatt — vierzig Dörfer und drei Klöster zum Katholizismus zurück.

Im Markgraftum Baden-Baden wandten sich unter der langen Administration der protestantischen durlachischen Markgrafen Ernst Friedrich (1594—1604) und Georg Friedrich (1604—1622) Teile der Bevölkerung abermals dem Protestantismus zu, doch hielt jetzt ein stärkerer Prozentsatz des Volkes im Gegensatz gegen die Regierung am Katholizismus fest; mitunter versagten die Leute den auf die katholische Religionsübung bezogenen Verboten der evangelischen Amtleute den Gehorsam. Als das politisch zum Fürstbistum Straßburg gehörige Renchtal in der gleichen oberrheinischen Landschaft 1604 für 51 Jahre in württembergische Pfandschaft gelangte, wurde nach begründeter Vermutung der überwiegende Teil der dort Angesessenen dem Protestantismus zugeführt — mit Hilfe der Kapuziner gelang es jedoch den Straßburger Bischöfen, nachdem sie 1655 die Pfandschaft gelöst hatten, die Einheimischen wieder katholisch zu machen.

Während die damals mit der Kurpfalz verbundene Oberpfalz sechzig Jahre lang den Versuchen der Kurfürsten, sie zum Calvinismus zu bekehren, erfolgreich widerstand, war nicht weniger erstaunlich, wie rasch sich, trotz spontaner Anfangswiderstände, die religiöse Umschichtung in der pfälzischen Hauptstadt Heidelberg zweimal vollzog. Als 1576 das Luthertum zur Landeskonfession erhoben wurde, petitionierten die reformierten Gemeinden in großer Zahl um Beibehaltung ihrer Pfarre und des bestehenden kirchlichen Zustandes. Sie wurden abschlägig beschieden; einige hundert Familien, wohl von Pfarrern und Lehrern, wanderten darauf aus. Jedoch kostete es dem Kurfürsten Ludwig VI. und seinen Helfern, nach Aussage des abermals in die Pfalz berufenen Straßburgers Johann Marbach, viel Mühe, das Luthertum einzupflanzen und die entsprechenden Lehrkräfte und Pastoren zu bekommen. Immerhin, als sieben Jahre danach — Ludwig VI. starb 1583 — Pfalzgraf Johann Casimir die Regentschaft übernahm und den Lutheranern dasselbe Schicksal bereitete wie Ludwig den Reformierten, da verteidigten auf einmal die Gemeinden das Luthertum und baten um dessen Erhaltung — so wie sie 1577 um Beibehaltung des Calvinismus gebeten hatten. Es reichte in diesem Falle also ein Zeitraum von sieben Jahren aus, um eine Bevölkerung nicht nur von ihrer bisher gepflegten Glaubensübung abzuwenden, sondern sie so stark an eine neueingeführte Konfessionsform zu gewöhnen, daß sie dieselbe beizubehalten wünschte und sich der Rückkehr zu der vorausgegangenen Konfessionsform widersetzte. Entscheidend scheint beidesmal die Vertreibung der Pfarrer und Lehrer gewesen zu sein und ihre erzwungene Auswechslung gegen Geistliche der neueinzuführenden Konfession; bezeichnenderweise widersetzten sich zum Beispiel die Zöglinge des Theologeninternats (Sapienzkolleg) fast geschlossen 1576 dem Luthertum und 1583 dem Calvinismus. Überhaupt sahen es die Regierungen auch anderswo auf die Geistlichen und die Schulmeister ab. Diese mußten immer als erste ihr Bündel schnüren, wenn eine andere Konfession die Oberhand gewann oder ein Fürst von seinem Religionsbestimmungsrecht Gebrauch machte, wie die Habsburger von der steirischen Linie in den Alpenländern oder in Böhmen.

Die Fortschritte des Protestantismus in der zweiten Hälfte des 16. Jahrhunderts scheinen die innerkirchlichen Zustände in den katholisch verbliebenen Ländern — solange es dort an genügend gut ausgebildeten Priestern fehlte — weiter zersetzt zu haben. Aber auch in den evangelischen Territorien brachte die kirchliche Umstellung Begleiterscheinungen mit sich, über welche geistliche und politische Obrigkeiten nicht immer glücklich waren. In der Mitte und in der zweiten Hälfte des 16. Jahrhunderts meldeten Visitationsberichte mehrfach, daß das Volk sittlich und religiös verwahrlose. Im Erzstift Magdeburg beobachtete man, wie die Leute nicht nur die Gebote christlicher Lebensführung verachteten, sondern auch gegenüber den Konfessionsunterschieden gleichgültig wurden: „Nun werden die Leute je länger, je epikureischer und gilt ihnen eine Religion wie die andere, ein gotteslästerlicher Papist, Jude, Türke ebensoviel als ein rechtschaffener Christ. Es ist ihnen alles ein Mittelding[1]), mit jedermann sind sie gute Gesellen und Zechbrüder...". 1567 klagte der glaubenseifrige lutherische Superintendent von Ulm, Ludwig Rabus, daß neben Päpstlern und Lutheranern ein dritter Haufe entstanden sei, nämlich die Masse derjenigen, die überhaupt nicht mehr zur Kirche und zum Abendmahl gingen.

Obwohl es also gar nicht so selten vorkam, daß die Untertanenschaft ihrer Regierung folgte, wenn diese sich entschloß, das Bekenntnis zu wechseln, so geschah das doch nicht *immer* und

---

[1]) Das heißt eine Sache, auf die es nicht ankommt.

überall. Unter Umständen rief eine solche Schwenkung auch allerlei Unruhe hervor. Ein gewisses Durcheinander bei Pfarrern und Gemeinden während der Übergangszeit war nicht immer zu vermeiden und auch nicht weiter verwunderlich. Wurde die Konfession zu oft gewechselt, dann waren Unsicherheit — was man denn überhaupt glauben sollte — und Gleichgültigkeit — weil ja alles doch mehr oder weniger einerlei sei — gerade bei den weniger gebildeten Menschen die ebenso verständliche wie lebhaft beklagte Folge. Die in dieser Hinsicht mehrfach hart mitgenommene Kurpfalz bietet dafür eine Menge anschaulicher Beispiele. Eine landesherrliche Visitation sollte unter Ottheinrich (1556—1559) für Einführung des Luthertums in den pfälzischen Ämtern sorgen. Ihr Leiter, der berühmte Johann Marbach aus Straßburg, verfaßte abschließend einen Bericht darüber. Darin verzeichnete er für die links- und mittelrheinischen Landesteile verworrene Zustände in den Gemeinden und bei den Pfarrern (besonders, aber nicht nur, auf dem Lande): einerseits, und zwar mehrheitlich, Nester „voll doller papistischer ungelehrter Pfaffen"; auf der anderen Seite Protestanten aller Spielarten — Wiedertäufer, die wegen anstößigen Wandels der Pastoren lieber im Gefängnis bleiben als sich zum Luthertum bekehren lassen wollten. Gelegentlich tauchte ein evangelischer Pastor auf, der den Kollatoren zulieb, das heißt, um seine Pfründe nicht zu verlieren, die katholische Messe las. Die Geistlichkeit der einzelnen Ämter wurde verschieden benotet: Während die von Mosbach am meisten belobigt wurde, erhielt die von Heidelberg den Tadel, daß es bei ihr besonders übel stünde, weil sie einen Religionswechsel nicht für schlimme Sünde hielte.

2. *Glaubensverwirrung und Bikonfessionalität*

Konfessionsvermischung und Glaubensverwirrung gingen in der Tat zeitweilig recht weit. Ihre wichtigsten Ursachen scheinen gewesen zu sein: obrigkeitlicher *Religionswechsel* in rascher Folge; konfessionelle *Gleichgültigkeit* der Landesherrschaft oder deren *Unfähigkeit,* sich die konfessionelle Gefolgschaft ihrer Stände, Städte und Dörfer zu erzwingen; schließlich konfessionelle *Streulage* in politisch aufgesplitterten Landschaften.

Der Bischof von Augsburg beklagte sich in einem Bericht an den Heiligen Stuhl 1597 darüber, daß einzelne katholische weltliche Herren im schwäbischen Raum ihren Untertanen Religionsfreiheit gewährten; dadurch risse allerhand religiöse Laxheit ein, indem die Katholiken manche protestantische Gewohnheit annähmen und zum Beispiel nicht mehr fasteten. Vor allem konstatierte er mit zunehmender Freiheit auch zunehmende Verwirrung.

Wo der fränkisch-schwäbische Südwesten territorial am stärksten aufgesplittert war, scheint sich um 1600 noch keine endgültige Klärung der konfessionellen Fronten abgezeichnet zu haben. Häufig liefen die Leute auf dem Lande ins Nachbardorf zum Gottesdienst von der anderen Konfession. Wie die Geschichte der Herren von Freyberg im oberen Donautal zeigt, verfügten hier energische Landadelige — oder auch ihre Frauen — zwar über genügend Einfluß und Mittel, um ihre Hinterlassenschaft auch konfessionell zu formen. (Falls kein höherer Reichsstand sie daran hinderte.) Das Gesinde brauchte aber nirgends einen weiten Weg zu machen, um das Terrain der Herrschaft zu verlassen, und hatte sich rasch in der Kirche, auf dem Markt oder auf dem Tanzboden mit einem andersgläubigen Publikum vermischt.

In politischen Landschaften wie den eben charakterisierten vergingen oft Jahrzehnte eines ebenso turbulenten wie trostlosen Zustands, bis sich eine Klärung des konfessionellen Status anbahnte. Wie es dort praktisch zugehen konnte, bevor sich das Kirchentum gefestigt hatte, mögen ein paar Mitteilungen aus dem politisch und konfessionell zerklüfteten mittelbadischen Raum am Oberrhein illustrieren. Über die Zustände in der kaiserlichen Landvogtei Ortenau, die südlich von der Markgrafschaft Baden-Baden lag, berichteten die Prozeßakten eines dort amtierenden Pfarrers: In diesem Gebiet hätte sich ein solches konfessionelles Chaos entwickelt, daß bei dem allgemeinen Verfall von Gottesdienst und Sitte kein Mensch gewußt habe, ob er evangelisch oder katholisch sei. In der Tat haben unter der Geistlichkeit dieses engeren Raumes zwischen Lahr und Rastatt Gestalten existiert, die, je nach Wunsch der politischen Obrigkeit, den Katechismus nach Canisius oder „rein" nach Luther traktierten. Es gab hier lutherische Pfarrer, die, nachdem die Regierung konfessionell umgeschwenkt war, sich zu katholischen Priestern weihen ließen; aber auch katholische Geistliche, die eine Zeitlang als lutherische Pfarrer amtierten und dann wieder katholisch wurden. Auch kam es vor, daß ein katholischer Priester in aller Heimlichkeit eine Zwinglianerin heiratete und sich die Ehe von seinem Nachbarpfarrer einsegnen ließ. Umgekehrt wurde aber auch von dem Sohne eines anfangs evangelischen, später katholischen Geistlichen berichtet, daß er Priester geworden sei und nach Wandel und Amtsführung einen ganz passablen Eindruck mache.

Geistliche, die beiden Konfessionen dienten, waren bis zum Ende des 16. Jahrhunderts keine Seltenheit. Die spezielle Forschung hat die Existenz solcher Typen ermittelt in Franken und in der Oberpfalz, in der Kurpfalz und im mittelbadischen Raum, in Niedersachsen, Westfalen und am Niederrhein. Notlage und wirtschaftliche Abhängigkeit brachte wohl in den meisten Fällen derartige Erscheinungen hervor, unter Umständen auch eine starke Naivität und Ignoranz; hie und da verwischte aber vielleicht auch humanistisch-reformerische Allgemeingesinnung die Grenzen. „Es kam nicht selten vor, daß ein und derselbe Pfarrer an demselben Altar das Abendmahl jetzt unter einer Gestalt, zu anderer Zeit unter beiden Gestalten reichte, oder daß er katholisch und lutherisch zugleich war." Um nicht von der Stelle gejagt zu werden, hielt er katholischen und evangelischen Gottesdienst je nach Verlangen des Patrons und der Gemeinde. (Paul Drews). Und wie es bikonfessionelle Geistliche gab, so gab es auch bikonfessionelles Volk. Naiv und gehorsam gingen etwa im deutschen und baltischen Osten Dienstpersonal und Hausgesinde in den Gottesdienst der einen oder der anderen Konfession je nach Gutsherrschaft. Als eine Bäuerin in einem fränkischen Dorfe bei Dinkelsbühl zum Sterben kam, ließ sie sich vom evangelischen Dorfpfarrer zum lutherischen Abendmahlsempfang drängen, obwohl sie vier Wochen zuvor auswärts katholisch kommuniziert hatte. (Ein Vorfall aus dem späten 16. Jahrhundert.)

Außer auf Patron und Gemeinde nahmen die Geistlichen natürlich auch Rücksicht auf die Landesherrschaft. In den vierziger Jahren des 16. Jahrhunderts hielt der Schmalkaldische Bund das Gebiet des katholischen Herzogs Heinrich von Wolfenbüttel ein paar Jahre lang besetzt und reformierte es kirchlich. Als das Land nach dem Schmalkaldischen Kriege dem Herzog wieder zurückgegeben wurde, erklärten sich in großer Anzahl die Geistlichen auf Befragen für katholisch, nachdem sehr viele von ihnen in der Zwischenzeit evangelisch geworden waren. Eine 1549 in der Grafschaft Lippe vorgenommene Visitation ließ erkennen, daß bei ungeklärten Herrschaftsverhältnissen auch die Konfessionsbildung im unklaren stecken blieb: Die Geistlichen, alle, bis auf einen, geweihte Priester, hielten sich dogmatisch und liturgisch auf einem Mittelkurs zwischen lutherisch und katholisch; sie lasen Brevier, trugen Standeskleidung und fasteten; über die Zahl der Sakramente waren sie sich im unklaren und anerkannten deren je nachdem drei bis sieben. Einige betonten, altkirchlich zu sein, andere nannten sich evangelisch. In ihren Glaubensvorstellungen vermischten sich lutherische und katholische Elemente. Die Klöster in derselben Grafschaft Lippe waren intakt katholisch, die Stadt Lemgo entschieden lutherisch. Es überwogen unter den Geistlichen die unentschiedenen Gestalten; ihre innere Überzeugung trat im Grenzfall zurück gegenüber dem Bekenntnis, sich in Glaubensdingen an die Meinung der Obrigkeit zu halten. *Hier* lag denn auch der Ansatzpunkt für die Einigung des Territoriums in der Konfession: Sie gewann rasch feste Formen, als der Landesherr 1551/52 alle Anhängerschaft an den „papistischen Unglauben" mit seiner Ungnade bedrohte.

Diese entschiedene Stellungnahme des Landesherrn fehlte lange Jahrzehnte in den westfälisch-rheinischen Territorien von Osnabrück, Münster und Kleve-Jülich-Berg. Eben hier hielten sich konfessionelle Unklarheiten besonders lange. Nach dem Westfälischen Frieden versuchte man den konfessionellen Status des Fürstbistums Osnabrück für das sogenannte Normaljahr 1624 festzustellen und veranstaltete zu diesem Zweck auf der Grundlage eines Fragebogens von dreizehn Artikeln ein Verhör der älteren Leute unter den Einwohnern. Dabei stellte sich heraus, daß es nicht möglich war, durch Fragen nach dem Laienkelch, nach der Priesterehe, nach der Zahl der Sakramente usw. die Katholiken von den Protestanten zu unterscheiden. Im Stifte Münster versuchte um die Mitte des 16. Jahrhunderts der Fürstbischof Wilhelm von Ketteler, eine irenische Natur und stimmungsmäßig wohl den Vermittlergestalten der Religionsgespräche nahestehend, Protestantismus und Katholizismus durch Vereinigung dessen, was er als ihre besten Elemente ansah, zu versöhnen. Womit er freilich scheiterte. Von gleicher Gesinnung war sein Hofkaplan Hamaker beseelt. Hamaker, eine konfessionsgeschichtlich interessante Persönlichkeit (ca. 1530—1613), predigte evangelisch, hielt sich aber in Kernstücken des Glaubens — Rechtfertigung, Erbsündenlehre — an katholische Grundauffassungen. Er war der Typ eines bibelfrommen, humanistisch inspirierten, aber dogmatisch uninteressierten Theologen und Seelsorgers, wie man ihm gerade im nordwestdeutschen Raume nicht selten begegnete. In etwa entsprach er mit dieser Einstellung dem religiösen Verhalten der Herzöge Johann und Wilhelm von Jülich-Kleve-Berg und ihrer politischen Ratgeber, die durch die jahrzehntelange Praxis einer konfessionell weitherzigen Territorialpolitik den niederrheinischen Landen Gelegenheit gaben, sich bis zu einem gewissen Grade nach eigenen Tendenzen bekenntnismäßig zu entwickeln. Auch hier kam es infolgedessen zu mancherlei Mischungen und Verwirrungen.

Die Herzöge von Kleve selber vertraten eine geistige Linie, die sich am ehesten als humanistischer Reformkatholizismus umschreiben läßt. Sie verzichteten lange Zeit darauf, die Untertanenschaft auf ihre eigene Linie zu zwingen. Deshalb erhielten alle möglichen Reformströmungen in diesem Lande freien Lauf. Der Gedanke einer Kirchenreform war hier durchaus lebendig, aber er leistete nicht nur dem Protestantismus Vorschub, sondern auch der alten Kirche. Denn mit Reform und Erneuerung meinte man hier weithin: Abstellung der Mißbräuche und Besserung des kirchlichen und religiösen Lebens, was ja durchaus im Rahmen der bestehenden alten Kirche geschehen konnte. Mit dem Wissen um die Lehrunterschiede war es nicht immer weit her. Eine Gruppe von evangelisch Gesinnten reichte 1567 am Gerichtstag dem Rat zu Xanten ein Gesuch um offizielle Zulassung der Augsburgischen Konfession ein. In den Verhandlungen, in die der Rat darauf eintrat, stellte sich heraus, daß die Antragsteller die Augsburgische Konfession, um deren Zulassung sie gebeten hatten, gar nicht kannten. Befragt, ob sie wüßten, „was die Augsburgische Konfession für ein Ding oder wes Inhalts sie wäre", gaben sie zur Antwort, das wüßten sie nicht, sie hätten aber gehört, „es sollte etwas Guts und in dem Worte Gottes begründet sein". Reformfreudigkeit und Neuerungsfeindlichkeit charakterisierte das religiös-kirchliche Verhalten der niederrheinischen Bevölkerung bis in die Anfänge des 17. Jahrhunderts hinein. Evangelisch zu werden und katholisch zu bleiben bedeutete für große Teile der Bevölkerung nicht unbedingt einen Widerspruch, solange es an der Sicherheit des Unterscheidenkönnens mangelte. Seit 1603 amtierte in dem Städtchen Orsoy ein Geistlicher, den die ortsansässigen Deputierten der reformierten Synode einen „treuen Lehrer", also einen guten Calvinisten, und die altgläubigen Vertreter der Bürgerschaft einen guten Katholiken nannten, der jede Woche die Messe zelebriere und die Kommunion unter *einer* Gestalt austeile. Dieser Mann hielt ein paar Jahre lang offensichtlich für Reformierte und für Katholiken in derselben Pfarrkirche Gottesdienst; aber nicht nur das: Die mehr zur alten Kirche neigenden Gemeindemitglieder verteidigten ihn bei der katholischen Kirchenbehörde zu Xanten gegen den Vorwurf, kein rechter Katholik zu sein, während die Reformierten ihrer Synode vorschlugen, man solle ihn ruhig hie und da ein katholisches Meßgewand tragen lassen, damit die Regierung (bei deren damals schärferem katholischen Kurs) ihn nicht absetze. Später schützte ihn sogar die Synode selbst vor den Anschuldigungen einzelner Gemeindemitglieder, daß es mit seinem Bekenntnis wohl doch nicht so recht stimme, und erlaubte ihm weiter zu predigen und das Abendmahl nach reformiertem Ritus auszuteilen. Nicht nur der Geistliche, sondern auch die Gemeinde scheint sich in einem gewissermaßen vorkonfessionell unentschiedenen Zustand befunden zu haben. Anders hätte ihr Pastor nicht neun Jahre lang (1603—1612) seine Doppelfunktion als zugleich reformierter und katholischer Seelsorger ausüben können. Derartige Fälle erlauben freilich noch nicht, daß man allzu weitgehende Schlüsse aus ihnen zieht. Anderseits standen sie nicht ganz vereinzelt da und waren sogar für ihren Teil symptomatisch.

3. Legalisierte Mischformen

Außer den Verschwommenheiten in Glaube, Lehre und Sakramentspraxis führte die konfessionelle Bewegung vereinzelt merkwürdige Erscheinungen einer manchmal recht weitgehenden bekenntnismäßigen Koexistenz herauf. Lange noch wirkten ältere Rechtsformen und kultische Gewohnheiten in den von der Reformation umgestalteten Kirchentümern weiter. Ebendarin scheint die Ursache für mancherlei *Mischformen* gelegen zu haben. Unter ihnen seien verstanden Einrichtungen, Gewohnheiten und Vorstellungen, in denen Katholisches und Evangelisches sich mischten und einen Modus fanden, miteinander auszukommen. Wir begegnen ihnen bevorzugt im Westen und Südwesten, gelegentlich aber auch anderswo. Ein Teil von ihnen verdankt den Normaljahrsbestimmungen des Westfälischen Friedens sein langes Leben. Als Zwischenphase einer noch im Fluß befindlichen konfessionellen Entwicklung gewissermaßen abgestoppt, wurden sie durch Reichs- oder Landesrecht konserviert und überwinterten solchergestalt bis zum Ende des alten Reiches (1803—1806) — ja überlebten dasselbe gelegentlich sogar noch um ein Beträchtliches: Bis 1850 wurde zum Beispiel in Goldenstedt in Ostpreußen ein konfessionell gemischter Gottesdienst gepflegt.

Solche Mixturen gediehen besonders in den politisch und bekenntnismäßig stark aufgesplitterten Gegenden. Spezielle Umstände und Konstellationen förderten sie oft noch zusätzlich, etwa Schwäche der politischen Obrigkeit oder Mangel an Intoleranz, was allen Richtungen Gelegenheit gab, ins Kraut zu schießen; oder auch die partielle Weitmaschigkeit des Augsburgischen Religionsfriedens mit seinen Paritätsbestimmungen für

Städte, mit der Declaratio Ferdinandea und mit dem unklar formulierten Verbot, bis 1552 noch nicht eingezogene Klöster und Stifte zu säkularisieren. Unter der Einwirkung solcher oder ähnlicher Voraussetzungen kam es mitunter zu seltsamen Erscheinungen und Gebilden.

Viele der *Dom-* und *Kollegiatkapitel* zwischen Elbe und Rhein waren konfessionell gemischt zusammengesetzt. Die Normaljahrsklausel von 1648 verewigte diesen Zustand. Dadurch erhielt sich eine Anzahl von kultischen und kirchenrechtlichen Kuriositäten. Im Dom zu Halberstadt fand beispielsweise bis zum Ende des 18. Jahrhunderts ein sonntäglicher evangelischer Abendmahlsgottesdienst statt, dem ein katholischer Domvikar assistierte. Das Chorgebet der katholischen Domherren im Dom zu Minden leitete der evangelische Dechant des Kapitels. Dieser und die übrigen evangelischen Domkapitulare nahmen regelmäßig an Messe und Prozessionen der Katholiken teil — unter anderem auch um ihre Präsenzgelder zu erlangen. Dem Frauenstift Schildesche bei Bielefeld gehörten achtzehn Kanonissen an, von denen je sechs sich zum Luthertum, zum Calvinismus und Katholizismus bekannten; auch wurde die Äbtissin im Turnus von jeder Konfession gestellt. Den Mitgliedern des rein evangelischen Havelberger Domkapitels wurden im dortigen Dom evangelische niedere und höhere Weihen erteilt. Es gab hie und da evangelische Kanoniker oder Bischöfe, die sich die Tonsur schneiden ließen. Ein evangelischer Bischof von Minden beschwur sogar die Professio fidei Tridentina, das sogenannte Tridentinische Glaubensbekenntnis. In Wetzlar wurde bis zum Ausgang des 18. Jahrhunderts jeder neuernannte evangelische Stadtpfarrer vom katholischen Stiftsdekan in sein Amt eingeführt und von letzterem ermahnt, die reine evangelische Lehre unverfälscht zu predigen — was er dem Prälaten sogar in die Hand versprechen mußte. In einigen Domstiften, so in Lübeck, beobachteten die evangelischen Domherren die Zölibatspflicht, desgleichen noch lange Zeit Konventualen der evangelischen Klöster Loccum bei Hannover und St. Michael zu Lüneburg. In Teilen Schlesiens erhielt sich sogar eine beschränkte geistliche Jurisdiktion katholischer Bischöfe in evangelischen

Territorialkirchen. Bis zum Abschluß des Trienter Konzils anerkannte, in bestimmten Grenzen, die Stadt Breslau den dortigen Bischof als geistlichen Oberen. Ebendiesen Bischof betrachteten auch noch im Jahre 1592 die evangelischen Superintendenten von Liegnitz als zweite Instanz in kirchlichen Rechtssachen und anerkannten sein Recht auf Ordination. Ebenso sahen die evangelischen Kirchenkonvente die Bischöfe von Krakau und gegebenenfalls Breslau als ihre ordentliche Jurisdiktionsbehörde an, desgleichen der Pfarrer zu Habelschwerdt den Erzbischof von Prag.

Alles in allem handelt es sich hier um Erscheinungsformen konfessioneller Symbiose, die ursprünglich recht zufälliger Natur sein mochten und zu ihrer Zeit einen mehr oder weniger labilen Stand der Entwicklung spiegelten. Auf der andern Seite bezeugte sich in ihnen etwas von dem Beharrungsvermögen alteingewurzelter Institutionen. Dank der Normaljahrsklausel des Westfälischen Friedens wurde einigen dieser Mischformen aber Rechtskraft und Dauer verliehen. Darüber, daß sie ein Kuriosum darstellten und bald ein Anachronismus wurden, der sich zäh durch die auf 1648 folgenden hundert oder hundertfünfzig Jahre hindurchschleppte, braucht weiter kein Wort verloren zu werden. Sie sind abgesehen davon aber auch recht aufschlußreiche Dokumente. Denn indem sie eine bestimmte Phase des Konfessionskampfes gewissermaßen im Zustande der Einfrierung konservierten, erlauben sie uns, rückschließend eine Vorstellung zu gewinnen von dem hin- und herwogenden Gegen- und Miteinander, in welchem die Konfessionen sich nach Kult, Recht, Lehre und Brauch langsam ausformten und von welcher Bewegung wir uns das Jahrhundert zwischen dem Augsburgischen und dem Westfälischen Frieden werden lebhafter erfüllt vorstellen müssen als es gemeinhin in unsern Hand- und Lehrbüchern steht.

VI. RESTE KATHOLISCHER GLAUBENSÜBUNG UND ALTKIRCHLICHE TRADITIONEN IM LUTHERTUM

Wo evangelische Territorien dicht an katholische grenzten, kam es häufig, mindestens nicht ganz selten vor, daß einzelne Personen und Gruppen zur Messe „ausliefen", das heißt den katholischen Gottesdienst jenseits der Landesgrenzen besuchten. Dadurch mochte ein gewisser Kontakt mit den Frömmigkeitsformen katholischen Kirchentums in evangelischen Hoheitsgebieten erhalten worden sein, den man jedoch nicht wird überschätzen dürfen. Unabhängig vom Auslaufen hielt sich aber gewöhnlich eine Fülle von religiösen Gewohnheiten, Bräuchen und sonstigen Denkweisen aus der katholischen Zeit. Manche davon hatten ein zähes Leben, obwohl Obrigkeit und Kirchenführung sich geduldig anstrengten, sie abzuschaffen. Obrigkeit und Kirchenführung drangen auf der andern Seite aber auch sehr energisch darauf, daß bestimmte kirchliche Übungen und Gewohnheiten weiter praktiziert wurden, die man vom Standpunkt des heutigen Protestantismus durchaus als katholisch ansprechen würde, vom Standpunkt des alten Luthertums aber keineswegs für des Katholizismus spezifisch verdächtig ansah.

1. Katholische Traditionen im lutherischen Kult und Brauchtum

Seit etwa 1525 begannen evangelische Landesherren und Städte Religionsmandate und allgemeinere Kirchenordnungen zu erlassen. Aber erst die Jahre zwischen 1550 und 1600 wurden zur hohen Zeit der evangelischen Landeskirchengesetzgebung. Zu Hunderten und aber Hunderten kamen in diesen Jahrzehnten lutherische Kirchenordnungen heraus. Sie regulierten Kult und Recht, Erziehungswesen, Besoldung und Verwaltung im kirchlichen Bereich für das Gebiet eines Territoriums, einer Stadt, einer Standesherrschaft; innerhalb größerer Fürstentümer unter Umständen auch für einzelne Amtsbezirke oder regionale Verwaltungseinheiten. Ihr theologisches Fundament besaßen sie — gewöhnlich — in einem der formulierten Bekenntnisse oder in mehreren, inhaltlich zusammengehörenden Bekenntnisschriften. Je nach Anlaß bezogen sie sich darauf.

Die von dem Augsburgischen Religionsfrieden (1555) bis an die Schwelle des Dreißigjährigen Krieges (1618—1648) reichende Periode der evangelischen Kirchengesetzgebung bezeugt, daß die institutionelle Festigung des Protestantismus mit dem Augsburgischen Religionsfrieden keineswegs abgeschlossen war, sondern im Gegenteil eigentlich jetzt erst richtig begann. Sie vollzog sich mit anderen Worten hauptsächlich in demjenigen Zeitraum, den wir herkömmlich, wenn auch zeitlich unzutreffend, das Zeitalter der Gegenreformation nennen. In *diesem* Zeitraum trat nach den ersten stürmischen und kämpferischen Jahrzehnten die Reformation in Deutschland in ihre zweite, konservative Phase — eine Tatsache, die in unser historisches Bewußtsein irgendwie nicht eingedrungen ist und in der Geschichtsschreibung oft überschlagen wird. In den Jahrzehnten *nach* dem Religionsfrieden bildete sich das Luthertum als Konfessionskirche voll aus.

Diese lutherische Kirche behielt in ihrer äußeren Erscheinung und in ihrer verfassungsmäßigen Struktur von der katholischen Kirche des Mittelalters nicht wenig bei. Der evangelische Gottesdienst bewegte sich, wie die liturgischen Schriften Luthers und die Kirchenordnungen des 16. Jahrhunderts bezeugten, anfänglich im großen und ganzen in den übernommenen katholischen Formen. Nur ganz allmählich wurden diese dort vorsichtig umgewandelt, wo es lehrmäßig auf Grund des reformatorischen Glaubensverständnisses erforderlich schien. Den heutigen Betrachter dürfte einigermaßen erstaunen, was an katholischen Gewohnheiten und Gottesdienstformen im frühen Luthertum legitim zu Hause war. Man schied gemeinhin aus, was sich mit der Lehre von der Rechtfertigung nicht vertrug oder nach Werkgerechtigkeit aussah (wie Totenoffizium, Canon missae usw.),

Katholische Traditionen in Kult und Brauchtum 83

behielt alles übrige aber mehr oder weniger bei. Nach diesem Leitgedanken veränderte und konservierte man zugleich. Neben der *Messe* erhielten sich solchergestalt von den Grundformen des Gottesdienstes die *Vesper* und *Mette*. Bei der Messe änderte sich vom Introitus über das Kyrie bis zum Credo so gut wie gar nichts. Die Verkürzungen traten erst beim Offertorium ein. Auch die lateinische Sprache blieb in Übung. Man verwendete sie unter anderem für die feierlichen Sonn- und Festtagsgottesdienste. 1544 wünschten die Leipziger Theologen, daß die lateinische Sprache nicht aus dem Gottesdienst verschwände, weil die Heilige Schrift — wie sie meinten — lateinisch geschrieben sei (Sehling). Einzelne Kollekten (Kirchengebete) und Praefationen wichtiger evangelischer Kirchenordnungen stimmten wörtlich mit denen des römischen Missale überein; Hymnen, Sequenzen und Kirchentonarten rezipierte man ohne nennenswerte Abstriche aus dem älteren katholischen Gebetsgut. Zahlreiche evangelische Klöster und Stiftskapitel sangen die Tagzeiten lateinisch, in einem Einzelfall bis zur Mitte des 19. Jahrhunderts (Loccum).

Auch in der Sakraments*verwaltung* unterschied sich die *Praxis* der lutherischen Landeskirchen nur wenig von der katholischen, obwohl eine andere Theologie dahinterstand. Wer kommunizieren wollte, mußte zuvor beichten; und obgleich es kein Buß*sakrament* gab, blieben Beichte und Absolution in Geltung, ebenfalls der Beichtpfennig und die Stolgebühren überhaupt. Die evangelischen Pfarrer mußten ein Beichtregister führen und die Säumigen höheren Orts melden. Auch die übrigen katholischen sakramentalen Handlungen, die Eheschließung, Priesterweihe, Krankenölung, blieben als *Handlungen* im Brauch, nur daß die reformatorische Theologie den Sakramentscharakter verneinte und die Liturgie dementsprechend verschiedene Riten ausließ oder umformte. Ganz unbefangen nannte man die Ordination „Priesterweihe" und den Hochzeitsgottesdienst Brautmesse. Die Firmung verspottete man zwar expressis verbis als eine Albernheit und lehnte sie ab — aber an ihrer Statt schuf man eine vergleichbare Einrichtung in Gestalt der Katechismusprüfung, welche ein in die Fastenzeit gelegtes Zulassungsexamen für Mädchen und Buben war, dem sie sich vor ihrem ersten Gang zur Kommunion zu unterziehen hatten. Einen wesentlichen Unterschied zur katholischen Zeit gab es bei der *Taufe* überhaupt nicht. Taufhandlung und Taufformeln blieben mehr oder weniger dieselben, auch betete man dabei in der Mehrheit der lutherischen Kirchen den Exorzismus.

Was die alten *liturgischen Gewänder* betrifft, so verwendete sie das Luthertum für den Gottesdienst weiter, ebenso die fünf liturgischen *Farben,* die *Kirchengeräte, Kruzifixe, Bilder, Altäre* aus katholischer Zeit. Die Meßgewänder hielten sich außerordentlich lange. Wenn sie nicht zuvor der Calvinismus in Mißkredit gebracht hatte (wie im ursprünglich hochkonservativen Berlin-Brandenburg), schaffte man sie gewöhnlich erst im späteren 18. Jahrhundert unter dem Einfluß der Aufklärung ab. Die hamburgische Kirche benutzte sie zum Beispiel bis 1785 für den Abendmahlsgottesdienst. Schließlich schimmerte durch die lutherischen Agenden unverkennbar das alte katholische *Kirchenjahr* hindurch. Die Hochfeste — in der Regel *drei*tägig gefeiert — und die übrigen großen Feste waren dieselben: Beschneidung (Neujahr), Epiphanie (Dreikönig), Christi Himmelfahrt, und neben ihnen, bis ins frühe 19. Jahrhundert, drei biblisch begründete Marienfeste (Lichtmeß, Verkündigung und Heimsuchung). Außerdem gehörten sämtliche Aposteltage, der Tag Johannes des Täufers und Michaelis zum eisernen Bestand aller älteren lutherischen Liturgien. Und um die übrigen Zeiten des Kirchenjahres noch kurz zu streifen: es hatten sich die *Quatembertage* (Quartalsanfänge) so fest eingebürgert, daß man an ihnen gar nicht erst zu rütteln anfing. Sie spielten, auch als Zäsuren im Ablauf des bäuerlichen Wirtschaftsjahres, eine so bedeutende Rolle, daß man, selbst wenn man gewollt hätte, nicht ohne weiteres auf sie hätte verzichten können. Sie wurden fortan gern, zum Beispiel in Niedersachsen, zu Tagen intensiver Katechismuspredigten bestimmt. In manchen Landschaften wurden sie zur Wurzel der evangelischen Buß- und Bettage. Auch der herkömmliche Quatemberpfennig blieb; die Obrigkeit wachte darüber, daß die Gläubigen ihn zahlten.

Dies ist ein Kernbestand, auf den man in den meisten Kirchenordnungen lutherischer Provenienz trifft. Manche Ordnungen

Katholische Traditionen in Kult und Brauchtum 85

gingen in der Konservierung altkirchlicher Riten schonend vor, manche weniger schonend. Im folgenden sei aufgezählt, was im einzelnen offiziell beibehalten werden *konnte*. Nicht alle, aber einzelne, oft auch mehrere Kirchenordnungen sahen vor: Lateinisches Breviergebet im Chor, Aveläuten; zwanzig Feiertage und mehr — darunter Mariä Himmelfahrt, St. Laurentius, St. Michael, St. Martin, Maria Magdalena —; sonntags Gottesdienste in Form des lateinischen Hochamts; Segnung der Abendmahlselemente mit Elevation von Wein und Brot; mit Klingelzeichen, Weihrauch und Ministranten; feierliche Einleitung der Sechswöchnerinnen in die Kirche; Fastenzeit; geschlossene Zeiten des Kirchenjahres, zu denen Hochzeiten verboten waren. In Frankfurt an der Oder und im Sprengel des ehemaligen Bistums Lebus, zu dem die Stadt gehörte, benutzte man stellenweise bis 1580 Meßbücher aus vorreformatorischer Zeit für den Gottesdienst. 1591 zelebrierte man dort noch evangelische „Primizen" nach einem katholischen Missale von 1514. Prozessionen veranstaltete man hier bis gegen 1600. Hie und da behielt eine Kirche die sonst so verpönte Monstranz (besonders lange die Jacobikirche in Stendal). Selbst von den Weihrauchfässern trennte man sich nicht immer gern. Zwar räucherte man an manchen Orten mehr aus gesundheitlichen Gründen, um die Luft zu verbessern oder um sich gegen die Pest zu schützen oder um in der kalten Jahreszeit die Kirche um den Altar herum ein wenig zu erwärmen. Daneben schwenkte man aber die Rauchfässer auch zu gottesdienstlichen Zwecken, so im Magdeburger Dom vor der Abendmahlsfeier oder im Herzogtum Weimar bei der Christmette. In Brandenburg und Teilen Schlesiens beging man noch einige Jahrzehnte über die Reformation hinaus den *Fronleichnamstag*, in Fraustadt an der schlesisch-polnischen Grenze laut Kirchenordnung mit der irenischen Begründung, man solle diesen Tag halten „um der (katholischen) Nachbarn willen, Ärgernis zu verhüten"[1]. Großer Beliebtheit erfreute sich das sogenannte

---

[1] Allerdings unter evangelischen Vorzeichen: weil es wider die Einsetzung Christi sei, das Sakrament herumzutragen, solle man an diesem Tag „in der Kirchen vom Sakrament dem gemeinen Volk zu sonderem Nutzen predigen".

Wetterläuten. Der Glaube, daß beim Gewitter, so weit der Schall der Wetterglocke reichte, der Blitz nicht einschlage, saß in der den Elementen ganz anders als heute preisgegebenen Bevölkerung derart tief, daß ihn auch entgegenstehende reformatorische Lehren nicht auszurotten vermochten. Einzelne evangelische Ordnungen behielten das Wetterläuten einfach bei; die meisten verboten es; geläutet wurde trotzdem. Wo die Pfarrer und Mesner es unterließen, wurden die Bauern unter Umständen rebellisch und stiegen selbst auf den Turm.

Im engeren örtlichen Bereich erhielt sich darüber hinaus noch manche Erscheinung speziellen Charakters. Die Kirchgänger in der Grafschaft Mansfeld etwa mußten bis ins 18. Jahrhundert in der Kirche beim Credo *knien.* Dagegen war es im 16. Jahrhundert noch *allgemein* üblich, daß Protestanten, etwa vor und nach dem Gebete, das *Kreuzzeichen* machten.

Lutherischerseits unterschied man grundsätzlich zwischen katholischen Überlieferungen, an denen es nichts auszusetzen gab, und solchen Überbleibseln, die man als papistischen Sauerteig unerträglich fand und verwarf. Obwohl die Lutheraner des 16. Jahrhunderts in diesem Punkte grundsätzlich übereinstimmten, gingen ihre Meinungen doch oft darüber auseinander, wo die Grenze zwischen dem christlich akzeptablen und dem papistisch unannehmbaren katholischen Überlieferungsgut anzusetzen sei. Es handelte sich dabei nicht um Kernfragen der Lehre. Aber es ging um sichtbare Dinge, gottesdienstliche Handlungen und volkstümliche Bräuche; mochten sie theologisch noch so uninteressant sein, für das Kirchenvolk war es schon von Interesse und Wichtigkeit, ob der Geistliche beim Gottesdienst die Abendmahlshostie nach den Einsetzungsworten hochhob oder nicht, ob beim Versehgang der Küster mit Glöckchen, Kerzen und liturgischem Gewand mitzog, ob ein Begräbnis mit Gesängen und ein paar Zeremonien vonstatten ging, ob eine Prozession veranstaltet wurde usw. — oder ob das alles partout verboten war. Reichtum und Breite des Spielraums zwischen dem Konservieren und Abstoßen altkirchlicher Formen veranschauliche das Einzelbeispiel der Elevation von Hostie und Kelch in der lutherischen Messe: Viele Obrigkeiten verboten die Elevation, so Mecklenburg (1552), Reuß (1552), Magdeburg (1562—1583), Teschen (1584). Andere stellten sie anheim: (albertinisches Sachsen 1545). Wieder andere gestatteten sie oder sahen sie für bestimmte Festtage vor: Anhalt gebot 1572 an den Hochfesten zu elevieren; die kurbrandenburgischen Visitatoren verordneten 1600 für Frankfurt an der Oder und seinen Bezirk, daß „mit der elevatio in der Stadt und auf den Dörfern aber decenter umgegangen werde". Es gab überhaupt nicht wenige Obrigkeiten, welche von den Pfarrern strikt verlangten, daß sie elevierten. Dieser Art Bestimmungen ergingen bis ins späte 16. Jahrhundert für beinahe alle Territorien und Städte im Raum der Altmark, Mittel- und Neumark und der Lausitzen. Der Rat der Reichsstadt Nordhausen verbot den Geistlichen, die Elevation abzuschaffen und überhaupt ohne sein Vorwissen irgend etwas an den Zeremonien zu ändern.

2. Reste katholischer Glaubensübung

Wiewohl es eine scharfe Grenze zwischen legitimen und verpönten Traditionen aus der päpstlichen Kirche nicht gab, so bildete sich über die erlaubten und unerlaubten Dinge im kultischen Bereich doch so etwas wie eine herrschende Meinung oder eine Art Kanon, der im wesentlichen auf Luther selbst zurückging. Einhellig untersagten die evangelischen Kirchenordnungen und Visitationsinstruktionen das Wallfahren und die damit oft verbundenen Gelübde. Stets wurde auch das Weihen von Wasser, Salz, Kräutern, Kerzen, Zweigen usw. verboten. Beinahe regelmäßig mußten die Geistlichen bei den Visitationen darüber Auskunft geben, ob in diesem Punkte auch keine Unrichtigkeiten unterliefen.

Dennoch schien das Wallfahren nie ganz abzureißen und auch dafür, daß heimlich allerlei Segnung und Weihe vorkam, sprach manches Indiz. In Süd- und Mitteldeutschland klagten an verschiedenen Stellen die geistlichen Aufsichtspersonen darüber, daß die Leute weiterhin Andachtsbilder und alte Kultstätten verehrten, und ereiferten sich über den Hang des Volkes zur Sakramentsanbetung. Entsprechende Verbote hielt man in der oberrheinischen Grafschaft Hanau-Lichtenberg noch 1659 für angebracht. Eine Kirchenordnung für das Fürstentum Teschen im ehemals (bis 1918) österreichischen, heute tschechoslowakischen Teil von Schlesien, hielt sich darüber auf, daß 1584, vierzig Jahre nach dem Beginn der Reformation ebenda, bei der Messe, vor allem auf den Dörfern, „noch viel abgöttische Zeremonien gehalten worden" seien und weiter im Schwange wären. Sie resümierte als dergleichen Brauch und Mißbrauch: „Adoratio des Sacraments, Einsperrung des Sacraments in das Ciborium, Prozession mit den Fahnen und anderes dergleichen mehr, insonderheit der abgöttische Mißbrauch in der Marterwochen mit dem Grabmachen und Singen vor dem Grabe." Dieser Zustandsschilderung ließ sich unschwer entnehmen, daß die alten katholischen Riten hier noch beträchtlich blühten. Das war in vielen Städten und Dörfern des schlesisch-lausitzisch-brandenburgischen Raums noch im spätesten 16. Jahrhundert der Fall. Aber nicht nur dort.

In den Grenzgebieten von Ostpreußen liefen gleichfalls bis ins 17. Jahrhundert die Bauern in die katholische Nachbarschaft, nach Ermland, Polen, Litauen hinüber. Sie nahmen dort an Gottesdiensten, Wallfahrten, Kräuterweihen teil, kauften auch Ablaßbriefe (!) und empfingen die Sakramente nach katholischem Ritus. In anderen Gegenden brauchte man zu diesem Zweck nicht einmal über die Territorialgrenze hinüberzulaufen: In der niedersächsischen Herrschaft Jever blieben, über die Reformation hinaus, die Geistlichen in größerer Anzahl bis gegen 1600 katholisch. 1570 beteten die Leute im evangelischen Kurland noch das Ave Maria; 1586 meldete ein (ost)preußischer Pfarrer, daß in seiner Gemeinde etwa hundert Personen ihre Beichte mit den Worten eröffneten: „Ich bekenne Gott, der Jungfrau Maria, allen Heiligen und allen Engeln ... usw.". Solange es auf dem Lande mit den elementarsten Glaubenskenntnissen übel bestellt war und von einem gediegenen Wissen in Sachen der reformatorischen Glaubenslehre überhaupt keine Rede war, erhielten sich Reste katholischer Glaubensübung, mehr oder minder getrübt, ebenso selbstverständlich wie sich andere Gewohnheiten erhielten, eben weil es Gewohnheiten waren.

Boguslav von Chemnitz überliefert von einer Erwachsenenkatechese in dem pommerschen Ort Jacobshagen die köstliche Szene, daß, nachdem die Gemeinde in der Kirche versammelt worden sei, der Präpositus auf seine Frage, was er denn glaube, vom Kirchenvorstand Hans Hille (welches der angesehenste Bauer war) zur Antwort bekam: „Ich glaube an Jungfer Maria, die Mutter Gottes, und an Jesum Christum ihren Sohn" — und daß die übrige Gemeinde, einzeln befragt, mit dem lakonischen Satz beipflichtete: „Ich glaube, was Hans Hille glaubt".

3. Rechts- und Verfassungstraditionen

Außerhalb des kultischen Bereichs bezeugte sich auch in den Rechts- und Verfassungs-, Einkommens- und Vermögensverhältnissen auf weite Strecken ein deutlicher Zusammenhang mit dem vorreformatorischen Kirchenwesen. Wenn nicht, wie im Südwesten und Westen, besondere landeshoheitliche und konfessionelle Komplikationen hindernd dazwischentraten, blieb die alte Einteilung der Pfarreien mit ihren Filialen, Pfründen, Lehen, Stiftungen, Kompetenzen usw. bestehen, auch ihre Zusammenfassung nach Dekanten (Inspektionen, Superindenturen) und ihre Unterordnung unter eine geistliche, bischofsähnliche Jurisdiktion. Und wenn sich auch in Dingen des Eherechts aus dogmatischen Gründen manches verschob, so blieb doch nach wie vor die Ehegerichtsbarkeit dem geistlichen Gericht vorbehalten. Die lutherischen Kirchenordnungen stellten dasselbe System der Ehehindernisse bei Verwandtschaft und Schwägerschaft auf wie das kanonische Recht. Sie untersagten Hochzeitsfeiern in den geschlossenen Zeiten des Jahres wie eh und je und hielten, von ganz besonderen Ausnahmefällen abgesehen, die Ehe für unauflöslich. Auch die lutherischen Kirchen kannten die *Exkommunikation* (Bann) verschiedener Grade, die öffentliche Kirchenbuße und andere *Kirchenstrafen* und die Wiederaufnahme der Reuigen (Reconciliation). Die Publikation von Schriften unterlag der *Zensur*. Auf das Imprimatur glaubte man auch im evangelischen Kirchentum nicht verzichten zu dürfen. Trotz der Lehre vom allgemeinen Priestertum und der Ableugnung des Unterschieds von Klerus und Laien blieben die Geistlichen ein besonderer Stand. Sie genossen, wie in katholischer Zeit, das Privileg der *Steuerfreiheit* und das *privilegium fori* (gesonderter Gerichtsstand), zum Teil mit der Begründung, daß dies aus guter Ursache seit alters schon immer so gewesen sei. Die evangelische Geistlichkeit bezog ihre Einkünfte aus akkurat denselben Quellen wie der vorreformatorische Klerus, aus Zehnten, Pachten, Kirchengütern usw., und die Landesherren als neue geistliche Obrigkeit legten größten Wert darauf, daß sich an diesen Dingen nichts änderte.

Selbst vom *kanonischen Recht* mochte man im evangelischen Kirchenwesen nicht gänzlich absehen. Man rekurrierte darauf, meist gleich mit Zitat des betreffenden Kanons, am häufigsten in Sachen des Eherechts; aber auch, um etwa die Besoldung der Geistlichen auf Grund ihrer pastoralen Berufsarbeit zu rechtfertigen (Lauenburger Ordnung 1585). Auch wo das kanonische Recht nicht eigens genannt wurde, wurde es dennoch in vielen Fällen sinngemäß angewendet. Man benutzte es offensichtlich als subsidiäre Quelle des evangelischen Kirchenrechts. In einem Sonderfall verhängte ein holsteinischer Herzog wegen unzureichenden Eingangs der Kirchengelder über ein ganzes Kirchspiel sogar das *Interdikt* (1656); es erging mit der schönen Begründung, daß „wie bishero gebräuchlich gewesen wider die Säumigen mit dem Kirchenrecht verfahren" (werde).

4. Konservative Grundzüge des lutherischen Kirchentums

Während die lutherische Theologie schon längst ihre eigenen Wege ging, bewegten sich Liturgie und Verfassung noch sehr in alten Bahnen. Gewiß: Man hatte die Messe verkürzt, die Fülle der Weihen abgeschafft und die Predigt in die Mitte des Gottesdienstes gestellt. Das alles brachte eine in die Tiefe gehende Erneuerung. Der liturgische Rahmen, in dem sich das kirchliche Geschehen abspielte, blieb aber im großen und ganzen doch derselbe.

Ihrer äußeren Erscheinung nach war die lutherische Kirche also konservativ und erinnerte in vielen Zügen an die katholische Kirche. Von den verschiedenen Ursachen dafür lassen sich einige mit einiger Sicherheit ermitteln. Sie lagen einmal in *Luther* selbst. Seit etwa 1525 wirkte er dem Radikalismus entschieden entgegen, der sich im Schwärmertum, im Spiritualismus und—ein wenig auch — im Reformiertentum an die Reformation angeschlossen hatte und die äußeren Formen des alten Kirchenwesens kräftig abzubauen begann. Luther, von Natur aus konservativ, hielt dafür, daß man sich durch die Zeremonien nicht beflecke, wenn man sie, soweit nichts Unevangelisches durch sie ausgedrückt werde, beibehielte. Aus dieser Grundeinstellung entwickelte sich so etwas wie eine kirchenpolitische Linie des Luthertums. In der Mitte des Jahrhunderts wirkte an verschiedenen Stellen — nicht überall — das *Interim* von 1548 in der gleichen Richtung. Es begünstigte die konservativen Kräfte und Einrichtungen und führte gelegentlich zu einer reicheren Liturgie zurück. Eine dritte Ursache lag im *Gegensatz* der maßgeblichen lutherischen Theologen und Landesherrschaften gegen *Calvin* und den *Calvinismus*. Dieser Gegensatz spielte seit der Mitte des 16. Jahrhunderts eine bedeutende Rolle. Den hauptsächlichen Streitpunkt bildete zwar die unterschiedliche Sakramententheologie. Einen sichtbaren und jedermann verständlichen Ausdruck fand dieser Gegensatz aber in der unterschiedlichen Behandlung der Zeremonien (das ist der kultischen Formen) im Gottesdienst und bei der Sakramentenspendung. Je radikaler Calvin und der Calvinismus sich von den traditionellen Formen trennten, desto stärker griff das Luthertum auf sie zurück. Schließlich wurden die aus der altkirchlichen Überlieferung stammenden Zeremonien zum Zeichen der Unterscheidung zwischen Luthertum und Calvinismus. In diesem Zusammenhang wurden ein paar Formeln und Zeichen, die das Luthertum stellenweise abgestoßen hatte, wieder eingeführt; so die Meßgewänder (in der Stadt Speyer und im Amte Querfurt) und der Exorzismus. Landesherr und Kirchenleitung hatten ihn in Ostpreußen 1558 offiziell verboten. Inzwischen nahm der Calvinismus im polnisch-litauischen Doppelreich einen rapiden Aufschwung. Da brachten Herzog und Landeskirche 1568 den Exorzismus in Preußen wieder zu Ehren, erhoben ihn zum Unterscheidungsmerkmal gegen den Calvinismus und schärften seinen Gebrauch bei der Taufe besonders den Pfarrern an der litauischen und polnischen Grenze ein. Das war kein Einzelfall. Auf die Fortschritte des Reformiertentums reagierte das Luthertum im späten 16. Jahrhundert ganz offenkundig mit einer bewußten Zeremonienfreudigkeit. Öfter schrieben die Kirchenordnungen jetzt vor, die liturgischen Zeremonien sorgfältig zu beobachten, auf daß, wie es ein Edikt für die Niederlausitz aus dem Jahre 1592 formulierte, „der schädlichen, heillosen und verführerischen calvinischen Sekt in diesem Markgraftum aufm Land sowohl (als auch) in den Städten gesteuret (werde)". Auf lutherischer Seite gehörte darum fortan nun auch eine halb bis dreiviertels katholische Liturgie zu den sichtbaren Zeichen, deren man sich bediente, um den lutherischen Konfessionscharakter nach außen hin zu demonstrieren. Umgekehrt bekämpften die Reformierten gerade *diese* Dinge als üble Manier. Der Große Kurfürst von Brandenburg, Friedrich Wilhelm, schrieb 1667 in seinem Politischen Testament, Kurbrandenburg und Pommern wären gottlob „von päpstlichen groben Greueln und Abgötterei gänzlich befreit, außer was die Lutherischen aus dem Papsttum an Zeremonien behalten haben" und empfahl seinem Nachfolger, nicht zu zaudern, bei günstiger Gelegenheit diese Dinge „mit guter Manier" abzuschaffen.

Alles in allem verblieb, teils bewußt übernommen, teils geduldet, teils untersagt, dazu örtlich sehr verschieden, ein beträchtlicher Rest katholischen Kirchen- und Brauchtums im lutherischen Kirchenwesen erhalten. Da aber bei den für die Gestaltung von Agende und Verfassung zuständigen Instanzen durchgehende Einmütigkeit darüber nicht bestand, was von den katholischen Riten und Sitten mit evangelischer Lehre sich vertrüge oder nicht, entsprang dieser Unklarheit ein großer Nuancenreichtum der Gottesdienstformen und der kultisch-liturgischen Möglichkeiten, vom Wetterläuten bis zum gesungenen Hochamt und lateinischen Chorgebet. Was sich vom alten Kirchentum hielt, war also bis gegen 1600 wohl noch ziemlich viel. Wenn ein polnischer katholischer Bischof, nachdem er dem Gottesdienst im Berliner Domstift beigewohnt hatte, sagen konnte, er habe keinen Unterschied zum katholischen Gottesdienst bemerkt, dann wird man doch wohl kaum annehmen dürfen, daß das einfache Volk mehr davon gemerkt habe. Angesichts der herrschenden Unbildung in den unteren Schichten war sogar nicht einmal ausgeschlossen, daß das einfache Kirchenvolk von der reformatorischen Veränderung, von der Glaubens- und Kirchenspaltung nicht allzuviel mitbekam, weil es von der Theologie wenig verstand, weiterhin in die gleiche Pfarrkirche ging, die gleichen Abgaben zahlte, dieselben Feste feierte und sich höchstens vielleicht etwas verwunderte, daß es vom Pfarrer schärfer vermahnt und von der Obrigkeit fester an die Kandare genommen wurde.

Die Streuung und das Verhältnis von Rezeption und Abstoßung altkirchlicher Elemente war im Luthertum freilich recht unterschiedlich. Fragt man, wo sich die stärksten Reste katholischen Kirchentums erhielten und wie lange, so wird die Antwort lauten, cum grano salis: je nördlicher und je östlicher, desto kräftiger und desto länger. Von den höchst eigentümlichen Verhältnissen im deutschen Nordwesten (Niederrhein, Westfalen, Stift Osnabrück) abgesehen, war man in den evangelischen Ländern und Städten Süd- und Westdeutschlands im allgemeinen nicht so konservativ wie in Mitteldeutschland, in Mitteldeutschland wiederum nicht so konservativ wie im Norden und im Osten. Freilich kamen auch hier Schwankungen vor, die es verbieten, einen einheitlichen Nenner aufzustellen. Kurbrandenburg mit der Alt- und Neumark und dem Herzogtum (Erzstift) Magdeburg, Schlesien und die Lausitzen hielten im Kult noch strenger an den alten Formen fest als Mecklenburg und Pommern; Danzig bewahrte sich reichere Traditionen als das Herzogtum Preußen. Dagegen wurde die Überlieferungstreue der schwedischen Kirche sprichwörtlich. Umgekehrt ging man in Oberdeutschland daran, die kultischen Traditionen — unter reformiertem Einfluß — kräftiger abzubauen, so etwa im lutherischen Württemberg. Ein genaueres Studium dieser Gegenstände wird vermutlich näheren Aufschluß ergeben über manche vordringliche Frage der Reformationsgeschichte. Sollte zum Beispiel infolge der Fortexistenz katholischer Formen und Substanzen im Luthertum die Bevölkerung den Glaubenswechsel hie und da nicht richtig oder nur unvollkommen begriffen haben, so läge hier vielleicht ein Anhaltspunkt dafür, wie manchenorts die relativ leichte Hinführung ganzer Untertanenschaften zur Reformation, aber auch die gelegentlich rasche und erfolgreiche Rückführung zum Katholizismus, zu erklären sei. Das Weiterleben katholischer Elemente im Luthertum ließe ferner vielleicht auch besser verstehen, weshalb es in manchen Landschaften bis in das 17. Jahrhundert hinein zu jenen ganz merkwürdigen konfessionellen Verschwommenheiten und Mischformen gekommen ist, von denen oben die Rede war.

VII. RICHTLINIEN UND WEGE KONFESSIONELLER STABILISIERUNG — GEMEINSAME ZÜGE BEI ALLEN KONFESSIONEN

1. Methoden des Aufbaus und der Reorganisation

Handelte es sich bei den bisher berührten Dingen vorzüglich um Hindernisse, Umwege, Durchgangsstufen, welche die Entfaltung einer klaren und bestimmten Konfessionalität zurückhielten, bremsten oder auch störten, so erwiesen sich im Effekt auf die Dauer doch diejenigen Kräfte als die stärkeren, die auf ein nach Verfassung, Kult und Dogma abgeklärtes Kirchentum drängten und dieses gegen Sonderbewegungen und andere Bekenntnisse hart abschirmten. Angesichts der zahllosen inneren und äußeren Schwierigkeiten, vor die sich *jede* Konfession gestellt sah, wenn sie sich nach außen behaupten und intern einen wirklichen Aufbau des kirchlichen Lebens zuwege bringen wollte, erwies sich die Mithilfe der weltlichen Regierungsmacht schier unentbehrlich. Gerade die politische Gewalt aber drängte in erster Linie darauf, daß die Kirche ihres Landes eine einigermaßen einheitliche Gestalt erlangte. Nicht nur im Bekenntnis, sondern auch in der Verfassung und im Kult. Die Landesherrschaften erachteten Einheitlichkeit — etwa in den gottesdienstlichen Formen — keineswegs für glaubensnotwendig, hielten sie aber, aus anderen Gründen, für nützlich und angenehm.

Die Staatsgewalt nahm sich also der kirchlichen Dinge an: unterstützend, schützend, reformierend; sowohl um die verworrenen und zerrütteten Verhältnisse aufzubessern als auch um ein bestimmtes Glaubensbekenntnis festzusetzen. Dabei sahen sich die Träger der *katholischen* Regeneration, Päpste, Nuntien, weltliche und geistliche Landesherren formal vor die gleichen Aufgaben gestellt wie die evangelischen Reformationsfürsten. Nur daß das Richtbild für die kirchliche Erneuerung bei ihnen die *Trienter* Reform- und Glaubensdekrete vorzeichneten, während innerhalb der protestantischen Welt das einschlägige Schrifttum Calvins, Luthers, Melanchthons, Zwinglis, Bugenhagens und die aus ihrem Geiste geschaffenen Kirchenordnungen als Richtschnur für die Reorganisation der Kirche dienten. Außerdem gab es zwischen den Konfessionen noch einen wichtigen Unterschied im *Prinzip*. Wir erwähnen ihn, um ihn nicht zu übergehen, gehen im folgenden aber nicht näher auf ihn ein: *Prinzipiell* entschied die katholische Kirche über Lehre, Kult, geistliches Recht usw. *selbständig,* das heißt unabhängig von weltlichen Einflüssen; zugleich ergingen ihre Entscheidungen, da diese Kirche über eine Zentrale verfügte, einheitlich für verschiedene Länder und Staaten. Aus demselben Grunde ließ sie sich von übernationalen Gesichtspunkten leiten. Das hatte gegenüber dem Protestantismus hinsichtlich seiner Aufsplitterung, seiner Lehrstreitigkeiten und seiner territorialen und nationalen Bindungen manchen Vorzug. Freilich wurde das Prinzip in der Praxis dauernd verletzt. Es hatte aber auch einen wesentlichen *Nachteil,* jedenfalls vom Standpunkt der Regierungsführung aus: Denn wenn eine protestantische Obrigkeit eine kirchliche Entscheidung verfügte, redete ihr niemand ernstlich darein. Tat eine katholische Obrigkeit aber dasselbe, so durfte sie sich auf einen Zusammenstoß mit dem Papst, eventuell auch mit diesem oder jenem Bischof oder mit irgendeinem Ordensgeneral (mit internationalen Verbindungen) gefaßt machen, das heißt: sie durfte nicht nach Belieben schalten und walten, sondern mußte Rücksichten nehmen.

Nicht nur zur zwangsweisen konfessionellen Vereinheitlichung, sondern auch zur kirchlichen Reform ging die Initiative fast immer von der *weltlichen* Obrigkeit aus. In den Anfängen der Reformation hatten populäre Regungen noch eine Rolle gespielt. Sie ließen seit etwa 1550 zunehmend nach. Das Übergewicht der Landesherrschaft oder des Stadtmagistrats nahm von da ab in gleichem Maße zu und wurde seit dem Ende des Jahrhunderts nahezu drückend.

Die Vertreter der *kirchlichen* Gewalt entbehrten freilich auch nicht jeden Einflusses. Aber sie betrachteten ihn in der Regel nur auf dem Umweg über den Fürsten zur Geltung. Von *ihm* hing das meiste ab. Deshalb gelangten die Beichtväter und Hofprediger, sofern sie das Ohr des Fürsten besaßen, unter Umständen in eine hochbedeutende Position. Anderseits kam es nicht selten vor, daß die Inhaber der geistlichen Jurisdiktion (innerhalb der katholisch verbliebenen Landstriche) in kirchlichen Sachen sich außerordentlich lässig zeigten. An Stelle des Bischofs von Konstanz begannen in der Zentralschweiz die eidgenössischen Kantonalregierungen und in Süddeutschland die einheimischen Grafen mit der Reform des Katholizismus.

Die deutschen Landesfürsten und Stadtregierungen fühlten sich im allgemeinen dafür verantwortlich, daß die Religion, zu der sie sich bekannten, auch von ihren Untertanen praktiziert wurde, und hielten diese dazu an. Das geschah fast durchweg in der Form, daß sie das eine oder das andere Bekenntnis durch Mandat, Edikt oder Verordnung zur Landesnorm erhoben und gesetzlich vorschrieben. Wer sich der Bekenntnispflicht entzog, verging sich gegen ein Landesgesetz und hatte entsprechende Strafen zu gewärtigen. Die Durchführung ihrer kirchlichen Verordnungen kontrollierten die politischen Obrigkeiten durch periodische Visitationen, die bis in die abgelegenste Dorfkirche hinein nach dem Rechten schauten. Die Protokolle der Visitationskommissionen lieferten mit ihren Nachrichten über Fortschritte (und Rückschritte) die Unterlagen für die nächsten kirchenpolitischen Maßnahmen; oft enthielten sie auch ganz sachkundige Vorschläge und brachten konkrete Anregungen, wie den festgestellten Übelständen zu Leibe zu rücken sei. Die Fülle der Eventualitäten war unübersehbar; so läßt sich ein *typischer* Verlauf der Durchkonfessionalisierung eines Territoriums kaum ermitteln. Das Ergebnis hing von vielen Faktoren ab — von der Größe des Landes; vom zeitlichen Anfang einer konsequenten Konfessionspolitik; von den Formen des Zwanges; von Rücksichten auf Geld und starke Nachbarn. Auch war in Deutschland die konfessionelle Vereinheitlichung der Territorien keine reine Territorialangelegenheit, sondern zugleich bis zu einem bestimmten Grade auch eine *Reichs*angelegenheit. Bei manchen Entschließungen war der Landesherr nicht frei, sondern mußte an Reichstag, Reichsgesetze und Reichskammergericht denken. Die zahlreichen konfessionsrechtlichen Bestimmungen des Westfälischen Friedens zeigten, daß es eine beträchtliche Anzahl von Sonderfällen gab. Deutschland bot innerhalb seiner Territorien also ein durchaus nicht einheitliches Bild. Dennoch dominierte innerhalb der Verschiedenheiten die Tendenz zur konfessionellen Vereinheitlichung; die Anstrengungen der Hoheitsträger liefen vermehrt in diese *eine* Richtung.

Zu diesem Zweck arbeiteten die evangelischen wie die katholischen Obrigkeiten mit ihrer Polizei, ihrer Gesetzgebung und ihrem sonstigen Apparat der Kirche in die Hand und bedienten sich ihrer zugleich, nicht ohne Eigennutz. Weitgespannt war das Aufgabenfeld, welches sich ihnen da auftat. Es gehörten da so verschiedenartige Dinge dazu, wie den Pfarrern und Pfarreien zu ihren Kompetenzen zu verhelfen; bei Lehrstreitigkeiten die rechte Doktrin festzustellen; Mittel und Wege für die religiöse Unterweisung der Untertanen und, soweit notwendig, für deren Bekehrung ausfindig zu machen; und für ein gutes Schul- und Erziehungswesen Sorge zu tragen. Ferdinand I. drückte zum Beispiel durch, daß Petrus Canisius einen Katechismus verfaßte, und schrieb diesen, kaum daß er vollendet war, sogleich in seinen Landen, mit näheren Bestimmungen über die Art und Weise seines Gebrauchs, gesetzlich vor. Oder als Albrecht V. von Bayern die vormundschaftliche Regierung über Baden-Baden übernahm, schickte er mit seinem Statthalter sogleich einen Jesuitenmissionar mit ins Land, den der Gouverneur auf der ganzen Linie zu unterstützen hatte. Um die Grundlagen für einen guten Ausbildungsgang der Lehrer und Geistlichen zu schaffen, wurde das Schul- und Hochschulwesen allenthalben mit einem rührigen Interesse und mit generösen Aufwendungen bedacht. Es trat sogar der Fall ein, daß ein weltlicher Fürst, Markgraf Philipp II. von Baden-Baden — zur Beschämung seiner geistlichen Kollegen zu Speyer, Straßburg und Konstanz — ein Priesterseminar nach Tridentinischen Grundsätzen einrichtete.

Auf Initiative, Mitwirkung oder alleinigen Befehl der politischen Gewalt ging also in Dingen der konfessionellen Formung ganz Entscheidendes zurück: militärischer Schutz; politische

Rückendeckung; tatkräftige Hilfe und Weisung. Der Staat interessierte sich für den inneren und äußeren Aufbau, für den Gottesdienst, für Katechese und Seelsorgspraxis. Mit ihren Maßnahmen, so verschieden sie im einzelnen sein mochten, versuchten die Landesregierungen fast ausnahmslos Frömmigkeit, Sittlichkeit und Gehorsam einzupflanzen. Das gewünschte Ergebnis erzielten sie letztlich gar nicht einmal so selten, indem mit der Zeit eine gewisse Einheitlichkeit der Glaubensauffassung und Gleichförmigkeit der Religionsübung in der jeweiligen Territorialuntertanenschaft sich einbürgerten.

Äußere Stabilisierung und innere Reform liefen zwar meistens Hand in Hand, führten aber längst nicht immer gleichzeitig zum Ziele. Oft hinkte die innere Reform des Volkes der äußeren Stabilisierung eine Generation oder länger nach. Das hing unter anderem damit zusammen, daß das Volk erst dann seelsorglich zureichend betreut und religiös erzogen werden konnte, wenn ein entsprechender *Klerus* oder *Pfarrstand* vorhanden war. Gerade daran aber mangelte es. Er mußte überhaupt erst einmal herangebildet werden. Hierfür strengten sich die meisten evangelischen wie katholischen Landesobrigkeiten redlich an. Seit der Mitte des 16. Jahrhunderts wetteiferten Fürsten und Städte, gute *Schulen*, Gymnasien und Seminare einzurichten. Sie bemühten sich aber auch, den geistlichen Stand *wirtschaftlich* besser zu fundieren und *sozial* zu heben. Sie suchten mit Hilfe von Studienlehen, Stipendien, Freiplätzen an höheren Schulen und dergleichen den Nachwuchs zu fördern und Begabungen aus einfachen Volkskreisen den Weg zum Pfarramt zu öffnen. Mit zu diesem Zwecke, wenn auch nicht allein dafür, gründeten Städte und Landesherren seit der Reformation gegen zwanzig *Universitäten* und Akademien im deutschen Sprachgebiet, ungerechnet die katholischen Priesterseminare und Jesuitenkollegs, die ebenfalls den künftigen Geistlichen eine solide Bildung mitzugeben suchten.

Wohl leistete die Landeskirche, einerlei welchen Bekenntnisses, als instrumentum regni dem Landesherrn auch im weltlichen Bereich ganz bedeutende Dienste: Sie half ihm die innere Einheit des Territoriums zu festigen und mehrte allenthalben die obrigkeitliche Macht. Anderseits entschieden die Landesobrigkeiten nicht nur, welches Bekenntnis in ihrem Machtbereich zur Geltung kam, sondern leisteten kraft ihres jus reformandi und ihrer „Kirchenpolizey" den fundamentalen Beitrag zur Konstituierung des evangelischen und Reorganisation des katholischen Kirchenwesens. Mit welcher Apparatur und in welcher Form, darüber im folgenden noch ein paar Worte.

Mit der feineren Ausbildung des Territoriums als Staatswesen ging die Entwicklung einer Staatsbeamtenschaft Hand in Hand. Der *Beamtenapparat*, mit dem der Landesherr gewöhnlich den Adel aus seinen gewohnheitsrechtlichen politischen Posten allmählich herausdrängte, diente ihm auch als Instrument des Kirchenregiments und des kirchlichen Aufbaus. Bei dem herrschenden System des Staatskirchentums bot sich ihm der Beamtenstand geradezu als das normale und — für die landesherrlichen Zwecke — ideale Werkzeug an. Praktisch vermochte ein Fürst in den Dörfern, Städtchen und Amtsbezirken seines Landes weder die Reformation durchzuführen noch den Katholizismus zu reorganisieren, wenn er sich nicht auf die regionalen und lokalen Verwaltungsorgane verlassen konnte. Wie lässig oder akkurat, wie folgsam oder störrisch sie seine Anweisungen ausführten, so akkurat oder lässig wurde die alte Kirche reformiert (oder das Luthertum instituiert). Kräftige Obervögte, auf deren Sachkunde und Autorität im Amtsbezirk ein Landesherr vieler weltlicher Dinge wegen angewiesen war, nahmen sich unter Umständen heraus, ihre eigene, dem Fürsten entgegengesetzte, Konfessionspolitik zu betreiben (so ein Fürstenbergischer Verwalter des späteren 16. Jahrhunderts im Kinzigtal). Auch kam es vor, daß Beamte, die weitab von der Zentrale wirkten, sich erlaubten, die konfessionspolitischen Richtlinien ihrer vorgesetzten Behörde schärfer anzuwenden als es in der Absicht des Landesherrn lag. Nicht die Regierungsstellen zu Berlin, sondern die brandenburgischen Amtsträger in Kleve schikanierten die Katholiken am Niederrhein.

Die meisten Landesherrschaften hätten vermutlich aber ungeachtet ihres Beamtenstabes, dem in der Tat ein großer Teil der Konfessionalisierungsarbeit zufiel, niemals ihr Ziel einer katholischen, lutherischen oder calvinistischen Reform erreicht, wenn ihnen nicht Helfer und Mitarbeiter entgegengekommen wären, in denen der Geist der Kirchenreform (einerlei welcher Konfession) Gestalt gewonnen hätte. Leute des fürstlichen Vertrauens, Ratgeber, örtliche Protektoren, vor allem Geistliche aus allen Rangstufen stellten sich allenthalben neben sehr andersgearteten Zeit- und Standesgenossen in den Dienst der einen oder der anderen Konfession und verzehrten sich darin mit Hingabe. Existenzen solchen Schlages, die für ihr Bekenntnis bis zum Martyrium in die Schranken traten, fanden sich seit der Mitte des 16. Jahrhunderts vorzüglich im Calvinismus und auf katholischer Seite im Jesuitenorden. Aber freilich nicht nur dort. Kräfte dieser Art führten nicht nur landesherrliche Befehle aus, sondern sprachen von sich aus bei den entscheidenden Stellen vor und drängten unter Umständen widerstrebende oder uninteressierte Fürsten, sich der Aufbesserung der Kirche in ihrem Machtbereich tätig anzunehmen. Im Verein mit den allenthalben angewendeten Methoden des Glaubenszwangs und der Intoleranz führte das Zusammenwirken aller an der Reform interessierten Kräfte etwa bis zur Mitte des 17. Jahrhunderts — in einigen Ländern früher, in anderen später — zu einem Abschluß des Konfessionsbildungsprozesses.

2. Allgemeine Hindernisse des innerkirchlichen Aufbaus im Luthertum und Katholizismus

Luthertum, Calvinismus und Katholizismus reorganisierten die Kirche je auf ihre Weise. Wohl brachte die Verschiedenheit des Bekenntnisses recht unterschiedliche Kirchentümer hervor. Dennoch stellten sich allen Konfessionen auf weite Strecken hin nicht nur die gleichen positiven Aufgaben. Sie hatten es auch mit den gleichen Störungsfaktoren zu tun. Intern kämpften sie alle gegen Unordnung und Mißstände und gegen dogmatische Unklarheit in den elementarsten Dingen.

Aberglaube und Wundersucht beherrschten die Gemüter. Sie waren populäre Großmächte, und es gab kaum ein Kraut, das dagegen gewachsen war. Man glaubte durchweg an Zauberkünste — die Hexenverfolgungen bezeugten in schauerlicher Weise die Gewalt *dieses* Glaubens. An einigen Stellen hielten sich selbst Reste altheidnischen Götzendienstes und Götterglaubens. Quer durch alle Konfessionen zeigte sich das Volk religiös verwahrlost und sittlich undiszipliniert. Seine Unwissenheit in Glaubensdingen war unvorstellbar. Schließlich war nicht nur der katholische Klerus in der Mehrheit seiner Exemplare auf den Hund geraten. Der evangelische Pastorenstand auf dem Lande gab ihm lange Zeit kaum etwas nach.

Die Reformer aller Bekenntnisse fanden also ein weites Aufgabenfeld, das sie zur Betätigung einlud. Mit der Einführung des einen oder anderen Bekenntnisses war gewöhnlich noch nicht viel getan. Der eigentliche Aufbau begann erst danach. Bis aber die Bevölkerung — von den städtischen Oberschichten abgesehen — im Geiste eines Glaubensbekenntnisses erzogen und nach seinen Anforderungen durchgeformt war, vergingen oft einige Generationen. Der Kampf der Konfessionen untereinander förderte auch nicht gerade den inneren Aufbau. Politische Unruhen und kriegerische Unternehmungen traten zwischen 1555 und 1618 zu den oben berührten Komplikationen[1]) und störten das Aufbauwerk von außen. Danach zerstörte der Dreißigjährige Krieg manches, was eben im Begriff war, sich zu festigen.

Gelegentlich regten sich auch im Innern *Widerstände*. Es handelte sich dabei öfter um Opposition zugunsten eines anderen Bekenntnisses oder um konfessionell motivierte Unruhen. Aber doch nicht immer. Oft trugen landesherrliche Behörden und eingesessene Adelige, die keinerlei Konfessionsverschiedenheit trennte, ihren Zank um kirchenrechtliche Befugnisse auf dem Buckel der Bevölkerung aus, zum Nachteil der umstrittenen Pfarrkirchen mitsamt ihren Pastoren und Gemeinden. Der heimliche Krieg um Einkünfte und Rechte zwischen Fürsten und Junkern, zwischen Junkern und Bauern, zwischen Bauern und Pfarrern, zwischen Pfarrern und Junkern hinderte ganz massiv den Fortschritt der kirchlichen Reform. Wenn etwa die Junker die Bauern zwangen, ihnen am Sonntag Frondienste zu leisten

---
[1]) S. o., Abschnitt VI und VII.

und weder ihnen noch ihrem Gesinde gestatteten, den Gottesdienst zu besuchen; oder wenn adlige Patrone von ihnen abhängige und völlig unqualifizierte Leute zu Dorfpfarrern machten, mit der Auflage, ihnen einen Teil des Kirchenvermögens abzutreten, Stalldienst zu tun und sie als Knechte auf die Jagd zu begleiten, dann war das in den wenigsten Fällen der Gemeindeseelsorge förderlich. Oft klagten auch die Geistlichen darüber, daß sie beim Junker auf dem Schloß als Schreiber mißbraucht würden; noch öfter, daß sie nicht zum Studieren kämen, weil sie ihre Zeit hauptsächlich damit verbringen müßten, den Acker zu bestellen oder von widerspenstigen Bauern Abgaben einzutreiben.

Die Bauern zeigten sich überhaupt wenig gesonnen, dem Ortsgeistlichen die satzungsgemäßen Dienste zu tun. Die Abgaben liefen unpünktlich, schlecht oder gar nicht ein; noch schlimmer pflegte es um den Zustand der Baulichkeiten zu stehen, weil jeder sich darum drückte, die Baulast für Pfarrhaus, Kirche und Küsterei zu tragen. Die Visitationsakten berichten über Streitigkeiten zwischen den Geistlichen und ihren Gemeinden am laufenden Bande, etwa wegen baufälliger Pfarrhäuser, durch die es durchregnete und die niemand reparieren wollte, wegen ausgesucht schlechter Garben, die als Zehnten abgeliefert wurden usw. Auch nahmen sich die Bauern, manchmal auch die Beamten und Junker, gegen ihre Geistlichen viel heraus, besonders wenn diese von der Kanzel gegen sie gepoltert und gescholten hatten. Infolgedessen kam es immer wieder einmal zu Tätlichkeiten, auch mit Waffen, Äxten, Spießen, die in extremen Fällen mit Totschlag endeten. Allgemein war die Klage, daß die Leute den Pfarrer wenig respektierten. In manchen Gegenden wollte zeitweilig niemand Geistlicher werden wegen des geringen Ansehens dieses Berufes. Die populären Widerstände richteten sich aber auch beharrlich gegen den durch die Reformation eingeführten Katechismusunterricht, gegen den Schulunterricht und, unterschiedlich, gegen den Sakramentenempfang. Ebenso verbreitet waren die Klagen über schlechten Gottesdienstbesuch. Sie erhoben sich mehr auf protestantischer als auf katholischer Seite. Ja, einmal stellte sogar ein lutherischer Pastor in Thüringen die Papisten als Vorbild hin. Die Gründe im einzelnen lagen nicht immer nur im schlechten Willen: Der lange und beschwerliche Kirchweg (bei normalerweise katastrophalen Straßenverhältnissen); oder auch die böse Erfahrung, daß während der Kirchzeit Landsknechte oder diebisches Gesindel die menschenleeren Häuser ausplünderten, hielten manch einen vom sonntäglichen Kirchgang zurück. Im ganzen aber scheint nach der übereinstimmenden Aussage der Visitationsprotokolle in Nord-, Süd-, Mittel- und Ostdeutschland eine beträchtliche Menge gleichgültigen, rohen und undisziplinierten Volkes sich unter den einfachen und teilweise auch unter den gehobeneren Schichten der Gesellschaft befunden zu haben.

Noch weniger als die ungebildete Roheit machte der massive *Wunderglaube* vor den Schranken der oberen Stände halt. Kepler, der in einem Brief von 1598 von sich selber sagte: „Ich aber bin ein lutherischer Astrologe, der die Possen fahren läßt und den Kern behält", hielt, ebenso wie Tycho Brahe, dafür, daß, weil Gott nichts ohne Sinn und Ziel geschaffen habe, auch den Konstellationen ein zeichenhafter Sinn zukäme. Wie Kepler werden viele unterschieden haben zwischen Scharlatanen und Sachkundigen. Aber wenn es soweit kam, daß man nicht nur beim Säen, Pflanzen, Aderlassen, sondern selbst bei belanglosen Vorhaben wie Nägelschneiden nach der Konstellation der Gestirne fragte, dann geriet die Grenze zum *Aberglauben* hin ins Fließen. Dieser blühte und grassierte denn auch schier unvorstellbar. Aus volkstümlichen Holzschnitten und literarischen Zeugnissen wie Tagebüchern und Chroniken läßt sich entnehmen, daß man permanent Zeichen am Himmel sah und bereitwilligst daran glaubte, wenn andere sie gesehen haben wollten. Von einem Blutregen im Schwarzwald berichtete ein oberbadischer Pfarrer (Neustadt 1555) in seiner Reimchronik als von einer Tatsache; über einen Blutregen in Pommern predigte ein dortiger Generalsuperintendent Runge, also dem Stande nach zu schließen ein durch und durch gebildeter Mann. Ein Basler Ratsherr glaubte liebliche Musik, jemand anders unheimliche Töne in der Luft gehört zu haben. Man trug das Gerücht weiter, es habe sich der Ewige Jude in Sachsen gezeigt, einem Knaben sei ein goldener Zahn gewachsen (so ein schwäbischer Pfarrer) oder es sei am Himmel ein feuriger Drache erschienen.

Unter der Decke des Christentums hatte sich das ganze Mittelalter hindurch eine Unmenge abergläubischer Bräuche und ungeläuterter religiöser Vorstellungen erhalten. Wenn sie trotz scharfer Verbote mit Strafandrohungen seitens evangelischer und katholischer Obrigkeiten dennoch kräftig weiterblühten, so lag dies nicht zuletzt daran, daß die Ortsgeistlichen selber den Aberglauben des Volkes teilten. Ein fränkischer Pfarrer in der Markgrafschaft Ansbach, der grundsätzlich gegen abergläubisches Tun predigte (und einer alten Pfarrersfrau deswegen einmal Vorwürfe machte), entschloß sich, als seine Tochter von krankhaften Anfällen geplagt wurde und alle ärztliche Kunst nichts half, in diesem Fall selber ein anfechtbares Remedium zu gebrauchen. Er nahm eine „Wurz" — und siehe da, die Tochter genas. Im Landgebiet der Reichsstadt Ulm, einem Territorium mit notorisch schlechtem Kirchenbesuch, hatte nur *ein* Pfarrer eine gesteckt volle Kirche: der aber war ein Segenssprecher und Schatzgräber, der Zahnschmerzen nach Maßgabe des zunehmenden und abnehmenden Mondes zu heilen verstand und über Teufel und Teufelsbeschwörungen Bescheid wußte. Ja, im Landgebiet von Erfurt *beschwerte* sich eine Frau über ihren Pastor, weil dessen Bemühungen, ihren Mann auf dem Krankenbett mit Räuchern, „Segen"-Bestreichen und Besprechen zu heilen, nichts gefruchtet hätten — wodurch die ganze Sache dann herauskam. Wo die Decke des Christentums besonders dünn über dem alten Heidentum lag, wie in Ostpreußen und in Kurland, vegetierte die vorchristliche Religiosität darunter besonders üppig. Formen heidnischen Götterdienstes waren in Teilen Ostpreußens im späten 16. Jahrhundert noch gang und gäbe. Bauern und Fischer hatten im Samland die Gewohnheit, grassierende Krankheiten durch das Opfer eines schwarzen Bockes zu bannen, den sie durch einen Geistlichen ihrer Göttin Diedeweyte darbrachten. Die Landesordnung von 1525 verbot dieses sogenannte Bocksheiligen, an dem sich auch die Pfarrer beteiligten; aber noch 1571 mußte die Regierung mit Strafen dagegen einschreiten. In Kurland und Preußen brachte die Landbevölkerung den Verstorbenen Fleisch- und Speiseopfer, zum Teil zu bestimmten liturgischen Zeiten (zwischen Michaelis und Allerheiligen). In Preußen glaubte man den Ausgang der künftigen Ernte von der gewissenhaften Darbringung der sogenannten Seelenspeisungen für die Toten abhängig. Votivgaben von Tierfiguren, Wachsbildern, Kerzen, Hühnern entrichtete man nicht nur in Preußen, sondern auch in der Oberpfalz und in Niederbayern.

Durchweg wollte sich das Volk sein religiöses Brauchtum aus katholischer und vorkatholischer Zeit nicht wegnehmen lassen. Weltliche und geistliche Obrigkeiten führten zwar einen strammen Kampf dagegen, drangen gewöhnlich aber nicht weit. Gustav von Bergmann (1878—1955) berichtet in seiner Selbstbiographie[1]), daß die lettischen Bauern im Kirchspiel seines Großvaters, eines baltischen Pfarrers, ihre heidnischen Bräuche noch zu Beginn des 19. Jahrhunderts nicht aufgegeben hatten: Sie kannten durch Zerstörung geheiligte Plätze — etwa an der Stelle eines niedergebrannten Hauses —, die sie durch Zäune abschirmten und zu Opferstätten machten, und brachten an ihnen der „Erdmutter" Butter, Hühner und Milch dar.

Landesherrliche Verordnungen verboten landauf, landab die *Zauberei*. Die Obrigkeiten fahndeten nach ihr, vom Reformationsbeginn gerechnet, über 150 Jahre lang und wurden ihrer dennoch nicht Herr. In der populären Vorstellung konnte ein Zauber günstig oder ungünstig (je nachdem) das Wachstum und Gedeihen von Menschen und Tieren, Frucht und Aussaat beeinflussen. Die volkstümliche Phantasie erweckte Vorstellungen von unendlich vielen Spezialzaubern; auch von Gegenzaubern. Von Krankheiten und Gebrechen und Epidemien glaubte man, sie seien durch Zauber herbeigeführt worden. Auch ein so logischer Kopf wie Calvin war von diesem Wahn nicht frei.

Als Zaubermittel verwendete man außer den abstrusesten Dingen wie Katzenmilch, verdorrten Kröten, Totenknochen und Blut von Hingerichteten mit Vorliebe auch sakrale Gegenstände: Abendmahlshostien und Taufwasser. Verschiedene Kirchenord-

---

[1]) G. v. *Bergmann*, „Rückschau auf mein Leben". München 1954; Kindler-Taschenbücher 28, 1963, 20.

nungen, so diejenigen von Lübeck (1531), Braunschweig-Grubenhagen (1581), Kursachsen (1580) verboten, zum Teil bei Strafe des Amtsverlusts, den Küstern, den Leuten nach vollzogener Taufe das Taufwasser zu überlassen oder zu verkaufen (!), weil sie erwiesenermaßen damit zauberten oder anderweiten „Aberglauben" trieben. In Braunschweig brauchte man es zur Heilung des Viehs, in der Oberpfalz desgleichen; dort aber auch für Obst und Feldfrüchte gegen Schädlinge und zur Entdeckung geschwängerter Mädchen (auf daß die Huren Kinder bekämen und so ihre Sünde offenbar würde). Nach dem Befund der Visitationsprotokolle war kaum eine Gegend von Segenssprechern, Kräuterweiblein und „zaubrischen Personen" frei. Ja, es konnte vorkommen, daß, wie in Ulm, ein von der Obrigkeit bestallter Aufseher der Lässigkeit bezichtigt wurde, weil er in seinen Berichten von keinerlei Segenssprecherinnen zu melden wußte. Wie tief das allgemeine Bewußtsein von der Wirksamkeit angewendeter Zauberei erfüllt war, mag man daran ablesen, daß davon selbst in amtlichen Schriftstücken die Rede war: Ein Gericht beurkundete, daß gegen einen Herzog von Holstein Fernzauber geübt worden sei.

An Verboten gegen Zauberei und Aberglauben mangelte es nicht. Dennoch konnte man dem Ausweichen der Gläubigkeit ins Abartige und dem Festhalten an tief eingewurzelten, wiewohl bedenklichen Gewohnheiten kaum beikommen. Viele Vorstellungen aus der christlichen Glaubenswelt hatten sich mit dem alten Herkommen und mit den Gebilden einer wuchernden religiösen Phantasie verbunden; man hielt daher manches für einwandfrei christlich, was vielleicht gar nicht so einwandfrei war. Die bis zur Massivität kräftige, aber auch beschränkte Gläubigkeit orientierte sich gewiß an den Aussagen der Bibel und den Lehren der einzelnen Kirchen, war aber aufs Wunderbare und Seltsame versessen und begnügte sich keineswegs mit der Heiligen Schrift. Sie nährte sich inbrünstig aus dem Reich des Wunderbaren und machte keinen klaren Unterschied zwischen Glauben und Magie. Die natürlichen Ursachen von vielen Dingen und Vorfällen waren der Menschheit des 16. und 17. Jahrhunderts unbekannt. Sie erklärte sie sich auf ihre Weise.

Die Welt war für sie von Teufeln und Dämonen, von guten und von bösen Geistern erfüllt. Erst seit die naturwissenschaftliche Erkenntnis weiter fortgeschritten war, hob die Aufklärung nach und nach das magische Weltbild auf. Im 16. und 17. Jahrhundert eignete selbst gebildeten Persönlichkeiten katholischen wie reformatorischen Bekenntnisses die Naivität religiösen Kurzschließens, welches aus irgendwelchen natürlichen Vorkommnissen, einem Bergrutsch, einer Feuersbrunst, einer militärischen Niederlage, glaubte unfehlbar ein Urteil Gottes ableiten zu dürfen. Und nicht das allein. Auch welche speziellen Warnungen, Drohungen oder Strafen Gott mit dem einen oder anderen Ereignis habe aussprechen wollen, glaubten namentlich die Geistlichen jenes voraufgeklärten Zeitalters mit der Sicherheit eines alttestamentlichen Propheten zu wissen. Auch bewahrte sie nicht die geringste Scheu davor, sich darüber in Wort und Schrift (etwa in ihren Predigten) auszulassen. So belehrte nach dem Tode Herzog Barnims X. der Präpositus von Gartz an der Oder seine Gemeinde darüber, daß Gott die Fürsten sterben und Feuersbrünste im Lande aufflammen ließe, um die Völlerei des Volkes zu bestrafen und seinen Unwillen darüber auszudrücken, daß sich der Schultheiß im Dorf über den Pastor erhebe. Bei Katholiken und Protestanten war in gleicher Weise Frömmigkeit mit Aberglaube und Massivität durchsetzt. Hier schlug das Mittelalter durch, insofern es eine Verhaltensweise überlieferte, die als ungutes Erbteil aus gemeinsamer Vergangenheit die Religiosität aller Bekenntnisse durchsäuerte.

Die Kirchenordnungen und Visitationsinstruktionen verlangten immer wieder, außer den Kindern auch die Erwachsenen und das Gesinde im *Katechismus* zu unterweisen und sie von Zeit zu Zeit zu prüfen. Auch die Dorfgeistlichen wurden examiniert und gewöhnlich angehalten, sich auf irgendeine Weise weiterzubilden. Studium, Prüfung, Weiterbildung galten den allereinfachsten Dingen und dürfen nicht nach unsrer heutigen Sprechweise verstanden werden. Denn auf dem Lande, in den Dörfern, auf den Gütern und in den kleinen Städten war es mit dem elementaren Wissen bis einige Generationen nach dem Beginn der Reformation oft noch übel bestellt. Nur weil die *Un-*

wissenheit so groß war, konnten Aberglaube und Wundersucht so unglaublich wuchern. Die Ignoranz erklärte sich wenigstens zu einem Teil aus mancherlei äußeren Ursachen. Darunter war zu rechnen: Die allgemeine Unsicherheit wegen Kriegszügen und sonstigen Notständen; in bestimmten Gegenden konfessionelle Schwankungen; untaugliche Küster (Mesner), denen man den Unterricht aufband. Das Gesinde empfand den Katechismusunterricht am Sonntag Nachmittag als eine lästige Sache und ging von sich aus nicht hin. Die Bauern aber wollten ihr Dienstpersonal auch nicht in die Kirche treiben; denn sonst kündigten ihnen unter Umständen die Knechte und liefen weg zu einem anderen Brotherrn, der sie nicht mit dem Katechismus plagte. Aber auch die erwachsenen bäuerlichen Herrschaften versäumten gelegentlich, manche auch häufiger, den sonntäglichen Gottesdienst aus äußerem Anlaß ohne eigenes Verschulden: schlechtes Wetter bei langem Anmarsch, etwa aus einem Filialort; Erntezeit mit vermehrtem Arbeitsanfall; oder die Inanspruchnahme für Dienste bei einem Junker, dem man pflichtig war. Die Kinder aber schickten die meisten Eltern im besten Fall *unregelmäßig* zur *Schule;* außerdem, wenn überhaupt, dann nur im Winter, wo die Feldarbeit ausfiel. Da aber waren die Wegverhältnisse wieder ungünstig, sei es wegen der Entfernung oder wegen der Witterung.

Jedoch, nicht auf derlei Abhaltungen allein ging die Allgemeinerscheinung religiöser Unwissenheit zurück. Ihre Hauptursache lag in der Unlust des Volkes, in die Predigt und in die Katechese zu gehen, und in der Unfähigkeit der Geistlichen, zu predigen und zu katechisieren, das heißt in der mangelhaften Ausbildung des geistlichen Standes. So jedenfalls bis zum Ende des 16. Jahrhunderts.

Das religiöse Wissen, welches man gemeinhin vom Volke verlangte, beschränkte sich auf das *Vaterunser,* das *Glaubensbekenntnis* und die *Zehn Gebote.* In katholischen Gegenden wurde noch das *Ave Maria* verlangt, welches die Leute, nota bene auch die Lutheraner, aber gewöhnlich kannten, in evangelischen ein paar Stücke aus Luthers Kleinem Katechismus und ein paar *Kirchenlieder.* Dieses Minimum, so gering es war, wurde stellenweise noch unterboten. Und zwar an vielen Stellen. In Kurland und Ostpreußen war die baltisch-preußische Urbevölkerung der deutschen Sprache so wenig mächtig, daß während des Gottesdienstes in einzelnen Kirchen ein Dolmetscher die Predigt übersetzen mußte. Es gab dort keine Schulen, die Leute waren infolgedessen Analphabeten. Die Grundvorstellungen des Christentums lagen ihnen so fern, daß ihnen in Kurland zum Beispiel vor der Beichte erst beigebracht werden mußte, was Sünde sei. Hier blieben die Kinder oft jahrelang ungetauft; gelegentlich, weil dem Orte ein Pfarrer fehlte; öfter, weil die Eltern gleichgültig oder vollkommen unwissend waren. Aber auch im altdeutschen Siedlungsgebiet herrschten merkwürdig grobe Vorstellungen vom Taufsakrament. Für das Merseburger Stiftsgebiet erging 1544/45 das Verbot, mit Milch oder Malvasier zu taufen. Fünfunddreißig Jahre später ermahnte die große sächsische Kirchenordnung Kurfürst Augusts (1580) die Hebammen, im Falle einer Nottaufe nicht zu der nächstbesten Flüssigkeit zu greifen, sondern „mit anders nicht denn mit wasser taufen, und nicht, wie etwan in solcher not geschehen ... wein, essig, milch darzu gebrauchen". Das Wissen befand sich im gleichen mitteldeutschen Gebiet um die Mitte des 16. Jahrhunderts überhaupt auf einem Tiefstand. Im Merseburger Stiftsland kannte von hundert Befragten höchstens einer das Vaterunser, die Zehn Gebote und das Credo; dasselbe Bild bot sich im Territorium des Erzstiftes Magdeburg. Die 1562—1564 dort veranstaltete Visitation stellte eine ganz außerordentliche Unwissenheit der Bevölkerung fest; in einem Dorf mit 52 Familien konnten nicht mehr als drei Leute das Vaterunser hersagen, weitere Kenntnisse entfielen. Die Zehn Gebote waren fast durchweg unbekannt; über Taufe und Abendmahl herrschte vollkommene Ahnungslosigkeit; über das Dorf Altenhausen notierten die Visitatoren: „Die Bauern aber haben sich mit Beten also erzeigt, daß man denken mochte, die Christenheit hätte zu Altenhausen ein Ende." In den zum sächsischen Kurkreis gehörenden Landbezirken um Wittenberg, Bitterfeld und Torgau blieb der Bildungsstand bis ins spätere 17. Jahrhundert gleichmäßig gering (in der *Stadt* Wittenberg selber war er da-

Hindernisse des innerkirchlichen Aufbaus

gegen recht gut); ab 1600 schien es hier sogar eher etwas bergab zu gehen. Im Landgebiet von Ulm sah es genauso aus; zwischen 1602 und 1615 vermochte dort die Mehrzahl der Leute ebenfalls das Vaterunser nicht richtig aufzusagen. Möglicherweise gingen manche Fragen auch über den Horizont der Leute. Über Christus und die Trinität, auch über die Auferstehung der Toten wußten sie meistens nichts Rechtes zu sagen. Wenn auf die Frage nach dem Willen Gottes die Antwort kam: „daß die Sonne scheint!" zeigte sich darin symptomatisch das Niveau des Verständnisses. Man begegnete ihm auch anderwärts. Im Protokoll der Katechismusprüfungen im Herzogtum Gotha von 1641/42 zeichneten die Visitatoren unter anderem auf, daß sie auf die Frage: Was verheißt Gott denen, die ihn lieben? zur Antwort bekamen: „Zeitlichen Tod und ewige Verdammnis." Oder auf die Frage: Was sollen wir tun, wenn wir gegen Gott gesündigt haben? „Wir sollen ihm herzlich dafür danken!"

Bei einem solchen Bildungsgrad war eine bewußte Zugehörigkeit zum Luthertum oder zur katholischen Kirche im Sinne ihres jeweiligen Bekenntnisses schlechthin nicht zu erwarten. Hier lag denn auch eine gewisse Rechtfertigung des Konfessionszwangs. Möglicherweise trug auch die Polemik und Kontroverse an dem geringen Niveau der positiven Kenntnisse mit die Schuld. Denn die Gegensätze des einen Bekenntnisses zu den anderen wurden auch auf die Kanzeln gezerrt und dort mit äußerster Schärfe und Grobheit behandelt. Vielleicht hatte Karl Eder etwas Richtiges gesehen, wenn er, etwas überspitzt, sagte, die Kontroverse sei den Leuten geläufiger gewesen als der Katechismus.

Was von dem *Bildungsstand* der einfachen Bevölkerung galt, das galt auch, mutatis mutandis, von der Praxis des kirchlichen Lebens, von der *Religiosität* und vom *Lebenswandel*. Den Polizeiordnungen und Sittenmandaten läßt sich entnehmen, daß es in evangelischen wie katholischen Territorien mit der volkstümlichen Sittlichkeit nicht zum besten stand und die kirchliche Disziplin im argen lag. Die obrigkeitlichen Mandate waren Legion, die sich über Entheiligung des Sonntags und deren kompakte Erscheinungsformen aufhielten; unter welchen man am häufigsten dem Prassen und der Trunkenheit im allgemeinen, speziell aber Tumulten und Gelagen während der Kirchzeit; Zechereien auf dem Friedhof, ja gelegentlich selbst während des Gottesdienstes im Kirchenraum begegnet. Die große Menge gab sich, wie sie war: kräftig, roh, ungeformt; maßlos im Essen und Trinken, der Völlerei ebenso ergeben wie einer vitalen Sexualität. Und sie hatte, jedenfalls bis gegen das Ende des 16. Jahrhunderts, einen Pfarrerstand, der ihrer würdig war. Im Gegensatz zu dem städtischen Bürgertum und namentlich seinen gebildeten und gelehrten Schichten stand der landbesitzende Adel (vor allem in Mittel-, Nord- und Ostdeutschland) der bäuerlichen Bevölkerung in seinen Kulturbedürfnissen und in seinem Lebenswandel nicht fern. Der von Schweinichen in seinen Memoiren und Reiseberichten gezeichnete Typ des durchschnittlichen Junkers und Hofmanns trug zwar feinere Kleider und gab sehr viel mehr Geld aus, ließ sich im übrigen aber mit einer vitalen Hemmungslosigkeit gehen, die ihn nicht grundsätzlich vom bäuerlichen Volk unterschied, das er auch mit seiner Kenntnis in religiösen Dingen nicht immer überragte.

Unter dem Gesichtspunkt der kirchlichen Reform gab es jenseits aller konfessionellen Differenzen also ganz elementare Dinge aufzubessern. Es galt die primitivste Bildung anzustreben und das Volk sowohl sittlich als auch religiös zu disziplinieren. *Alle* Konfessionen gingen je auf ihre Weise an dieses Werk. Aus in der Sache liegenden Gründen bildete die Schlüsselfigur der Reform der *Geistliche*. Der Protestantismus hatte seit der Reformation seine gelehrten Prädikanten, Stadtpfarrer und Hofprediger. Er *mußte* sich um den Land- und Kleinstadtpastor kümmern. Denn wenn er ihn nicht auf einen guten Stand brachte, war mit der Seelsorge und mit der Predigt kein Staat zu machen. Der Katholizismus aber hatte sich auch der *höheren* Geistlichen anzunehmen und mußte sie, soweit noch nicht geschehen, für die Reform zu gewinnen trachten. Sein Reservoir an gelehrten und fähigen Männern wie den evangelischen städtischen Geistlichen war nur gering. Dafür kamen ihm aber, für vergleichbare Aufgaben, seit Mitte des 16. Jahrhunderts die Mönche aus den neuen oder reformierten Orden zu Hilfe, namentlich die Patres der Gesellschaft Jesu.

VIII. RICHTLINIEN UND WEGE KONFESSIONELLER STABILISIERUNG — KIRCHLICHER AUFBAU IM LUTHERTUM UND KATHOLIZISMUS

Alle Konfessionskirchen sahen es als ihre Aufgabe an, den Lehrgehalt ihres Bekenntnisses ihren Gläubigen einzuprägen und dieselben sittlich und religiös zu disziplinieren. Es verstand sich von selbst, daß es dazu einer durchorganisierten Kirchenverwaltung und einer kirchlichen Leitung bedurfte.

So traten als Wesenszüge des innerkirchlichen Aufbaus die *Lehrbefestigung* und die *religiös-sittliche Reform* der Gläubigen dominierend in Erscheinung. Die Gewichte waren hier bei Katholiken und Protestanten verschieden verteilt. Die *Fixierung der Glaubenswahrheit* wurde den Protestanten zu einem Problem, mit dem sie sich weidlich herumzuschlagen hatten wegen der mehrfachen Auseinanderentwicklung der evangelischen Richtungen in Sekten, Calvinismus und Luthertum; und wegen der Verzweigung des Luthertums in Melanchthonianer und Flacianer, später in Anhänger der Konkordienformel und solche Kirchen, die sich ihr fernhielten. Die Protestanten hatten sich dogmatisch also nicht nur gegen die Katholiken abzuschirmen, sondern innerhalb der evangelischen Welt gegen abweichende evangelische Konfessionen und Richtungen. Dies blieb den Katholiken innerhalb der katholischen Welt erspart. Für sie hatte das Trienter Konzil die Glaubenswahrheit formuliert und das Dogma den Diskussionen landeskirchlicher Hof- und Universitätstheologen entzogen.

Hatten die *Katholiken* in diesem Punkte den Protestanten etwas voraus, so waren sie ihnen gegenüber in der Praxis der Reform im Nachteil, soweit es sich darum handelte, die Glaubenslehre dem Volke einzuprägen; hatte die Bevölkerung doch seit der Reformation auch in katholischen Landesherrschaften jahrzehntelang evangelische Denkweisen und Gewohnheiten bis zu einem gewissen Grade angenommen; und sich mit ihnen vertraut gemacht. Schließlich stellte aber auch die religiöse und sittliche Reform in der Praxis des Alltags die Katholiken vor schwerere Probleme als die Protestanten. Die Klerusreform verlangte den Zölibat, der reichlich unbeliebt gewesen zu sein scheint und gewohnheitsrechtlich seit Generationen nicht mehr streng eingehalten wurde. Mit der Klosterreform stand es der Gelübde wegen ähnlich. Und die höhere Geistlichkeit, über die man im Protestantismus vielleicht noch am wenigsten zu klagen hatte, stellte die katholische Reform vor eine ebenso schwierige wie wichtige Aufgabe. Die höhere Prälatur rekrutierte sich aus Adel und Fürstentum und interessierte sich mehr für ihre — höchst materiellen — Standesinteressen als für die Kirche. Sie hielt eine starke Position. Man war für diese Reform auf sie angewiesen und mußte sie deshalb dafür zu gewinnen suchen. Ebendas aber war oft nicht leicht.

1. Innere Reorganisation der lutherischen Kirche

Nach der praktischen Seite hin bestand der innerkirchliche Aufbau im Luthertum im wesentlichen darin, die oben beschriebenen Schäden und Mißstände zu beseitigen und das Volk positiv zu erziehen: in Glaube, Bildung und Lebensführung.

Gegen die Mißstände, Auswüchse und sonstigen Unrichtigkeiten gingen die Behörden vor mit Verboten und Strafandrohungen. Beides hielt man wohl für ein Allheilmittel, wie die permanente Anwendung zeigte; es nützte jedoch wenig. Denn der Strafvollzug entsprach nur unvollkommen den Übertretungen und Drohungen. Die gleichen Klagen verstummten nicht; die gleichen Drohungen wurden immer wieder neu ausgesprochen. Nur in Sachen der *Lehre* gingen die Behörden scharf vor. Je nach der herrschenden Meinung mußten Flacianer oder Philippisten, Lutheraner oder Calvinisten das Land verlassen, wenn sie sich nicht bekehren wollten. In kritischen Zeiten nahmen sich die Konsistorien die Pastoren und Studenten vor und inquirierten sie; ungarische Theologiestudenten, die die Formula Concordiae nicht unterschreiben wollten, wurden 1594 aus

Wittenberg ausgewiesen. Professoren und Studenten mußten sich vor einer Sonderkommission ebenda über die Sauberkeit ihrer Lehrmeinung auf den Zahn fühlen lassen. Nach der ersten kryptocalvinistischen Welle in Kursachsen (1574), desgleichen nach der zweiten (1594) verlor eine größere Anzahl von Geistlichen und Universitätslehrern ihr Amt. Ein Notar in Bitterfeld wurde wegen calvinistischer Anschauungen aus dem Lande gewiesen. Den städtischen Kaplänen wurde eingeschärft, daß sie von der Kanzel aus den Calvinismus kräftig zu „strafen" hätten; außerdem mußten sie ihre Predigttexte zu vorhergehender Einsichtnahme der Zensurbehörde einreichen. Die Regierung von Baden-Durlach verlangte von allen Geistlichen des Landes, daß sie die Konkordienformel unterzeichneten; einige Pfarrer, die nur mit dem Vorbehalt unterschreiben wollten, daß sie die andersgesinnten Pfarrer und Kirchen nicht verdammten, sondern dem Urteil Gottes überließen, wurden daraufhin ihres Amtes enthoben und aus dem Lande gejagt. Als der Hofprediger des Markgrafen Georg Friedrich von Ansbach, Georg Besserer, des Calvinismus überführt wurde, erbat sich der Markgraf über Herzog Ludwig von Württemberg ein Gutachten der lutherischen Universität Tübingen; die um Auskunft ersuchten Theologen und Juristen antworteten gesondert. Die Theologen teilten mit, sie hielten lebenslängliche Festungshaft, getrennt von Weib und Kind, für angemessen — weil die Todesstrafe verboten, Arrest und Verbannung für einen Ketzer aber eine zu milde Strafe sei. Auch die Juristen hielten das gesetzliche Strafmaß für Häresie — Verbannung und Enteignung — angesichts der persönlichen Kapazität Besserers für zu gering und schlugen vor: schwere Haft mit periodischen Bekehrungsversuchen; und fügten hinzu: falls er sich nicht bekehre, müsse man ihn wie einen Irren oder Unzurechnungsfähigen behandeln und lebenslänglich einsperren. Es lebte in dem evangelischen Kirchentum mit staatlicher Spitze an katholischem Erbe ungebrochen fort die Idee von der absoluten Wahrheit und Verbindlichkeit des Glaubens. Ihr entsprechend unterschied man zwischen Rechtgläubigkeit und Ketzerei und bekämpfte die Ketzer. Denkweise und Methoden des gegenreformatorischen Katholizismus waren auch dem frühneuzeitlichen Protestantismus nicht fremd. Um der Einheit und Reinheit der Konfessionskirche willen wurden sie geradehin zu einem Element des inneren kirchlichen Aufbaus. Denn auch evangelische Landesherrschaften verzichteten nicht darauf, einen Index der verbotenen Bücher aufzustellen, eine Zensur einzurichten und die Buchhandlungen durch Inspekteure beaufsichtigen zu lassen. Diese Methoden wendeten die lutherischen Landeskirchen konkret mehr als gegen die katholische Kirche gegen den Calvinismus an, weil hier der Gegensatz nicht so offen zutage lag und der Calvinismus sich bisweilen unter der Decke des Luthertums angesiedelt hatte.

Einen Abfall zur Ketzerei brauchten die Landesregierungen bei den Pfarrern auf den Dörfern und in den kleinen Städten meistens weniger zu befürchten. Das Konsistorium und die Superintendenten hielten sie nicht nur unter Kontrolle, sondern mühten sich auch, ihnen aus den Nöten eines manchmal recht geplagten Dorfpastorenlebens etwas herauszuhelfen. Gegen die Belästigungen durch Junker und Bauern leistete ihnen, oft auf Anregung der höheren geistlichen Stellen, die politische Gewalt durch ihre Schlösser, Vögte und Amtsleute Schutz und Hilfe. Die Tendenz ging offensichtlich dahin, die Einkünfte der Geistlichen sicherzustellen und sie von der für ihre Amtsführung unvorteilhaften Notwendigkeit, selber zu ackern, zu befreien. Im Zusammenhang damit griff man zaghaft das Problem der Witwenversorgung und der Ausbildungsfinanzierung für die Kinder der Geistlichen auf. Es brauchte etwa zwei bis vier Generationen, bis diese Bemühungen Früchte trugen. Sie wuchsen nur langsam heran und nicht überall gleichmäßig und zufriedenstellend. Immerhin wandelte sich allmählich die soziale Provenienz der Geistlichen. Waren es bis etwa 1570—1580 häufig Unstudierte, Küster, Handwerker, Lehrer, untermischt mit dubiosen Gesellen, Tagedieben und „ungelehrten Eseln", die nichts gelernt hatten, wie es eine brandenburgische Kirchenordnung formulierte, so schien sich seit dem Ende des 16. Jahrhunderts, örtlich verschieden, allmählich ein leiser Bildungsanstieg zu vollziehen. In der Grafschaft Oldenburg tauchten um die Wende zum 17. Jahrhundert unter den Pfarramtskandidaten die Pastorensöhne bereits in einer Stärke von 50 Prozent auf. Dreißig bis vierzig Jahre nach der Reformation zeigten im sogenannten Markgräflerland am Oberrhein[1]) die — materiell ganz gut versorgten — oberbadischen Geistlichen im Durchschnitt einen guten Bildungsstand. Allerdings waren viele von ihnen von auswärts eingeströmt und hatten etwa Thüringen oder Sachsen wegen innerlutherischer Lehrstreitigkeiten verlassen müssen, brachten also einen gewissen Schulsack an theologischer Unterscheidungsgabe mit. Umgekehrt machten 1600, sechzig Jahre nach der Reformation[2]), die Dorfpastoren im Nordwesten der Mark Brandenburg einen recht kümmerlichen Eindruck. Bei ihrer grenzenlosen Ignoranz in Dingen der Lehre glaubten die zuständigen Visitatoren nur mit Rücksicht auf ihre kinderreichen Familien von einer Amtsenthebung absehen zu sollen.

Außer um die materielle Aufbesserung, die proportional auch den Küstern, Lehrern und Organisten zugutekam, kümmerten sich die Behörden auch um die Weiterbildung der im Amt befindlichen Geistlichen. Ob die stereotypen Mahnungen, der Pfarrer solle fein studieren und nicht im Wirtshaus sitzen, viel fruchteten, war freilich zweifelhaft. Aber es blieb nicht überall bei diesen allgemeinen Empfehlungen. An einzelnen Orten bildete sich die Einrichtung des Pastorenkonvents, teils in genossenschaftlicher, teils in hierarchischer Form. Auch verpflichteten manche Ordnungen und Visitationsabschiede die Geistlichen höheren Ranges (Inspektoren, Superintendenten), die Pastoren ihres Bezirks periodisch um sich zu versammeln und sie bei diesem Anlaß theologisch etwas zu unterweisen und abzuhören. Im übrigen drangen die Behörden darauf, daß eine bescheidene Pfarrbibliothek mit einem Kernbestand an Büchern, etwa mit Luthers Bekenntnisschriften und der Bibel, Augustin, Melanchthon, ein paar Kirchenvätern und Postillen, langsam aufgebaut würde. Vereinzelte Bestimmungen sahen auch darauf, daß sich der Geistliche im Pfarrhaus ein ruhiges Zimmer als Studierstube einrichtete. Seit 1600 hatte wohl die überwiegende Zahl der lutherischen Pastoren an der Universität studiert. Sehr oft nahm

---
[1]) Sie begann dort 1556.
[2]) Sie begann dort 1540.

der künftige Pastor den Weg ins Pfarramt über die Schule. Gewöhnlich gehörte in den Pflichtenkreis des Ortspfarrers auch die Schulaufsicht. Er hatte bei der Bestallung der Küster und Lehrer mitzuwirken und mußte im Jahr ein- oder zweimal die Schüler examinieren. Desgleichen gelangte meistens auch der Religionsunterricht oder ein Teil desselben in seine Hand. Alles in allem setzte die pädagogische Tätigkeit ein Mindestmaß an Bildung voraus und veranlaßte den durchschnittlichen Geistlichen wenigstens, sein Wissen immer wieder einmal zu rekapitulieren.

Die *Tendenz* der Entwicklung schritt im 17. Jahrhundert auf den gelehrten oder doch wenigstens gebildeten Pfarrer hin. Die Entwicklung selber verlief allerdings weder geradlinig noch ungestört. Auch verlief sie längst nicht überall gleichmäßig. Der Große Krieg brachte die allgemeinen Verhältnisse, die sittlichen Begriffe und auch streckenweise die Konfessionen gehörig durcheinander. Dazu kam, unabhängig vom Kriege, die Unterschiedlichkeit der Sozialordnung im Osten und Westen und die Andersartigkeit des kulturellen Habitus in den einzelnen deutschen Großlandschaften. Auch gab es, zum Beispiel in Mitteldeutschland, noch um 1670—1680 geistliche Herren, die sich wegen Armut nach einem Nebenverdienst umsehen mußten, die genötigt waren, den Acker zu bestellen, und die weder in der Bibel Bescheid wußten, noch in der Lage waren, eine Predigt zu konzipieren. So wie hundert Jahre zuvor, inmitten von streitsüchtigen, versoffenen und ungebildeten Landgeistlichen, denen die Obrigkeit unter Strafe *befahl,* ihre Predigten aus der Postille vorzu*lesen,* um sicher zu gehen, daß sie keinen Unsinn auf die Kanzel brächten, immer wieder die Ausnahmeerscheinung von kenntnisreichen, erzieherisch begabten Landseelsorgern auftauchte, die ihre Gemeinden dahinbrachten, daß sie vor der Visitation nicht nur bestehen konnten, sondern noch Lob ernteten.

Der Geistliche war die Schlüsselfigur der inneren kirchlichen Reform. Sollte die Reform aber einschlagen und die Kirche umwandeln, so durfte sie nicht beim Geistlichen haltmachen, sondern mußte weiterdringen. Was die Reform zuwege brachte, ließ sich in vollerem Maße erst am Zustand des *Kirchenvolks* in den städtischen und ländlichen Pfarrgemeinden ablesen. Die politische Ordnung des zum Absolutismus hindrängenden Landesfürstentums; die Gesellschaftsverfassung, die sich seit 1550 immer mehr auf den Adel als den ersten Stand hin orientierte, und eine dementsprechende Geistesverfassung boten keine günstige Voraussetzung dafür, daß das Volk der bäuerlichen und bürgerlichen Kirchengemeinden zum Subjekt des kirchlichen Aufbaus wurde. Es kam zwar immer wieder vor, daß an einzelnen Stellen ländliche oder städtische Bevölkerungskreise sich in Sachen des Glaubens und des Gottesdienstes regten. Aber meistens oder doch sehr oft fielen nach dem ersten Aufschwung der evangelischen Bewegung die populären Schichten in Stadt und Land wesentlich in die Rolle des *Objekts* zurück und ließen Konfessionalisierung und kirchliche Reform passiv über sich ergehen. Die lutherische Kirche nahm deshalb — genau wie die katholische Kirche, aber anders als der genuine Calvinismus — rasch die Züge einer Behördenkirche an. Einer Kirche, in der verordnet und geboten, verboten und gestraft wurde. Die lutherische Kirche entwickelte sich solchergestalt zu einer verwaltenden und regierenden Einrichtung. Sie gewöhnte sich ans Reglementieren und verlangte von den Christen *Gehorsam* statt innerer Zustimmung und Mitarbeit. Seit Mitte des 16. Jahrhunderts bildete sich das System der geistlichen Strafen feiner aus, zugleich aber auch das System der weltlichen Strafen für geistliche Vergehen. Wie Calvinismus und Katholizismus suchte auch die lutherische Kirche den Gebrechen durch Strafen beizukommen. 1617 erbat sich der Pfarrer von Dabrun im sächsischen Kurkreis ein Halseisen für die Flucher in seiner Gemeinde; Kirchenschwänzer mußten Strafe zahlen; wer bei der Predigt einschlief, wurde durch einen Stupfer aufgescheucht. Der Christ war auch im Gottesdienst der Untertan, den seine politische Obrigkeit mit ihrer Fürsorge, ihrer Polizei und ihrer Strafgewalt bedachte.

2. Die katholische Reform in Deutschland

Derselben Methoden wie die Lutheraner bedienten sich durchschnittlich auch die Katholiken. Aber es gab, was den Sachgehalt der Reform betraf, natürlich ganz spezifische Unterschiede. Diesen besonderen Problemen und Aufgaben, vor die sich die

Reform der katholischen Kirche in Deutschland gestellt sah, wenden wir uns im folgenden zu.

Vor dem Trienter Konzil hatten der Kaiser und einzelne Fürsten den Katholizismus durch Gesetz und Verordnung zu schützen und den Protestantismus gewaltsam niederzuhalten versucht. Die Kette dieser Maßnahmen riß seit dem Wormser Edikt nicht ab; doch blieben alle Bemühungen trotz schärfster Exekutionen fruchtlos. Daneben regte sich auch vereinzelt der Wille, den Katholizismus von innen her positiv wieder anzufüllen. Georg *Witzels* Vorschläge für eine deutsche Liturgie; des alternden *Erasmus* Seelsorglehre (der Ecclesiastes); *Hosius'* und Michael *Heldings* Predigtzyklen zeigten Symptome, die in die Richtung wiesen. Im ganzen ging aber vorerst nur eine schwache Wirkung von diesen Ansätzen aus; sie kamen nicht an gegen die sehr viel mächtigere evangelische Welle. Erst ab 1560 kam ein neuer Zug in den Rest des deutschen Katholizismus. Einzelne Landesfürsten und Bischöfe ließen sich zu größerer Entschiedenheit bestimmen. Wenn auch die Kräfte mangelten, so ließ sich doch der Wille erkennen, dem Protestantismus etwas Positives entgegenzusetzen und für die eigene Kirche etwas zu tun. Diese Strömung bekam Auftrieb und Zufuhr durch die mittlerweile durch das Trienter Konzil in Gang gebrachte *allgemeine* katholische Reformbewegung.

Was die *innere* Richtung der Reform betraf, so zielte sie darauf ab, die aus den Fugen geratene Rangordnung der Werte unter dem Gesichtspunkt der christlichen Religion wiederherzustellen. Weil die Kirche sich zu tief in den Feudalismus des Mittelalters eingesenkt hatte und mit ihm schier unentwirrbar verwachsen war, hatte sie den rechten Blick für die geistlichen Belange verloren und sie zugunsten juristischer und finanzieller Ansprüche vernachlässigt. Den Anfang der Reform bedeutete daher die Erkenntnis, daß im kirchlichen Denken und Handeln der *Religion* unbestritten der Vorrang gebühre. Das Trienter Konzil und die Päpste seit der Jahrhundertmitte hatten sich zu dieser Einsicht bekehrt. Die Umstellung auf eine entsprechende Praxis in der kirchlichen Amtsführung rief die allgemeine katholische Reform ins Leben.

Es handelte sich bei ihr um einen Erneuerungsprozeß, der von innen und von unten her allmählich bis ins Zentrum der Kirche vordrang und von hier aus immer weitere Kreise zog. Die katholische Christenheit gewann im Zuge der Reform ein neues Verhältnis zur *Kirche*. Kirche Christi und römisch-katholische Kirche wurden ihr identisch. Durch *dieses* Kirchenverständnis unterschied sich die katholische Reform fundamental von jeder Spielart protestantischer Reformation. Ignatius von Loyola hat in einer seiner letzten Äußerungen dieses Verständnis in gedrängter Knappheit formuliert: „Die katholische und apostolische Kirche hat sich in Fragen des Glaubens niemals geirrt. Sie hat auch niemals irren können. Diese Wahrheit ist helleuchtend und felsenfest im Zeugnis der Heiligen Schriften erhalten und wird von der Autorität der rechtgläubigen Kirchenväter gestützt. Die Kirche ist die Gemeinschaft der gläubigen Christen, erleuchtet und geleitet von Gott unserm Herrn. Darum müssen wir uns stets davon überzeugt halten, daß der gleiche Herr, der uns die Zehn Gebote gegeben hat, auch der oberste Gesetzgeber jener Gebote ist, die wir die Kirchengebote nennen und die unmittelbar also von der Kirche ausgehen. Wenn wir diese beobachten, können wir, in dienstwilligem Gehorsam gegen seine göttliche Majestät, sicherer das Heil unserer Seele wirken." Ein religiöses Kirchenbewußtsein solcher Art lag den kämpferischen Unternehmungen der Katholiken in den gegenreformatorischen Auseinandersetzungen zugrunde. Es machte bis zu einem gewissen Grade die Härte des Widerstands und die Hingabe des Einsatzes verständlich, mit denen die Katholiken auf einmal ihre Kirche verteidigten, die sie so lange schier ohnmächtig von der Reformation hatten überrennen lassen.

Die katholische Reform kam nach Deutschland von außen herein. Sie fand hier zwar eine grenzenlose Verwüstung, aber doch auch eine Reihe von Anknüpfungspunkten vor, an denen eine Erneuerung ansetzen konnte. Einzelne katholische Klöster waren moralisch und geistig intakt geblieben; einzelne Persönlichkeiten von überdurchschnittlichem Rang stellten sich dem Wiederaufbau zur Verfügung; das Volk verharrte nahezu überall am alten, mit dem Katholizismus verbundenen religiösen

Brauchtum. Einen wichtigen Schutz boten altgläubige Obrigkeiten, zumal wenn diesen daran gelegen war, den alten Glauben zu erhalten (wie etwa den Herzögen von Bayern). Einen Anknüpfungspunkt anderer Art, aber von großer Bedeutung, bot die zwar teilweise durchlöcherte, aber immerhin doch noch *vorhandene* Organisation der Bistümer und Pfarreien samt ihrem wirtschaftlichen Unterbau.

Aufs ganze gesehen galt es, die religiösen Kräfte zu *aktivieren,* ein positives Verhältnis zur Kirche zu *wecken* und die Übelstände zu *beseitigen.* Es galt, das Verlorene so weit wie möglich *zurückzugewinn*en und alles Volk, das der Kirche noch erhalten geblieben war, durch Erziehung, Unterricht und Seelsorge religiös und sittlich zu festigen. Die Bemühungen erstreckten sich, wie im Luthertum, in erster Linie auf den Pfarrstand, auf die Seelsorge und auf die Disziplinierung des Volkes. Darüber hinaus auf eine Reform der Klöster und Stifte.

Der katholischen Reform stellten sich, wie gar nicht anders möglich, zahlreiche Hemmnisse in den Weg. Die Gegenkräfte verdichteten sich zu einigen gewissermaßen exemplarischen Widerstandsfronten.

Ein eigentümliches Freund-Feind-Verhältnis entspann sich zwischen den Kräften, die die Reform vorantrieben, und den *katholischen Obrigkeiten.* Oftmals war es vorgekommen, daß staatliche Eingriffe zugunsten des Katholizismus diesem zugutekamen oder ihn sogar retteten. Aber es kam auch manchmal vor, daß die Staatsgewalt, weil sie sich viel erlaubte, mit der Kirche zusammenstieß — wie zum Beispiel Karl V. mit der Kurie wegen des Interims 1548. Auch durchkreuzte oder störte die landesherrliche Gewalt durch eigenmächtigen Eingriff in geistliche Dinge manche von kirchlicher Seite in die Wege geleitete Reformmaßnahme. Hier lag eine der typischen Widerstandsfronten: Rivalitätskämpfe katholisch verbliebener Obrigkeiten mit der katholischen Kirche.

Eine *zweite,* ebenfalls innerkatholische Widerstandsfront war nicht weniger typisch: die Opposition der Masse der privilegierten *Nutznießer* des vortridentinischen Rechtssystems der katholischen Kirche — der Exemten, der älteren Orden, der Dom- und

Stiftskapitel und der Adligen aller Gattungen, die ohnehin die einträglichsten Posten innehatten — gegen Gedanken, Richtlinien und persönliche Verfechter einer innerkirchlichen Reform. *Drittens* stand dem reformgesinnten Katholizismus wie eine Mauer entgegen die Verharrungskraft dessen, was einen Hauptangriffspunkt der Reform bildete: die Unsumme von *Mißständen,* Verfall, Unbildung, Unwissenheit und Schlendrian und die unwillige Verständnislosigkeit derer, die irgendwie daran beteiligt oder davon erfaßt waren, der Priester, Mönche, Nonnen und Prälaten. *Viertens* kam zu diesen drei innerkatholischen Widerstandsfronten noch hinzu der Gegensatz gegen den *Protestantismus* und die Behinderung durch denselben, weil evangelische Regungen gewöhnlich auch in den Ländern katholischer Fürsten um sich gegriffen und Ansätze geformten Kirchentums daselbst hervorgebracht hatten.

In ständiger Auseinandersetzung mit dieser vierfachen Gegnerschaft vollzog sich die Reorganisation der katholischen Kirche in Deutschland innerhalb eines Zeitraumes von etwa hundert bis hundertfünfzig Jahren, seit der Mitte des 16. bis zum Ausgang des 17. Jahrhunderts. Allerdings war der dem Katholizismus in Deutschland verbliebene Rest, verglichen mit dem deutschen Protestantismus und im Gegensatz zu ihm, nicht in der Lage, sich aus eigener Kraft zu konsolidieren. Um sich fortzuerhalten, bedurfte er, außer drastischer Intoleranz von seiten der bei der alten Kirche verbliebenen Regierungen, noch kräftiger Stützung von außen. Sie wurde ihm denn auch zuteil. Er erhielt sie erstens in Form moralischen und faktischen Beistands durch umliegende *Staaten,* namentlich durch Nachhilfe Spaniens, welches mit seinen burgundischen und niederländischen Randgebieten ja unmittelbar in das Reich hineinragte. Zweitens durch Nachhilfe von seiten der römischen *Kurie* und ihrer Nuntien, für welch letztere es nicht nur in kirchenpolitischer, sondern auch in innerkirchlich-reformerischer Hinsicht in Deutschland viel zu tun gab. Drittens durch intakte ausländische *Ordenspriester,* die auf Anforderung deutscher Landesherren ihre geistlichen Oberen für die Seelsorge und den Religionsunterricht in den massenhaft verwahrlosten Pfarreien nach Deutschland entsandten. In diesem Betracht war den deutschen Diözesen, wenn sie einigermaßen wieder auf einen grünen Zweig kommen wollten, unentbehrlich die Hilfe der *Jesuiten.* Diese hatten, infolge des unglaublichen Mangels an zureichenden Priestern und Bildungsanstalten, jahrzehntelang Pfarrseelsorge, Christenlehre, Wandermissionen, Gymnasial- und Hochschulunterricht so gut wie allein übernommen, bis ihnen aus deutschen und außerdeutschen Priesterbildungsstätten allmählich eine genügende Schar von solchen einheimischen Geistlichen nachwuchs, die gewillt und befähigt waren, mit ihnen zusammen das Werk der Reformierung der katholischen Kirche in Deuschland geduldig voranzutreiben. Beträchtliches leisteten in dieser Richtung auch die seit dem Ende des 16. Jahrhunderts nach Deutschland einströmenden Kapuziner sowie die neuen Kongregationen der Benediktiner in Süddeutschland und der Schweiz.

Gegen den Protestantismus wurde fortan in den katholischen Territorien meistens unsanft verfahren. Die Landesherren, gewillt, ihn einzudämmen, verwiesen die evangelischen Lehrer und Pastoren gewöhnlich des Landes, und hielten die Bevölkerung an, wieder katholisch zu werden. Dem einfachen Volk wurden durch Predigt, Katechese und Schulunterricht die katholischen Gegenthesen gegen die protestantischen Hauptlehren in handfesten Formeln eingeprägt, ebenso die positiv unterscheidenden Merkmale, wie Papsttum, Marienverehrung, Eucharistie. Auch die Reform im eigenen Hause benötigte beim damaligen Stand der Dinge drastischer und gewaltsamer Mittel. Landesherren und Bischöfe verboten den Geistlichen zu jagen, Handel zu treiben und weltliche Kleider zu tragen; sie konfiszierten nichtkatholische Bücher, verjagten die Konkubinen und ließen sie manchmal öffentlich auspeitschen — beides mit zweifelhaftem Erfolg; im übrigen auch ohne ein angemessenes Verständnis für die gewohnheitsrechtlichen Bindungen und die wirtschaftlichen Lebensbedingungen des Landklerus. Genau wie die lutherischen Obrigkeiten gingen die katholischen Landesherren dazu über, eine bewußt konfessionelle Personalpolitik zu betreiben. Dagegen gehörte es zu den spezifischen Problemen des Katholizismus, daß er sich mit der disziplinären, rechtlichen und wirtschaftlichen Reform von Stiftskapiteln, Männer- und Frauenklöstern abzugeben und oft recht mühsam und unerfreulich herumzuschlagen hatte.

Wie bei den mehr negativen Maßnahmen, im Praktizieren des Glaubenszwangs und im Anstellen zweifelhafter Bekehrungsversuche, so traten aber auch auf dem Felde der positiven Dinge, der Glaubenserziehung, der Klerusbildung und des Unterrichtswesens die Analogien zu den anderen Konfessionen ganz augenfällig in Erscheinung. Hier scheint der Protestantismus überaus anregend auf den katholischen Wiederaufbau eingewirkt zu haben. Wie im Calvinismus und Luthertum, so galt seit Ignatius und dem Tridentinum auch in der römischen Kirche eine der Hauptsorgen den *Schulen*. Die ganze Pädagogik wurde umgestellt auf Einübung in das Christentum im Sinne der Konfession. Die vorhandenen Schulen mußten verbessert, neue errichtet und dotiert werden. Das geschah allenthalben. Sie wurden mit Unterrichtsordnungen bedacht, die ganz darauf abgestellt waren, die Jugend zu gewinnen und sie in Bekenntnis und Wandel in einer der Konfession entsprechenden Weise firm zu machen. Das betraf die Volksschulen — die sogenannten Deutschen Schulen — in Dorf und Stadt, sehr viel mehr aber die Lateinschulen und Gymnasien, die Akademien, Hochschulen und Priesterseminare. Während die Priesterausbildung im Mittelalter brachlag, ein geregelter theologischer Unterricht oder gar ein Studium für die künftigen Geistlichen kaum vorgesehen war und es an Anweisungen zur praktischen Seelsorge sehr fehlte, bildete seit Ignatius und Gregor XIII. die Heranbildung eines zureichenden Pfarrstandes das zentrale Anliegen des innerkirchlichen Wiederaufbaus. Nirgends erwies sich so deutlich wie in der tätigen Sorge für den geistlichen Nachwuchs, was von der kirchlichen Gesinnung eines Bischofs, Fürsten oder Abtes zu halten war.

Nachdem Luther die Notwendigkeit und den Nutzen eines leicht faßlichen Katechismus dargetan hatte, fand er damit — vielleicht unbeabsichtigt und von der Gegenseite auch nicht immer eingestanden — ein geradezu überwältigendes Echo in der alten Kirche. Der Catechismus Romanus — ähnlich wie

Luthers Großer Katechismus ein Leitfaden für die Geistlichen — und die fast bis zur Gegenwart gebrauchten Katechismen Bellarmins und Petrus Canisius' bezeugten es.

Der „Canisi" kam in drei Ausgaben heraus: für Gelehrte 1555; für Gymnasiasten 1558; für Kinder und einfaches Volk 1556. Er bildete die entscheidende Voraussetzung dafür, daß, wie in den evangelischen Kirchenordnungen schon längst vorgesehen, nun auch bei den Katholiken die katechetische Unterweisung für Kinder, Jugendliche, Erwachsene und einzelne Stände als Bestandteil der Seelsorge in den Vordergrund trat. Auf evangelischer wie auf katholischer Seite spielte sich die Katechese, sofern es sich um Jugend und einfaches Volk handelte, denkbar primitiv ab. Sie bestand hauptsächlich im Vorlesen, Nachsprechen, Einbläuen und Abfragen. 1582 ließ der Bischof von Straßburg die Hauptstücke katholischer Lehre zusammengefaßt in Druck gehen und schickte über die Landkapitel an jeden Pfarrer ein Exemplar mit der Weisung, daß dieses „uf ein Brettlein oder Tafeln aufgemacht und nach Gelegenheit an die Kanzeln oder sonst in den Kirchen aufgehängt (werde) und das Büchlein jeden Sonntag nach Schluß der Predigt von der Kanzel herab deutlich vorgelesen werde". 1584 versandte Markgraf Philipp II. von Baden-Baden über seine Amtleute in gleicher Weise den Katechismus an die Pfarrer, schrieb seinen Gebrauch in Kirche und Schule des näheren vor und gebot sukzessive Unterweisung darin, Prüfung und Auswendiglernen: „An dem verricht ihr ein gottgefällig Werk und seind wir euch in Gnaden geneigt." Als der Jesuit Georg Schorich 1570 zur Wiedereinführung des Katholizismus von Herzog Albrecht V. in die Markgrafschaft Baden-Baden entsandt wurde, zog er in deren südlichem Teil drei Jahre lang von Dorf zu Dorf, hielt vormittags Erwachsenenpredigten mit Erläuterung der Glaubensartikel und nachmittags Kinderkatechesen, die aber auch von Erwachsenen mitbesucht wurden. Darin sprach er von der Kanzel aus: die Worte des Kreuzzeichens, das Vaterunser und Ave Maria; das Apostolikum und das allgemeine Kirchengebet; es folgte die Predigt über *einen* Glaubenssatz; danach Wiederholung des zuvor Durchgenommenen; anschließend wurde abgefragt.

Wie für den Katechismus galt auch für die *Predigt:* Das protestantische Beispiel zog. Man begriff die durch die Kanzel gebotene Möglichkeit, Einfluß auszuüben; und so bediente man sich ihrer zur Wiederherstellung des Katholizismus auf das intensivste. Die Bekenntnisse spornten sich aber noch in weiterer Weise gegenseitig an. Bei allem Abscheu vor der Häresie kam es dennoch vor, daß selbst ein Calvin oder ein engagierter reformierter Landesherr wie Friedrich der Fromme von der Pfalz den *Eifer* der Katholiken für ihre Sache respektierten; oder daß ein Ignatius und Canisius unter Ihresgleichen ganz offen davon sprachen, daß *Initiative* und Methode der Protestanten nachahmenswert sei und man in diesem Punkte von ihnen lernen könne. Ja, selbst im gängigen, etwas propagandistischen Wortschatz lebte noch etwas von der wechselseitigen Beeinflussung, wobei freilich das Moment des Konkurrenzkampfes um den Anspruch auf Repräsentation des wahren Christentums mit hineinspielte: Während das protestantische Schrifttum den evangelischen Glaubensgemeinschaften Name und Substanz der wahren *katholischen* und apostolischen Kirche vindizierte, nannte umgekehrt ein Fürst der katholischen Regeneration wie Philipp II. von Baden-Baden in amtlichen Erlassen die Rekatholisierung eine „göttliche und christliche *Reformation*"; und sprach von Wiederherstellung der „katholischen und apostolischen, alten, *reinen unverfälschten Lehre,* einhellig mit dem *reinen* lauteren Wort Gottes niedergelegt in Aposteln und Propheten und vertreten von der alten (=frühen) Kirche", wenn er praktisch Rückführung zum Katholizismus meinte.

Neben einer bewußt auf das „Katholische" abgehobenen Erziehung und Seelsorge half auch die Pflege älterer volkstümlicher Andachtsformen den Katholizismus befestigen. In das Bruderschaftswesen kam seit Ende des 16. Jahrhunderts ein neuer Zug. Die vielen Neugründungen und die wachsende Zahl der eingeschriebenen Mitglieder zeigten, daß es Resonanz fand. Es belebte nicht nur die Frömmigkeit, sondern erfüllte auch praktisch-religiöse und ökonomische Funktionen innerhalb der Pfarrgemeinden. Einzelne Bruderschaften stifteten satzungsgemäß etwa die Meßgewänder, Altarkerzen und sonstige Kirchengeräte, andere leisteten aus ihren Beiträgen Zuschüsse für die Besoldung der Schulmeister. Kurz: Die volkstümliche Seite der Religion wurde auf mannigfache Weise belebt, und ebendas half, den Katholizismus beim einfachen Volk wieder aufleben zu lassen. So lag gerade auch hier ein wesentliches Stück katholischer Reform. Die Popularisierung war auch geeignet, die Reglementierung des kirchlichen Lebens ein wenig zu kompensieren, die ähnlich drückend, gebietend und strafend wie im Protestantismus die Untertanenschaft disziplinierte. Denn nicht anders als die lutherischen Landesherren, vertrauten auch die katholischen Obrigkeiten darauf, daß eine gute Polizei das wirksamste Mittel sei, ihr Volk konfessionell auf die gewünschte Linie zu bringen und bei ihr festzuhalten.

Freilich gab es auch Ausnahmen von dieser Allgemeinerscheinung: Im Archidiakonatssprengel Xanten, der kirchlich zu Köln gehörte, erwachte der Katholizismus erst zum Leben, als die katholische Dynastie ausstarb und die weltliche Obrigkeit an das reformierte Kurhaus Brandenburg kam. Er raffte sich zu stärkerer Regsamkeit auf durch den Widerstand gegen die Konfessionspolitik der evangelischen Landesherren, die den Katholiken das Gefühl falscher Sicherheit raubten und sie in heilsame Beunruhigung stürzten. Erst jetzt zündete der Gedanke der Reform und führte, zusammen mit der konservativen Anhänglichkeit der Bevölkerung an ihre „moeder kerk", im Verlauf von zwei bis drei Generationen zu jener „restitutio ad integrum", welche nach Idee und Praxis die geistlichen Belange der administrativen und ähnlichen Sorgen überordnete. Hier hatten weder die alten katholischen Herzöge von Kleve noch der Erzbischof von Köln als zuständiger Ordinarius Loci etwas Entscheidendes getan. Sondern die Inhaber der Archidiakonatsgewalt und ihre nächsten Mitarbeiter, wie Offiziale, Dechanten und Kommissare, kämpften hier gegen die Übergriffe des evangelischen Landesherrn und gegen die Ansprüche der bischöflichen Jurisdiktionsbehörde. *Dieserart* Leute stabilisierten im Zuge eines doppelten Abwehrkampfes nicht nur äußerlich die katholische Kirche am Niederrhein, sondern brachten sie auch innerlich auf einen guten und soliden Stand.

3. Entwicklung eines konfessionellen Bewußtseins

Analogien und Unterscheidungszeichen

Im Zusammenhang mit dieser Regeneration entwickelte sich und wurde gepflanzt ein im Vergleich mit dem Spätmittelalter und den Anfangsjahrzehnten der Reformation neues, verjüngtes katholisches Pathos und konfessionelles Bewußtsein. Es machte sich seit Mitte des 16. Jahrhunderts deutlicher bemerklich und nahm langsam an Stärke zu. Es lebte negativ von einem ständig neu aktivierten Abscheu gegen die Häresie, positiv von einem neuerweckten und klar einprägsamen Kirchengedanken, welcher belebend wirkte und zur Tat drängte. Canisius und Ignatius stimmten darin überein, daß sie die Häresie als ein Gift bezeichneten, jedoch vor unbesonnener Schärfe, ja auch vor Unhöflichkeit im Umgang mit Andersgläubigen warnten: „Der Eifer gegen die Neuerung darf nicht daran hindern, den Andersgläubigen mit Liebe zu begegnen"[1]). Für die Häresie gebrauchten so verschiedenartige Männer wie Petrus Canisius und Johannes Calvin ziemlich dieselben harten Worte. Sie nannten sie etwa eine Krankheit, schlimmer als Aussatz, Pest und Seuchen; oder ein Verbrechen, verabscheuungswürdiger als alle Diebereien und sonstige Schlechtigkeit. Die moralischen Qualitäten der Andersgläubigen blieben bei einer solchen Charakterisierung ihres Glaubens freilich nicht immer unbezweifelt. Calvin neigte dazu, Katholiken und Lutheraner wegen abweichender Lehrmeinungen für halsstarrig, böswillig, dumm und unverschämt zu halten. Anders konnte er sich nicht erklären, daß sie der Wahrheit *seiner* Lehre nicht folgten und sie gar angriffen. Seine Äußerungen durchzog aber auch positiv der gleiche Tenor unüberwindlicher Gewißheit, wie wir ihn bei Ignatius finden, wenn er schrieb: „Wir haben auf unserer Seite was [den Neuerern] fehlt: die gesunde und deshalb dauerhafte Lehre" [und daher begründete Hoffnung auf erfolgreiches Wirken].

Dieses Pathos, welches sich im Laufe ihrer Entfaltung innerhalb *jeder* Konfession herausbildete, stieg herauf aus der geisti-

---

[1]) Ignatius, am 13. 8. 1554 an Canisius.

gen Voraussetzung des Alleinbesitzes der religiösen Wahrheit und beseelte sich — aus verpflichtend empfundener Verantwortung für das jeweilige Bekenntnis — mit einer Kraft des Ingrimms gegen die Andersgläubigen als Ketzer und vernichtungswürdige Beleidiger Gottes, die für die Atmosphäre des Zeitalters typisch wurde. Dies Pathos führte zu ihm eigentümlichen Formen der Werbung, welche mit prägnanten Schlagworten — von der reinen Lehre und unverfälschten Wahrheit und dergleichen — den Stolz auf die unterscheidenden Kennzeichen der jeweiligen Konfession zu wecken und gleichzeitig mit allen möglichen Mitteln der Abschreckung die Gläubigen gegen Verführung durch Anhänger und Propagandisten der anderen Konfessionen immun zu machen versuchte. Die blühende Polemik und Kontroverse, Verhetzung und Schikanen, deren es auf keiner Seite mangelte, sind von daher zu erklären; auch ein unverhältnismäßiges Dominieren der Unterscheidungslehren, die bis hinein in die Katechismusabrisse in den Kirchenordnungen zu finden waren. Im Hintergrund der Maßnahmen zum kirchlichen Aufbau im Calvinismus, Luthertum und Katholizismus muß dieses Pathos als wirksam vorausgesetzt werden, auch wenn es im einzelnen nicht immer greifbar und exakt nachweisbar ist.

Unterscheidungsformen

Solchen Analogien standen nun auf der andern Seite gegenüber: Sonderformen und spezifische Verhaltensweisen der einzelnen Bekenntnisse, welche sich parallel mit der Entwicklung der konfessionellen Fronten herauskristallisierten. Diese Merkmale der Unterscheidung gewannen gelegentlich sogar den Rang eines Wahrzeichens oder Symbols, obwohl sie dem Gegenstand nach den Kern der Konfession nicht immer trafen, unter Umständen sogar am Rande standen. Zu Signalen der Unterscheidung wurden in diesem Sinne etwa Dinge wie: Uhrzeit und Schlagzahl des Glockenläutens; Kreuzzeichen; Altäre, Kerzen, Bilder und Gewänder (oder deren Beseitigung); das Fleischessen am Freitag; der Exorzismus bei der Taufe usw. Derlei wurde vollführt oder *nicht* ausgeführt, damit durch Gebrauch oder

Ablehnung sichtbar werde, wes Glaubens man sei. Das an und für sich harmlose Salve-Läuten am Werktag, das viele evangelische Kirchenordnungen beizubehalten empfahlen, wurde zum Beispiel, nach einer 1554/55 vorgenommenen Visitation, für Coburg verboten: „umb der fremden und benachbarten leute willen, damit man uns nicht für bepstisch halte".

Wie in den andern Konfessionen, so bildeten sich auch im Katholizismus, hier aber vielleicht mit dem größeren Reichtum, Unterscheidungsformen heraus, die zu Wahrzeichen wurden. Sie gingen allerdings oft auf ein tieferes Prinzip zurück, in dem die katholische Kirche von den andern Konfessionen in der Tat stark differierte: auf die *Vergegenständlichung* der Religion. An ihr wurde allenthalben festgehalten, meist sogar mit Inbrunst und Pathos; und ihre Pflege stellte unter den Mitteln einer katholischen Durchdringung des Volkes gewiß nicht das geringste dar. Die Vergegenständlichung entsprang positiv also gewiß einem für den Katholizismus spezifischen Verständnis der Religion; aber daß sie so stark herausgestrichen wurde, geschah natürlich aus Opposition gegen den Protestantismus und war zudem volkspsychologisch auch nicht ganz ungeschickt. Gemeint sind damit Erscheinungen wie: eine unter bewußter Pflege neu aufblühende Marien- und Heiligenverehrung und ein nicht minder aufblühender Reliquienkult — welcher seine Höhepunkte erfuhr in Translationen von Heiligenleibern, die sich zu Festen ganzer Dorf- und Landschaften und tagelangen Volksvergnügungen mit Festessen, Salutschießerei usw. auswuchsen. Dazu gehörten ferner Wallfahrten, die jetzt in großer Zahl und zu vermehrten Anlässen stattfanden; Prozessionen, die, besonders zu Fronleichnam, pompös und kostspielig ausgestattet wurden; und der Einbau des geistlichen Spiels (Jesuitendrama und ähnliches) in die Jugenderziehung, in den Jesuitenkollegs sowohl wie in den benediktinischen Klosterschulen — was man für so wesentlich hielt, daß beispielsweise einzelne Abteien sich einen eigenen Pater-Theaterdirektor hielten und bestimmte, dafür begabte Conventualen mit regelmäßiger Abfassung von Historien, geistlichen Komödien und anderen Stücken beauftragten. Im Dienste einer Steigerung und Vertiefung der Kirchenfreudigkeit stand auch die Stiftung neuer und die Wiederbelebung älterer Andachten. Demselben Ziel dienten auch Maßnahmen wie die gelegentliche Erlaubnis, die Liturgie in der Volkssprache zu feiern — in diesem Falle der rätoromanischen anläßlich der Ablegung der Mönchsgelübde in der Abtei Disentis — oder die Beantragung der bischöflichen Insignien für den Abt einer Benediktinerabtei im paritätischen Thurgau; als Belohnung für tüchtige Reformarbeit; und: weil das Volk auf dem Haupte seines Abtes die Bischofsmütze halt gern sieht.

Gegenseitige Beeinträchtigung und Verhetzung

Der Kampf der Bekenntnisse und ihre gesonderte Entfaltung zu eigenen Kirchentümern zog allerhand unerfreuliche Begleiterscheinungen nach sich. Der Glaubenskampf führte massenhaft von der Kanzel auf die Straße und von der Straße auf die Kanzel. Er nahm Formen unchristlicher Lieblosigkeit an, die im Bewußtsein derer, die den Fanatismus schürten, aber nichts anderes sein sollten als ein Eifern für das Haus des Herrn. Allmählich schien es zur allgemeinen Maxime zu werden, daß gegen Andersgläubige alles erlaubt sei, weil es sich bei ihnen um die erklärten Feinde Gottes handle. Man verleumdete sie in Wort und Schrift, hetzte gegen sie auf und trieb die Schikanen und Quälereien gegen sie bis zum Totschlag und Mord. Nicht nur das einfache und ungebildete Volk verhielt sich so; weltliche und kirchliche Obrigkeiten gingen ihm hierin voran. Wenn der Franziskanerprediger Johannes Nas die letzte Vaterunser-Bitte auslegte: „Erlöse uns, Herr, von allen Widersachern, Kirchenfeinden... Ketzern... " usw., so stand er damit nicht allein. Auch war es noch nicht das stärkste Stück. Von den Kanzeln wurde derb gescholten, geschimpft und geschrien. Es war natürlich, daß dadurch auch die niederen Instinkte geweckt wurden. Von dem Ratgeber des sächsischen Kurfürsten Johann Georgs I., dem Oberhofprediger Matthias Hoe von Hoenegk, stammte der Ausspruch: „Jetzt ist es schon zwei Jahre her, daß ich nicht wider die Calvinisten geschrieben" habe. Ebendieser Mann wollte an anderer Stelle nachgewiesen haben, daß die Calvinisten in 99 Punkten mit Türken und Arianern übereinstimmten.

Noch weiter ging ein gelehrter Hamburger Prediger, Johannes Möller, in einer um die Mitte des 17. Jahrhunderts verfaßten Verteidigungsschrift des lutherischen Glaubens. Er behauptete darin, daß sowohl die Türken als auch Mohammed frömmer seien als der Papst, von dem er sagte: „Den Juden vergönnet er gerne / Christum zu lästern / den Huren läßt er ihre Hurenhäuser / aber daß man Christum und sein Evangelium predige / will er nicht haben." — „Gott wolle", so seufzte er in einem Stoßgebet, „beide, Papst und Mohammed, strafen mit ihren Teufeln." Auch das Kirchenlied schlug gelegentlich diesen Ton an. „Erhalt uns, Herr, bei deinem Wort und steur des Papsts und Türken Mord" begann eines der meistgesungenen; einer der bekanntesten gnesiolutheranischen Theologen, Cyriakus Spangenberg, legte diesen Vers dahingehend aus, daß unter des Papstes Namen, außer den Mönchen und Bischöfen, auch „alle unsre Feinde" zu verstehen seien, Wiedertäufer, Calvinisten usw. Zur Feier des pommerschen 50jährigen Reformationsjubiläums wurde ein Kirchenlied eingeführt, das in einer seiner Strophen die Bitte aussprach: „Der Calvinisten Tück und Rank laß, Herr, gehen den Krebsgang; ihr arge List gar nicht besteh und ihr Rat wie der Schnee vergeh, daß deine liebe Christenheit dich lob in alle Ewigkeit." Bei solcher massiven Denkweise in den führenden Schichten verwunderte es nicht, wenn es auf populärer Ebene zu handfesten Demonstrationen des konfessionellen Standpunkts kam. Nach dem Einzug der Jesuiten in Elbing (1567) drang protestantischer Pöbel unter Anführung eines Geistlichen mit Gewalt in die Kirche und warf mit Steinen auf den katholischen Prediger auf der Kanzel. Im evangelischen Wolfenweiler zogen katholische Geistliche und Freiburger Studenten vor das Pfarrhaus mit gespannten Büchsen und bedrohten den Pastor und seine Familie mit allerhand „Mutwillen". Daß man sich gegenseitig den Gottesdienst störte, unter Umständen konkurrenzweise gleichzeitig im selben Kirchenraum katholische Messe und evangelische Predigt hielt und sich gegenseitig durch lautstarken Gesang zu übertönen suchte, war keine Seltenheit. Als der Graf von Wittgenstein 1580 zum Calvinismus übertrat, beanspruchte der Landgraf Ludwig von

Hessen die Landeshoheit über die Grafschaft und suchte sie beim Luthertum zu erhalten. Zu diesem Zwecke ließ er einen hessischen Rentmeister (Amtmann) mit Förstern, Maurern und Bauern dreimal in ein Wittgensteinsches Grenzdorf ziehen, den lutherischen Altar wieder in die Kirche stellen und den calvinistischen Abendmahlstisch beseitigen: das erstemal schaffte der Amtmann den Tisch in den Turm, das zweitemal zerschlug er ihn auf der Straße und das drittemal hieb er unter Assistenz von einigen Bauern den (inzwischen erneuerten) Tisch im Chor der Kirche mit Äxten kurz und klein. In Ladenburg bei Heidelberg, einem wormsisch-pfälzischen Kondominat, störte der reformierte Ortspfarrer die vom Bischof gehaltene Vesper; der als Götzendiener geschmähte Bischof schlug ihm darauf sein liturgisches Buch ins Gesicht; das wieder erboste den reformierten Mitherrn, Kurfürst Friedrich, derart, daß er aus Rache die ihm nur zur Hälfte gehörende Kirche verwüsten und dadurch für den katholischen Gottesdienst unbrauchbar machen ließ.

Überhaupt tat die Obrigkeit manches, um die Verhältnisse zwischen den Konfessionen so unerfreulich wie möglich zu gestalten. Ihr strikter Glaubenszwang trug namentlich dort künstlich Entzweiung in ein bis dahin einiges Volk, wo auf engstem Raum entgegengesetzte landesherrliche Anstrengungen aufeinanderprallten, wie zum Beispiel in manchen Gemeinherrschaften. Der konfessionelle Gegensatz zwischen Baden-Durlach und Habsburg entfremdete die Bevölkerung in einigen ihrem Kondominat unterstehenden Orten am Kaiserstuhl gewaltsam voneinander: den Einwohnern habsburgischen Teils untersagte die vorderösterreichische Regierung, bei ihren Dorfnachbarn badischen Teils Patenschaften zu übernehmen (dasselbe tat mit umgekehrtem Vorzeichen die badische Regierung); den Dörflern wurde der gemeinsame Kirchgang verboten und schließlich einem Teil von ihnen die Bestattung der Toten auf dem einzigen Friedhof am Ort. Im fürstenberg-badischen Kondominat Prechtal im Schwarzwald versuchten beide Mitobrigkeiten, auf eigene Faust ihre Konfession für die Gesamtherrschaft durchzudrücken. Hundert Jahre lang blieb solchergestalt das Gebiet ein Betätigungsfeld für die Werbung beider Bekenntnisse; das Tauziehen

Entwicklung konfessionellen Bewußtseins

um die Seelen der Gemeinuntertanen hatte freilich zur Folge, daß diese „verwirrt" wurden. In Kriegszeiten vollends tobte sich das konfessionelle Pathos besonders übel aus. Als sich 1632 in Breisach und Freiburg schwedische und kaiserliche Truppen gegenüberstanden, wurden die Schweden angewiesen, den katholischen Breisgau zu verheeren, die Kaiserlichen dagegen, das evangelische Markgräflerland zu brandschatzen. Demgegenüber war es noch harmlos, wenn in konfessionellen Streulagen Protestanten die bei den Katholiken beliebten Prozessionen störten oder die Katholiken beim festlichen Böllerschießen auch einmal in das Haus eines profilierten Protestanten hineinschossen. Dinge, die noch im 18. Jahrhundert vorkamen.

Zu besonders eigenartigen Maßnahmen, Mittelchen und Praktiken kam es mitunter dort, wo die Obrigkeit über ein staatsrechtlich-paritätisches Territorium gebot; und wie sie, um ein Beispiel zu nennen, in seiner Eigenart als weltlicher Herr eines solchen paritätischen Landes der Abt von St. Gallen ergriff, wenn er etwa anordnete, daß bei Delinquenten, sofern sie geneigt wären zu konvertieren, vom Gericht ein milderes Strafmaß zu erkennen sei; und daß uneheliche Kinder und Waisen grundsätzlich in katholische Erziehung gegeben werden müßten. Oder wenn er bei Vergebung von wirtschaftlichen Objekten wie Mühlen und Gasthäusern in erster Linie Katholiken berücksichtigen ließ und die Magistrate anwies, konfiszierten Besitz protestantischer Herkunft nur an Katholiken oder konversionsbereite Evangelische zu veräußern — wogegen er strikt verbot, daß Besitz aus katholischer Hand in evangelische Hand überwechselte.

Vergleichbare Praktiken, wie die hier dem Beispiel St. Gallens entnommenen, wurden auch an anderen Orten geübt, sowohl zugunsten des Katholizismus als auch, je nach Bekenntnis der Obrigkeit, zugunsten der anderen Konfessionen. In ähnlicher Weise schikanierten zum Beispiel die katholischen Pfalzgrafen von Neuburg die Protestanten in Jülich und Berg und die reformierten Brandenburger die Katholiken in Kleve. Mit wenigen Ausnahmen — zu denen vielleicht Kurfürst Karl Ludwig von der Pfalz (1650—1680), der Vater Liselottes, gehörte — standen die Landesherren paritätischer Gebiete nicht *über* den Konfessionen, sondern auf der Seite *ihrer* Konfession und waren also Partei. Die andern Konfessionen besaßen gewöhnlich den Status öffentlicher Anerkennung und hatten ihre verbrieften Rechte. Man konnte sich nicht darüber hinwegsetzen, sondern mußte sich damit abfinden. Innerhalb dieser Schranken regierten die meist recht absolutistischen Fürsten jedoch im allgemeinen nicht gerade loyal. Vielmehr bemühten sie sich, innerhalb der gesetzlichen Grenzen für ihre Konfession herauszuwirtschaften, was herausgewirtschaftet werden konnte. Sie begünstigten ihre Glaubensgenossen und benachteiligten die Andersgläubigen: in der Personalpolitik; bei der Vergabe von Konzessionen und in hundert anderen Sachen; sie besteuerten sie kräftiger und erfanden manche Sondersteuer; sie zwangen sie, die öffentlichen Feste der Konfession des Landesherrn mitzubegehen — die Protestanten in Jülich-Berg mußten an Fronleichnam Maien streuen und vor der Monstranz knien — und schränkten ihnen ihre eigenen Feste ein. Gern übertrugen die Landesherren solcher Gebiete auch kirchliche Einkünfte der Andersgläubigen an die Geistlichen *ihrer* Konfession und räumten ihnen ein Mitbenutzungsrecht an den fremden Kirchen ein. Schließlich verschmähten sie auch nicht das beliebte Mittel, durch administrative Akte das kirchliche Leben der Andersgläubigen zu beeinträchtigen. Die preußische Regierung verbot am Niederrhein das Böllerschießen, angeblich um Feuersbrünste zu verhindern, in Wirklichkeit um den Katholiken eines auszuwischen und den Reformierten einen Gefallen zu tun. — Obwohl man wenig Aufbauendes an solcherlei Dingen finden mag, gehörten sie doch, ebenso wie die Polemik und vulgäre Verhetzung, wie das konfessionelle Pathos und der konfessionelle Kampf zu den vitalen Begleiterscheinungen, ja sogar zu den — auf ihre Weise — stützenden Maßnahmen jenes elementaren Vorganges, der als Konfessionsbildung die Geschichte der anderthalb Jahrhunderte zwischen Reformation und Aufklärung in so bedeutender Weise zeichnet und mitbestimmt.

IX. FORMEN DES INNEREN LEBENS IN DEN KONFESSIONSKIRCHEN

Die Härte und Intoleranz des konfessionellen Zeitalters, die in ihrer Anwendung gelegentlich unmenschliche Konsequenzen nach sich zogen, standen nicht losgelöst im Raum. Sie repräsentierten nur die Außenseite eines Glaubenslebens, dessen beste Kräfte, aller Roheit ungeachtet, aus der Tiefe einer ungemein reichen Innerlichkeit quollen. Unter anderem bezeugte sich das geistige und religiöse Fundament jener Generationen in ihrer Dichtung und in ihrer Musik. Wir versuchen, uns einige Züge der Geistigkeit und Frömmigkeit des Zeitalters zu vergegenwärtigen. Dabei lenken wir zunächst auf das Luthertum im Zeichen der Orthodoxie, danach auf charakteristische Merkmale der katholischen Frömmigkeit unsern Blick.

1. Das Luthertum im Zeichen der Orthodoxie

Die Kirchenspaltung und der Kampf um die reine Lehre führten für alle Konfessionen eine Herrschaft des Dogmas herauf. Für die europäische Kirchen- und Geistesgeschichte begann mit dem späteren 16. Jahrhundert ein Zeitalter der konfessionellen Orthodoxie. Trient, die Formula Concordiae, Calvins Institutio und die reformierten Nationalbekenntnisse lieferten die Grundlage, auf der die Theologen der folgenden Generationen Lehrgebäude des rechten Glaubens systemfreudig und geistesmächtig aufrichteten. Die speziell lutherische Orthodoxie lebte des Bewußtseins, daß der Christenheit in der Person Martin Luthers ein rettender Engel und erleuchteter Prophet gesandt worden sei, an dessen Wort und Lehre man sich zu halten habe. Daran zu rütteln oder zu kritisieren galt als Sakrileg. Über diesen

Grundsatz herrschte innerhalb der evangelisch-lutherischen Christenheit eine überwältigende Übereinstimmung. Nur Außenseiter distanzierten sich davon in der Stille. Die Orthodoxie schloß jeden anderen Glauben nicht ohne Konsequenz als Irrglauben aus und war dogmatisch intolerant. So aber, wie im gleichzeitig anhebenden Barock sich Jenseitssehnsucht und Sinnenlust miteinander vertrugen, so gesellten sich zu der Uniformität und Unduldsamkeit der Orthodoxie als versöhnliche Elemente Innigkeit und Weltfreude in Dichtung, Mystik und Musik. Das innere Leben des orthodoxen Luthertums war bei aller dogmatischen Linientreue reich und vielfältig, gab den Musen Raum und ließ dem Gemüt sein Recht. Die *Theologen* des Luthertums, die im 17. Jahrhundert sein geistiges Gesicht bestimmten, orientierten sich an Luther wie die Dominikaner an Thomas von Aquin; neben dem Reformator verehrten sie, als Mystiker und Systematiker, aber auch eine Reihe von älteren Autoren als ihre geistigen Ahnen: Bernhard, ein paar große Scholastiker, Tauler; und natürlich Augustin. In ihrer dogmatischen Arbeit, die von der Voraussetzung der Inspiration der Bibel ausging, faßten sie je auf ihre Weise die Bibel und die Bekenntnisschriften zu einem organischen System zusammen und behandelten darin die klassischen Loci der Theologie von der Gotteslehre über die Christologie bis zu den Fragen der sittlichen Lebensführung und der Sozialethik. Ihren vielleicht bedeutendsten Repräsentanten erhielt die lutherische Dogmatik in der Person des an der Universität Jena lehrenden Niedersachsen Johann *Gerhard* (1582—1637). Sein Hauptwerk, die Loci Theologici, erschien 1610—1622 und stellte auch äußerlich mit seinen neun Bänden ein imponierendes Opus dar. In keinem Zeitraum der neueren Kirchengeschichte errang die *Dogmatik* eine so führende Position in der lutherischen Theologie und Kirche wie im 17. Jahrhundert. In seinem Verlaufe bildeten sich, meist um einzelne Universitäten herum, verschiedene Richtungen in größerer Anzahl, die je auf ihre Weise der Theologie eine besondere Note gaben. Einzelne dieser Schulrichtungen mündeten in die allgemeinere Entwicklung des europäischen Geistes ein und halfen die neue geistige Situation des 18. Jahrhunderts vorbereiten. Das galt freilich nicht von der zahlenmäßig stärksten Gruppe der kompromißlosen und massiven Orthodoxie, deren Führung bei den Theologen der kursächsischen Landesuniversitäten Wittenberg und Leipzig lag. Hier erwarb sich um die Jahrhundertmitte der aus Ostpreußen gebürtige Wittenberger Dogmatiker Abraham *Calov* den Ruhm, der zanksüchtigste Lehrer der lutherischen Rechtgläubigkeit zu sein. Als einflußreicher Ketzerriecher machte er namentlich den Angehörigen der *Helmstedter* Schule das Leben schwer. *Diese* Schule, die ihren Mittelpunkt in der Braunschweigischen Landesuniversität hatte und der die Universitäten zu Königsberg und Altdorf nahestanden, zeichnete sich aus durch ihr wissenschaftliches Interesse an der Kirchengeschichte, aber auch durch ihre irenische Gesinnung. Von ihren geistigen Vätern, Georg (1586—1656) und Friedrich Ulrich (1621—1701) *Calixt,* gingen Bestrebungen aus, die getrennten evangelischen Konfessionen auf dem Boden ihrer gemeinsamen Glaubensnormen zu vereinigen. Die Helmstedter betonten im Zusammenhang damit stärker das persönlich-sittliche Element für die religiöse Praxis. Johann Gerhard war ihnen darin vorangegangen. Mit alledem bereitete Helmstedt nicht nur die kurze ökumenische Periode vor, die im Ansatz um die Wende zum 18. Jahrhundert sichtbar wurde, sondern auch die kritische Kirchenhistorie der Aufklärung. Auch an der Universität *Jena* bahnte sich eine in die Zukunft weisende Richtung an: die Nachfolger Johann Gerhards, unter ihnen namentlich Johann *Musäus* (1613—1681), gingen daran, die Theologie stärker philosophisch zu unterbauen. Dabei entwickelten sie ein System der „natürlichen" Religion unterhalb der alles umfassenden Offenbarungsreligion. Sie schufen damit einen Kanal zur späteren Aufklärung hin, welche die Idee der „natürlichen Religion" geradezu als eine ihrer Hauptüberzeugungen verkündete.

Vitale Glaubenskraft und dogmatisch fundierte Theologie schufen vereint den Boden, auf dem eines der schönsten Erzeugnisse des orthodoxen Luthertums wuchs: das evangelische Kirchenlied. Dieses, ein Bestandteil des Gottesdienstes, gedieh im 17. Jahrhundert zu seiner reifsten Gestalt. Diese Epoche brachte einen seither nie mehr erreichten Reichtum an geistlicher Dichtung hervor. Alle Konfessionen hatten daran teil. Aber der protestantische Anteil überwog. Innerhalb des Protestantismus wieder dominierte das Luthertum. Seine geistliche Dichtung erlebte in Paul *Gerhardt* (1606—1676) aus Gräfenhainichen bei Wittenberg ihren Höhepunkt. Die harte Außenseite und die tiefe Innerlichkeit des orthodoxen Luthertums offenbarten sich in der Person dieses Meisters des evangelischen Kirchenlieds auf ganz merkwürdige Weise. Er lebte die lutherische Rechtgläubigkeit mit solcher Ausschließlichkeit, daß er von der Kanzel predigte: „Ich kann die Calvinisten quatenus tales nicht für Christen halten." Er bezweifelte nicht nur allen Ernstes, daß ein Calvinist in die ewige Seligkeit eingehen könne, sondern verzichtete auch um dieser Überzeugung willen auf sein Pfarramt. Dem gläubigen Vertrauen dieses Dichters, der als Theologe ein unerbittlicher Eiferer war, war es gegeben, in beseelten Worten dem *Kirchenlied* einen schlechthin gültigen Ausdruck zu verleihen. Er wurde dessen eigentlicher Klassiker. Ungehindert durch die konfessionellen Schranken seiner Theologie sprach *Gerhardt* die Glaubensinhalte des Christentums in einer solchen Weite und Kraft des Gefühls aus, daß seine Lieder auch zum geistlichen Besitz der anderen Bekenntnisse wurden.

Neben Gerhardt, oder zeitlich nur unbedeutend von ihm getrennt, erstanden dem geistlichen Lied zahlreiche weitere Schöpfer. Darunter viele Kräfte ersten Ranges. Die Hauptbestandteile der gebräuchlichen evangelischen Gesangbücher gehen auf das 17. Jahrhundert zurück. In ebendiesem Zeitalter entwickelte Heinrich *Schütz* die Form der Kirchenkantate. Gegenüber der anfänglichen Monodie drang die Polyphonie durch, die uns gewöhnlich nur von ihrem gewaltigen Abschluß im Werke Bachs und Händels her bekannt zu sein pflegt.

Parallel also mit der uns oft nicht mehr recht verständlichen Dogmatik schwangen sich Dichtung und Musik im geistlichen Raum zu imponierender Höhe auf. Mit dem Reichtum, der sich in der Gesamtheit dieser Erscheinungen entfaltete, zeigte sich andeutungsweise die Weite des Umkreises, den die lutherische Orthodoxie in der Epoche ihrer Blütezeit auch außerhalb der

Theologie mit ihrer Gläubigkeit zu durchdringen und zu erfüllen vermochte.

Was die *Frömmigkeit* speziell betraf, so erhielt sie von *Luther* sowohl ihre Anregungen als auch ihr Korrektiv. Seine Katechismen, Lieder und liturgischen Schriften leiteten an, führten, formten und erzogen. Durch Luther wurde die Frömmigkeit des Christentums an die *Bibel* herangeführt, unter bestimmten Gesichtspunkten aber auch an eine *lutherisch* gelesene Bibel. Den Leitgedanken schlug der Eingangsvers des bekannten Kirchenliedes an: „Erhalt uns, Herr, bei Deinem Wort." Die lutherischen Andachtsbücher und Agenden reinigten das ältere mittelalterliche Gebetsgut vom Verdienst- und Interzessionsgedanken, behielten im übrigen aber viele dieser älteren Gebete bei. So durchwirkten, wie anders gar nicht möglich, reformatorische Antriebe die evangelische Frömmigkeit. Ausgesprochen oder unausgesprochen lag in ihr manch objektiv antikatholischer Zug — so wie die katholische Frömmigkeit manch antiprotestantischen Zug hervorkehrte. Anderseits gelangte in die evangelische Frömmigkeit auch manch katholischer Einfluß (wie umgekehrt auch reformatorische Impulse die katholische Frömmigkeit anregten). Die Passionsfrömmigkeit mit ihrer Bereitschaft zur Geduld, zum Leiden und Kreuz stand in ungebrochener Kontinuität mit dem Spätmittelalter. Im späteren 16. Jahrhundert wendete sich die evangelische Frömmigkeit stärker zur Meditation hin; hier ließ sich die Erbauungsliteratur des Luthertums teilweise vom zeitgenössischen Schrifttum der Jesuiten inspirieren, wie sie sich anderseits auch der hoch- und spätmittelalterlichen Mystik öffnete (Bernhard; Tauler). Während das 16. Jahrhundert für die evangelische Kirchen- und Dogmengeschichte eine tiefe Zäsur brachte, ging „frömmigkeitsgeschichtlich... der Riß *nicht* so sehr tief" (F. Lau). Sein konservativer Charakter bewahrte hier das Luthertum vor einer allzu radikalen Abkehr von den Traditionen des Mittelalters. Es nahm sie vielmehr positiv auf und pflegte sie über Generationen hinaus weiter.

2. Formen katholischer Frömmigkeit im 16. und 17. Jahrhundert

Die katholische Reform wandelte seit der Mitte des 16. Jahrhunderts das innerkirchliche Leben langsam um. Davon wurde auch die Frömmigkeit berührt. Zum Teil war die kirchliche Reform selber Wirkung und Ergebnis einer neu aufgebrochenen Religiosität. Zum Teil konnte sie nur durchgeführt werden, weil Kräfte der Frömmigkeit im Lande noch vorhanden waren; zum Teil aber führte sie hin und erzog zu einer Frömmigkeit, die sich nach Ausdrucksweise, Form und Inhalt charakteristisch von der Religiosität der vorreformatorischen Zeit abhob und unterschied.

Seit der Mitte des 16. Jahrhunderts strömten verschiedene Einflüsse in die katholische Frömmigkeit ein. *Erstens* erweckte der Angriff der Reformation, noch bevor es zu einer geistigen Gegenwehr des Katholizismus kam, eine neue Besinnung auf die Formen und Weisen der bisherigen Religiosität. Hier kam die *Tradition* dem Katholizismus zu Hilfe. Auf vieles, was ihm liebgeworden war, wollte das Volk nicht verzichten, auf Bilder und geistliche Spiele, auf Prozessionen und die Verehrung bestimmter volkstümlicher Heiliger. *Zweitens* bedeutete die Reformation einen harten *Stoß*. Alte Übungen, Gewohnheiten, Gottesdienstformen usw. griff sie an und stieß sie um. Die Folge war Verwirrung und Unsicherheit; viele Menschen wußten nicht, woran sie sich halten sollten. *Drittens* gingen von der Reformation aber auch positive Einflüsse in die katholische Kirche über: die Reformatoren regten die Katholiken an, sich im Gottesdienst stärker ihrer Muttersprache zu bedienen; sich auf die Heilige Schrift zu besinnen; den Blick auf die Gnade zu lenken und sich über das Wesen der Kirche Gedanken zu machen. *Viertens* wirkte sich die *innerkirchliche Erneuerung* — wie gar nicht anders möglich — auch auf Form, Richtung und Ausdrucksweise der *Frömmigkeit* aus. Die Erneuerung drang allenthalben von der Form aufs Wesen und stufte das Äußerliche und Formelle geringer ein als das Innerliche und Substantielle. Anderseits behielt sie die überlieferten Formen weitgehend bei und beschnitt nur deren Auswüchse und Mißbräuche. Sie setzte jedoch oft neue Akzente, eröffnete neue Bereiche für die Praxis pietatis und erweckte ältere Frömmigkeitsweisen zu neuem Leben, wie die Passionsmystik und Kreuzverehrung. Vor allem wußte die im Innern erneuerte Kirche die *Künste* zu inspirieren. Sie wirkten auf ihre Weise auf die Frömmigkeit ein und schufen ihr Ausdruck: die Musik nicht weniger als das Schauspiel; vor allem aber die bildende Kunst — obwohl gerade sie in den deutschsprachigen Ländern seit der Mitte des 16. Jahrhunderts ihren schöpferischen Impuls einbüßte und sich ausländische Einflüsse durchsetzten. Das kirchliche Leben der Reformation und der katholischen Reformzeit durchzog ein starker didaktischer Zug; ja dieser Zug dominierte sogar. So war es kein Wunder, daß die *Erziehung* zur Frömmigkeit eine große Rolle spielte. Auch bei Schauspielen und Prozessionen wurde die Wirkung auf die Erbauung und Erhebung des Gemüts miteinkalkuliert, ja geradehin zum Zweck erhoben.

Bewahrung älterer Gottesdienstformen und Frömmigkeitsübungen

Während des Bildersturms in St. Gallen (1529) brachten Mönche heimlich die Gebeine des heiligen Otmar an sichere Statt nach Einsiedeln. Knapp zehn Jahre später, nachdem inzwischen der konfessionelle Friede in die Eidgenossenschaft eingekehrt war, führten die Benediktiner die kostbare Reliquie in feierlichem Zuge von Einsiedeln über Stein am Rhein nach St. Gallen zurück. Den Zug empfingen vor der Klosterpforte in festlichen Gewändern die Mönche und der Abt, worauf unter feierlichsten Zeremonien, mit Gesängen und Gebeten die Gebeine in ihrer alten Ruhestätte im Münster beigesetzt wurden. Dem Vorgang wohnten eine Anzahl von Nonnen „und andere geistliche mütterli" (Beginen) bei, die vor Freude weinten, während ihn andere — evangelische — St. Galler Bürger, „so dem schowspil zusahen", verspotteten. Der Vorgang war typisch. Wo der Katholizismus sich — wenn auch nur teilweise — erhalten hatte und Gelegenheit bekam, seinen Kult wieder auszuüben, spielten sich die alten Formen wieder ein. Das heutige Mittelbaden, die

Landschaft am Oberrhein zwischen Karlsruhe und Kehl, hatte auf obrigkeitliche Anordnung mehrfache Glaubenswechsel mitzumachen. Die Äbtissin von Frauenalb bei Karlsruhe, die sich für die Restitution des Katholizismus einsetzte, verlangte von einem Pfarrer in ihrer Gerichtsherrschaft im Jahre 1564 unter anderem, daß er Wasser und Salz, Öl, Kerzen und Kräuter zu den gegebenen Tagen des Kirchenjahres segne, stets eine konsekrierte Hostie im Sakramentshäuschen bewahre und Tag und Nacht ein Licht davor brennen lasse, in der Osternacht das Taufwasser weihe und mit Fahnen und Osterstock um das Taufbecken ziehe „mit gewonlichem gepett". Eine Verordnung des Erzbischofs von Trier 1569 nannte unter den Gebeten und Übungen, die den Gläubigen einzuschärfen seien, „morgens die hl. meß zu hören ... zum Morgen- und Abendgeleuth die allerseligste Gebärerin und Mutter Gottes zu begrüßen, für die Abgestorbenen zu bitten ... Den Rosenkranz andächtig zu betten und dergleichen gute und heylsame ubungen sol der Pfarherr oder Lehrer mit allem Ernst daran seyn, damit solche zum fleissigsten ins werk gericht, geübt und underhalten werden"[1]). Beispiele solcher Art waren zahlreich und mit Händen zu greifen. Deutlich trat in ihnen ein gegenüber dem Protestantismus konservativer Zug hervor. Man suchte, an den bisherigen gottesdienstlichen Gewohnheiten möglichst festzuhalten. Auch die religiösen Gewohnheiten außerhalb des kirchlichen Raumes wollte man nicht aufgeben: Wallfahrten, Prozessionen, Marienverehrung. Das Kirchenjahr wurde weiterhin durch anschaulich-symbolische Vorgänge vergegenwärtigt, aber auch mit Vigilien, Fasten- und Abstinenzdisziplin begangen. Man hielt fest an der szenischen Umrankung der Hochfeste, an geistlichen Spielen und

---

[1]) Weitere Anweisungen, die bis ins Detail gingen, unterrichteten über Fasten und Abstinenz, über die Notwendigkeit tätiger Nächstenhilfe („Wie notwendig die milde Außspendung eigner Güter"), über das richtige Beichten und innerhalb der speziellen Gebetsanleitungen darüber, wie man sich der heiligen Jungfrau befehlen, wie man nach dem Beispiel des heiligen Franziskus beten solle, wenn das heilige Sakrament gezeigt werde, auch wie man beten solle, wenn man das Weihwasser nehme.

an anschaulichen Handlungen (Dreikönigssingen, Palmeselprozession), am Gebrauch des Weihwassers und an der lateinischen Sprache.

Dies alles waren *traditionelle* Züge. Dennoch waren sie nicht nur pure Fortsetzung des Mittelalters. Vielmehr stand auch hinter ihnen vielfach das Erlebnis und die Einwirkung der Reformation. Gewiß, an vielen alten Gewohnheiten wurde festgehalten *trotz* der Reformation. Aber daß man es bewußt tat, im Gegensatz gegen sie und als Antwort auf sie — allein darin schon lag ein neues, nachmittelalterliches Element. Doch handelte es sich nicht allein darum. Offensichtliche Mißbräuche und Auswüchse wurden beseitigt, vieles maßvoll reduziert; manche mittelalterliche Naivität schwand dahin. Reflexion und eine neue Besinnung drangen in die alten Gewohnheiten ein. Beim Rosenkranzgebet und beim Ave Maria oder Englischen Gruß hob man fortan betont auf das biblische Fundament ab.

Maria wurde gepriesen „als ein werckzeug der reichlichen genaden Gottes / die uns durch Christum geben seind", den Englischen Gruß lernte man als einen Vorgang verstehen, durch den Gott seinen Gnadenwillen und seine Barmherzigkeit verkündete. Die Sakramente suchte man aus der Kirchengeschichte und aus der Heiligen Schrift zu legitimieren. Es ist unverkennbar: Die vielfältigen Formen und Weisen, in denen sich die Frömmigkeit des Mittelalters äußerte, hatte man wieder in Beziehung zu setzen gelernt zur Erlösungstat Gottes und zu seinem heilsgeschichtlichen Wirken. Ebendas aber gab der katholischen Frömmigkeit Sicherheit und Auftrieb. Sie gewann Schwung, Dynamik und auch eine gewisse Bekenntnisfreudigkeit.

Einflüsse der Reformation

Der exklusive Charakter der verschiedenen Bekenntnisse schlug sich zwar nicht immer und überall in der Frömmigkeit nieder; doch ließ sich angesichts der Zeitsituation gar nicht vermeiden, daß der Gegensatz der Konfessionen auch in den inneren Bereich des religiösen Lebens eindrang. Den Katholiken wurde zum Beispiel verboten, am Karfreitag zu kommunizieren, weil der Todestag Jesu zum evangelischen Abendmahlstag geworden war. Selbst manche alten deutschen und nota bene katholischen Kirchenlieder wurden für den katholischen Gottesdienst untersagt, weil sie mittlerweile bei den Protestanten in Übung gekommen waren. Das traf zwar nicht überall zu; immerhin wurde es für das Erzbistum Mainz 1600 so verordnet. Dringt man bei solchen Vorkommnissen vom Symptom aufs Prinzip, so heißt das: bestimmte religiöse Übungen mußten auf katholischer Seite unterbleiben, weil sie bei den Protestanten im Schwange waren. Das aber bedeutete eine *partielle religiöse Verarmung*, die Aussperrung bestimmter Frömmigkeitsregungen, die Austrocknung von seelischen Regionen. Sie ist in der Tat als Folge der Glaubensspaltung eingetreten. Auch das verhältnismäßig weitgehende Festhalten an der lateinischen Kultsprache ging mit auf dieses Prinzip zurück. Immerhin: Auch auf katholischer Seite bekam man den Mut und sah die Notwendigkeit ein, sich stärker der *deutschen Sprache* zu bedienen. Hier ging eindeutig ein positiver Anstoß von der Reformation aus. So kamen auch für den katholischen Gebrauch Sammlungen von deutschen *Kirchenliedern* heraus, von deutschen *Psalmen*, auch von deutschen *Bibeln*. Die biblische Begründung der Glaubenslehren gelangte wieder zu Ehren, Theologie wie Predigt wiesen mit aller Entschiedenheit auf die *Gnade* als den unvergleichlichen Heilsfaktor hin, gerade wenn von der Notwendigkeit der *Werke* gesprochen wurde. In seiner zweiten Fastenpredigt von 1567 leuchtete Kardinal Hosius das Thema Gnade und Werke nach allen Seiten hin ab; er kam dabei immer wieder auf die Aussage zurück, daß Christus selbst es sei, der die Werke in uns wirke und auch bewirke, daß sie vor Gott angenehm seien, und sagte mit wünschenswerter Deutlichkeit, daß alle Werke verworfen würden, die ohne Glauben gewirkt wären. Die Gnade und die Barmherzigkeit — das waren die Punkte, worauf der Protestantismus die Frömmigkeit gelenkt hatte. Seit der Mitte des 16. Jahrhunderts finden wir diese Thematik und eine von ihr geprägte Religiosität in den katholischen Predigten und Unterweisungen.

Merkmale katholischer Frömmigkeit seit der Reformation

Auf älteren Traditionen fußend, Anregungen von der Reformation sowohl aufnehmend als auch abstoßend, entwickelte im Zuge der konfessionellen Kämpfe die katholische Frömmigkeit ein durchaus eigenes Gepräge. Wir versuchen, verschiedene typische oder doch charakteristische Züge hervorzuheben. Sie gründete sich auf ein durch die Kritik und durch die Anfechtung der Reformation hindurchgegangenes und gewissermaßen filtriertes *Kirchenbewußtsein*. Nachdem es in der Christenheit nicht mehr selbstverständlich war, der vom Papste regierten römischen Kirche anzugehören, war das Bekenntnis, katholisch zu sein, zu einem betonten Glaubensakt geworden — was es früher durchaus nicht in so strikter Weise gewesen war. „Die Kirche war nunmehr nicht nur eine Frage der Rechtsordnung, sie wurde zum Objekt der Frömmigkeit. Sie wurde als heilige Mutter, Lebensspenderin, Hort der Wahrheit, Vermittlerin der Gnaden verehrt" (R. Reinhardt). Die Frömmigkeit bekam dadurch, daß sie sich zu einer umstrittenen und angefochtenen Kirche entschieden bekannte, einen ekklesiologischen Einschlag und darüber hinaus auch noch eine historische Note. Denn die geschichtlichen Zeugnisse bestärkten das Glaubensbewußtsein, indem sie, in katholischer Interpretation, bewiesen, daß Gott seine Kirche dem Rachen der Verfolger entrissen habe und daß der derzeitige Glaube der Kirche der alte Glaube der Christen sei. Das Kirchenbewußtsein konzentrierte sich durchaus auf die *Sichtbarkeit* und den Stuhl Petri zu Rom. Äußerlich fühlte es sich gestärkt durch die Einheit der Kirche und Lehre im Unterschied zur Uneinigkeit der protestantischen Theologen und Lehrmeinungen; innerlich wußte es sich gegen alle Angriffe gefeit durch den Glauben an den Beistand des heiligen Geistes, der die Kirche von der Wahrheit nicht abirren lasse. Zum Quell der Frömmigkeit konnte das katholische Kirchenbewußtsein aber deshalb werden, weil es hinter der Kirche stets *Christus* sah: die Kirche war seine Braut; er selbst, der Bräutigam und das Haupt der Kirche, war auch der, der durch ihre Diener und durch ihre Ämter wirkte. Das Bewußtsein, mit Christus durch die

Kirche in der Wahrheit zu stehen, darf man sich getrost recht massiv vorstellen; trotzdem war es gleichzeitig auch durchaus spirituell. Aus ihm jedenfalls erwuchs ein Pathos der wahren Kirche und der rechten Lehre, das als Pathos in die katholische Frömmigkeit nach der Reformation einging und eines ihrer wesentlichen Elemente wurde. Nur aus dem Bewußtsein dieser Beziehung zwischen Kirche und Christus lassen sich verschiedene disziplinäre Züge erklären und rechtfertigen, die gleichfalls die katholische Frömmigkeit charakterisierten. Der *Gehorsam* der Ordensangehörigen gegen ihre Oberen ging zum Beispiel darauf zurück: Dem Oberen sollte gehorcht werden, weil er Christus repräsentiere. Bis zu welchem Grade dadurch der Mensch zu Unterordnung und Demut erzogen werden, unter Umständen aber auch zerbrochen werden konnte, lehrte die Geschichte der einzelnen Orden. Ignatius hat durch den „heiligen" Gehorsam die Jesuiten nicht nur gesittigt und geläutert, sondern, indem er ihnen die Sorge um das Heil des Nächsten aufband, auch missionarisch und karitativ aktiviert. Damit sind zwei weitere Züge katholischer Frömmigkeit berührt: die *Nächstenhilfe* in leiblichen *und* seelischen Dingen; beides aktive Züge aus dem gleichen Antrieb. Neben ihnen und fast als ihrer methodischen Voraussetzung begegnen wir aber einem ausgesprochen *aszetischen* Einschlag der Frömmigkeit. Wenn man an der Aszese festhielt oder wenn man das gute Werk betonte, so bedeutete beides seit dem 16. Jahrhundert eine Antwort an den Protestantismus, der von beidem nicht viel hielt. Das besagte aber nach der positiven Seite hin, daß man beides religiös für wertvoll hielt.

Die *Meditation* (Betrachtung) hielt man für unentbehrlich. Die Jesuiten pflegten sie systematisch, nicht nur innerhalb ihres Ordens, sondern durchweg in der religiösen Erziehung der Laienschaft. Die Exerzitien geben dafür den besten Beweis. Auch die Kapuziner nahmen das meditative Element so wichtig, daß sie selbst stets nur einen Teil ihrer Patres in die praktische Arbeit entließen. Als sie in ihrer 1581 begründeten schweizerischen Ordensprovinz volksmissionarisch zu arbeiten begannen, blieb mehr als die Hälfte der Ordensleute zur pointiert geistlichen Lebensführung in den Klöstern zurück. Sinn und Ziel der Betrachtung war es, die Heilstatsachen dem Gemüt, Herz und Verstand so einzuprägen, daß sie dem inneren Menschen stets gegenwärtig blieben. Den Jesuiten galt dieserart Versenkung als rechte Vorbereitung auf das Wirken in der Welt. Man kann allerdings auch beobachten, wie sie ein Zuviel an Betrachtung strikt bekämpften und wie sie die Frömmigkeit auf das praktische Wirken hinlenkten. Es war kein Zufall, daß gerade von der Gesellschaft Jesu die entscheidenden Impulse ausgingen für äußere und innere *Mission*. Eben die Jesuiten waren es, die eine *Standesseelsorge* — für Soldaten, Dienstboten, Gefangene, höhere Schüler usw. — ins Leben riefen und dafür die entsprechenden Einrichtungen schufen, wie zum Beispiel die Sodalitäten. Bei den Benediktinern, jedenfalls im Bereich der schwäbischen und der schweizerischen Kongregation, erhielt das Opus Dei der täglichen Liturgie wieder seinen ursprünglichen Sinn. Die meisten Abteien — Weingarten, St. Gallen, Einsiedeln und andere mehr — machten unter der Anleitung religiös orientierter Äbte eine gründliche innere Reform durch und sahen sich dadurch instand gesetzt, das alte Ora et Labora in einer der neuen Zeitsituation angepaßten Weise wieder zu Ehren zu bringen.

In das Bild der nachreformatorischen katholischen Frömmigkeit gehörten als scheinbar entgegengesetzte Wesenszüge eine *aszetische* Disziplin und eine unverkennbare *Sinnen-* und *Weltfreudigkeit*. Hier unterschied sie sich deutlich vom Protestantismus. Das *Armuts*ideal in den Klöstern hatte im Mittelalter weithin gelitten. Jetzt trat es wieder in den Vordergrund als geistliches Fundament klösterlichen Lebens. Mönchischer Besitz wurde als heilsgefährdend angesehen. Umgekehrt übte gelebte Armut Anziehungskraft aus und machte den Glauben der Umwelt glaubhaft. Das galt nicht nur für die Armut, sondern für jederart *Entbehrung* und Kasteiung. Durch sie wurde sichtbar, daß die Betreffenden ihren Glauben sich etwas kosten ließen. Der Aszese als Mittel des inneren Sich-Bereithaltens diente expreß das Fasten. Es sollte eine Hilfe sein, sich innerlich im Advent auf die Ankunft des Herrn und in der Quadragesima auf die Passion einzustimmen. *Buß*prozessionen und Karfreitagsprozessionen dienten dem gleichen Ziel von der anschaulich-darstellerischen Seite her. Die pompöse Begehung der Feiertage entsprach als komplementäre Erscheinung dem strengen Ernst der *Fastenzeit* und anderen aszetischen Verhaltensweisen. Beides war in seiner Art wie der schmerzensreiche und der glorreiche Rosenkranz ein Mitbegehen des Lebens des Herrn und eine Nachfolge Christi, zugleich die menschlich-seelische Reaktion auf die großen heilsgeschichtlichen Ereignisse der Geburt, des Sterbens und der Auferstehung Christi. Ähnliches galt in bescheidenerem Rahmen von der Begehung des Marienlebens und bestimmter Heiligenfeste. *Pomp* und barocker *Aufwand* waren zeitgemäße Formen, dem religiösen Empfinden Ausdruck zu geben und es gewissermaßen zu *verleiblichen*. Dazu kam aber noch etwas anderes: Durch die herzhafte Verwendung des Sichtbaren sollten die Gläubigen auch von ihren *Sinnen* her an der Kirche interessiert und an sie herangeführt werden. Gelegentlich veranstalteten die Jesuiten vor der Kinderkatechese öffentliche Prozessionen, um dadurch zum Unterricht anzulocken. Vor allem aber, und das war mittelalterliches Erbteil, sollten das Zeremoniell und die szenische Darstellung die religiösen Inhalte verkünden. Daher die Verwendung der *Plastik* und *Malerei* für den Kult, daher ganze *Szenenfolgen* aus dem Alten und Neuen Testament bei den Münchner Fronleichnamsprozessionen, daher auch die geistlichen Spiele. Dies alles, früher unreflektiert begangen, verlangte nunmehr, weil von protestantischer Seite bekämpft, der Begründung. Wir geben sie aus einer zeitgenössischen Quelle: aus Hosius' erster Fastenpredigt 1567. Die feierliche Begehung der Tage und Feste mit äußerlichen Zeichen, Bildern und Zeremonien, solle, heißt es dort, „die Wohltat des Herrn, vorab sein bitteres Leiden und seinen schmählichen Tod, allen Menschen einbilden und kundmachen, auf daß, wer es nicht lesen könnte, hören; wer es nicht hören könnte, sehen; und wer es weder hören noch sehen könnte, greifen möchte".

Zum Erscheinungsbild der nachreformatorischen katholischen Frömmigkeit gehört ferner die Verlagerung der Frömmigkeit in das *Werk*. Sie war etwas anderes als die spätmittelalterliche Werkheiligkeit. Sie bedeutete theologisch wie praktisch eine

Antwort auf den Protestantismus. Der Protestantismus hatte Augen, Herzen und Sinn auch der Katholiken geöffnet für das Wirken der Gnade. Das wurde akzeptiert. Zugleich aber wurde hochgehalten und besonders betont der *gelebte* Glaube. Für Ignatius und die Jesuiten war die Praxis pietatis eine Form der *Glaubensverkündigung*, ja geradezu ein Bekehrungsmittel. Um 1550 war in den deutschsprachigen Ländern noch nicht viel von der Gesinnung zu spüren, um des Bekenntnisses, um der Kirche, um Christi willen materielle oder persönliche Opfer zu bringen. Einmal eingepflanzt, begann diese Gesinnung seit der Jahrhundertmitte langsam Früchte zu tragen. Einrichtungen der Nächstenhilfe wurden gestiftet, auch die allenthalben auflebenden Bruderschaften hatten vornehmlich caritative Aufgaben als Existenzzweck. Die damals häufigen Pestepidemien bewiesen, daß ein anderes Geschlecht von Geistlichen herangewachsen war. Hunderte von Ordensleuten fanden als Krankenpfleger in Seuchenzeiten den Tod; auch Friedrich von Spee starb als Krankenpfleger (in Trier, 1640). Eine ausschließlich der Krankenpflege gewidmete portugiesische Ordensgründung, die Gemeinschaft der Barmherzigen Brüder, fand 1600 Eingang in Deutschland und bezog in Österreich ihre ersten Spitäler.

Über das Wesen der katholischen Frömmigkeit

Soviel auch an Erscheinungsformen der Frömmigkeit sichtbar wurde, so tat sich in ihnen allen doch *ein* Zug der Hinwendung zu Christus als dem Herrn unverkennbar kund. Die Jesuiten empfanden sich, wie ihr Name besagte, als seine besondere Mannschaft; die Kirche wurde sehr real als seine Stiftung angesehen. Als Herr der Kirche, als Bräutigam, als Leidender und als Auferstandener prägte er sich den Seelen ein. „Das Kreuzzeichen, welches wir auf die Stirne machen, fordert uns darum auf, unseren wahren heiligen Ruhm und den Anker unseres ganzen Heiles in das Kreuz unseres Herrn zu setzen", heißt es in Petrus Canisius' Großem Katechismus. Insbesondere stellte sich die Christusfrömmigkeit als *Passions*frömmigkeit dar: In den Kruzifixen, auf den Feldern und an den Wegen, in der Anlage von Kreuzwegen, in den plastischen Darstellungen des Ölbergs und des Heiligen Grabes, schuf sich die Hingabe an den leidenden Heiland ihren Ausdruck. Sie wurde *ein* Wesenszug der Frömmigkeit dieser Zeit. Nicht zufällig gelangten gerade jetzt spezielle Gebetbücher mit Gebeten zu Verehrung des Gekreuzigten in größerer Anzahl zum Druck. In der zarten *Passionslyrik* Spees sprach sich die gleiche Gesinnung aus.

Neben diesen zarten und verinnerlichten Zügen darf man freilich auch die *kräftigeren Konturen* nicht übersehen. Denn seit der Reformation bekam die katholische Frömmigkeit einen kämpferischen Einschlag. Fromm sein hieß ein Miles Christi sein gegen Teufel, Welt und Fleisch: „Also daß alles unser Leben nach der Tauff nichts anderst ist, nur ein Streit." Genauso wie die liebevolle Versenkung in die Passion, gehörte das nach außen sich kehrende *bekenntnishafte* Moment zur Signatur der Frömmigkeit. Kämpferische Bekenntnisfreudigkeit bildete unter Umständen das Motiv, öffentliche Prozessionen und Wallfahrten zu veranstalten. Wie die allgemeine Kirchenreform ihre gewalttätige, militante und ihre nach innen gerichtete religiöse Seite hatte, so besaß auch die Frömmigkeit einen in die Öffentlichkeit tretenden notfalls trotzigen Zug und seine subtile, das innere seelische Leben berührende Richtung. Dem entsprach in anderer Weise das meditative Element und das werktätig-karitative. Im ganzen war die Frömmigkeit sehr viel kirchlicher geworden, weil die Kirche wieder ein Glaubensgegenstand geworden war.

Der Erscheinungsweisen waren so viele, daß es schwer ist, sie auf einen Nenner zu bringen. In ihrer Gesamtheit machten sie jedoch deutlich, daß den Katholizismus in seinem Frömmigkeitsleben, trotz allerlei Veräußerlichung, ein starker Zug von der Peripherie auf die Mitte hin erfaßt hatte. Die Hauptsache wurde wieder Hauptsache: Christus und das Heil des Nächsten suchen — wie Contarini es gesagt und Ignatius es ähnlich formuliert hatte. Diese Losung hat gleichsam als Sauerteig die katholische Frömmigkeit in Bewegung gebracht und durch diese Bewegung die oben beschriebenen Verhaltensweisen erzeugt.

X. DIE KONFESSIONSBILDUNG IN OSTEUROPA

Völlig eigene Wege gingen Reformation und Gegenreformation im mitteleuropäischen Osten. Die Grundlagen und Voraussetzungen für die Neubelebung der katholischen Kirche wie für die Aufnahme der großen evangelischen Konfessionen und zahlloser protestantischer Sondergemeinschaften lagen hier bei weitem nicht nur im *religiösen* Bereich. Die politische *Verfassung* der östlichen Staatsgebilde, die *Gesellschafts*ordnung und die *Nationalitäten*zugehörigkeit bildeten hier Faktoren ersten Ranges. Das religiöse Klima war hier meistens milder als in Mittel- und Westeuropa. So existierten innerhalb der gleichen politischen Gemeinschaft oft mehrere Bekenntnisse nebeneinander.

1. Politische Ordnung, Verfassungslage und Nationalitäten

Zu Beginn des 16. Jahrhunderts zerfiel Osteuropa — ohne Rußland und die Türkei — politisch in die drei Königreiche *Polen-Litauen, Ungarn* und *Böhmen-Mähren* (mit den Lausitzen und Schlesien). Dazu kam noch das souveräne geistliche Ordensgebiet von *Livland* mit *Kurland* und *Estland*. Unter polnischer Lehnhoheit erfreute sich einer gewissen Selbständigkeit das Ordensland *Preußen*. Böhmen gehörte dem Reichsverband an; es war damals in Personalunion mit Ungarn verbunden.

Bis zur Mitte des Jahrhunderts änderte sich die politische Landkarte folgendermaßen: 1526 wurde *Ungarn* nach der Schlacht bei Mohacs ein Opfer der osmanischen Invasion. Die Türken eroberten den größten Teil des Landes. Siebenbürgen geriet, unter eigenen Großfürsten, in ihre Lehnsabhängigkeit und wurde ein Vasallenstaat. Zentralungarn gliederten die Sieger ihrem Großreiche ein; der Rest blieb als sogenanntes königliches Ungarn frei; es war ein schmaler Streifen im Nordwesten entlang der österreichischen Grenze von der Adria bis zur Slowakei (einschließlich). König Ludwig II. war bei Mohacs 1526 gefallen. Da mit ihm seine Dynastie erlosch, ging auf Grund eines Erbvertrags die ungarische Krone an Ferdinand I. von Österreich über. Desgleichen folgte Ferdinand seinem Schwager Ludwig als König von Böhmen.

Ein russischer Einfall in das Baltikum 1559 löste den Zerfall des *livländischen* Ordensstaates aus. Nach einem jahrelangen Streit um die Beute gelangte Estland (1561 ff.) an Schweden, Ösel an Dänemark und der Rest an Polen; *Kurland* erhielt den Status eines von Polen lehnsabhängigen Herzogtums. Innerhalb Polens verklammerte 1569 die *Union von Lublin* die beiden Hauptländer des Doppelreiches Polen und Litauen zu einer festeren politischen Einheit. *Litauen* ging dadurch stärker im polnischen Staate auf, erhielt allerdings sehr genau präzisierte Eigenrechte. Bis zur Mitte des 17. Jahrhunderts eroberte *Schweden* im Zuge seiner Großmachtpolitik Ingermanland am finnischen Meerbusen und Livland und faßte dadurch Fuß im osteuropäischen Raum.

Die westliche Hälfte des polnischen Großreiches, Böhmen und Ungarn hatten, mit geringen zeitlichen Unterschieden, etwa zur selben Zeit das Christentum angenommen; auch als Staatsgebilde waren sie annähernd gleichen Alters. Während des Hoch- und Spätmittelalters lebten sie untereinander sowohl als auch mit Deutschland im Verhältnis lebhafter wechselseitiger Beziehungen. Nicht nur kulturell und wirtschaftlich, sondern auch politisch. Unter den Trägern der deutschen Königskrone gab es böhmische Könige; Kaiser Sigismund trug die ungarische Stefanskrone. Gelegentlich regierte *ein* König in Personalunion zwei der östlichen Reiche. Zwei von ihnen fielen schließlich gleichzeitig an eine deutsche Dynastie (1526). Ein schönes Beispiel des Zusammenhangs zeigte *Schlesien:* Es war in allen sozialen Schichten überwiegend deutsch bevölkert, gehörte politisch zum Lehnsverband der böhmischen Krone und wurde, einige kleinere Fürstentümer abgerechnet, von Herzögen aus einem Zweig der polnischen Königsdynastie der Piasten regiert.

Politische Gesichtspunkte 155

Seit dem 16. Jahrhundert nahm jedes der drei Reiche eine andere Entwicklung. Ungarn blieb mehr als eineinhalb Jahrhunderte in drei Teile gespalten; Böhmen und Mähren ordnete die habsburgische Dynastie straff in ihr Territorium ein und nahm ihm viel von seiner alten Selbständigkeit weg. Polen trat in eine Phase ansehnlicher Machtentfaltung, verwickelte sich deshalb aber auch in zahllose Kriege im Norden und im Osten, vor allem mit Schweden. Auch in der *inneren* Verfassung bot jedes der drei Länder bis zum Ende des 17. Jahrhunderts ein anderes Bild. In Böhmen gelang es der Monarchie nach harten, langwierigen Kämpfen, die Macht der Stände zu brechen. In Polen und Litauen unterhöhlten dagegen die Stände die Macht des Königs so vollständig, daß man von einer Adelsrepublik sprach. In Ungarn war die Position der Habsburger stärker als die des Königs in Polen. Auf der anderen Seite ließ der selbstbewußte, seit Jahrhunderten auf seine Freiheiten bedachte Adel niemals zu, daß sich die monarchische Gewalt zum Absolutismus entwickelte. Mehrere Kraftproben zeigten den Habsburgern, daß sie besser fuhren, wenn sie die freiheitlichen Ansprüche der staatstragenden Adelsschicht respektierten. Der Adel machte davon geradezu seine Loyalität abhängig. Im ganzen resultierte daraus eine zwar nicht spannungslose, aber letztlich positive und fruchtbare Partnerschaft.

Bei der agrarischen Wirtschaftsverfassung des Ostens dominierte sozial der *Adel;* seiner wichtigen Funktionen wegen nahm das bürgerlich-städtische Element eine Sonderstellung ein. Die Bauern befanden sich überwiegend in der Hand der Gutsherren und hatten geringe oder gar keine Rechte. Neben dem niederen Adel erhob sich in Ungarn und Polen ein *Magnatenstand* mit reichem Landbesitz. Dieser Stand besaß in Ungarn überaus weitgehende Rechte, desgleichen in Böhmen und Mähren. In Polen hatte der *niedere* Adel bedeutende politische Macht zu erringen vermocht. In allen drei Königreichen verfügte die Aristokratie über so weitgehende Kompetenzen, daß es gar nicht möglich war, ohne ihre Mitwirkung zu regieren. Die Monarchie durfte kein Gesetz ohne Billigung der großen Herren im Lande erlassen. *Sie* bestimmten die Höhe der Steuern usw. Sie waren nicht nur dem Namen nach, sondern tatsächlich der erste Stand. Was aus der Reformation oder der Gegenreformation wurde, hing daher auch ganz besonders von ihnen ab. Sie waren gewohnt, auch in kirchlichen Dingen ein gewichtiges Wort mitzusprechen. Allerdings waren sie nicht die einzigen, die hier mitzureden hatten. Daneben spielten für die Konfessionsbildung auch die *Nationalitäten* eine gewisse Rolle. Wir berichten deshalb darüber, wie sie sich verteilten. Ein bekanntes deutsches Konversationslexikon bringt in der Auflage von 1907 zum Stichwort „*Ungarn*" eine Bevölkerungsstatistik. Ihr entnehmen wir, daß im Vorkriegsungarn, nach Konfessionen aufgeschlüsselt, 48,7 Prozent der Einwohner der römisch-katholischen, 14,4 Prozent der reformierten, 13,1 Prozent der griechisch-orientalischen (orthodoxen), 10,9 Prozent der griechisch-katholischen (unierten), 7,5 Prozent der evangelisch-lutherischen, 4,9 Prozent der israelitischen und 0,4 Prozent der unitarischen Glaubensgemeinschaft angehörten. Römisch-katholischen Bekenntnisses waren — 1907 — die Kroaten und mehrheitlich die Magyaren, Deutschen und Slowaken; zur orthodoxen Kirche gehörten die Serben und der größere Teil der Rumänen, zur unierten Kirche die Ruthenen. Die Deutschen und Slowaken, soweit nicht katholisch, waren evangelisch-lutherisch; die Magyaren, soweit nicht katholisch, waren reformiert. In dieser kombinierten Nationalitäten- und Konfessionsstatistik aus dem Anfang des 20. Jahrhunderts spiegeln sich noch deutlich die Resultate, zu denen die religiösen Bewegungen des 16. Jahrhunderts in Ungarn geführt hatten. Aber auch der Zusammenhang einzelner Volksgruppen mit bestimmten Bekenntnissen läßt sich erkennen. In dem politisch dreigeteilten Lande lebten außer den Magyaren noch Kroaten und kleinere südslawische Minderheiten, in den nördlichen Komitaten Slowaken, in Siebenbürgen in geschlossener Siedlung Deutsche, aber auch in den Städten waren vielfach Deutsche ansässig, besonders im Norden und Westen. In *Böhmen* gab es inmitten der böhmischen und mährischen Bevölkerung eine besonders starke deutsche Minderheit. Geschlossen deutsch besiedelt waren die Sudetenländer, aber auch im Innern des Landes war das deutsche Element vertreten.

Die größte Fülle von Volkstümern lebte jedoch an den Grenzen des *polnisch-litauischen* Großreiches. Hier wohnten Westslawen und Ostslawen: Ukrainer, Weißruthenen, die baltoslawischen (baltischen) Kuren, Esten und Letten; Ober- und Niederlitauer und westslawische Polen verschiedener Schattierungen: Groß- und Kleinpolen, Masovier, Rotrussen usw. Wie in Böhmen, Mähren und Ungarn lebten deutsche Bevölkerungselemente in den Städten, in Warschau, Krakau, Grodno, Wilna, Brest, Lemberg und hundert kleineren städtischen Siedlungen. Besonders dicht in Westpreußen (dem sogenannten Polnisch-Preußen), auch auf dem Lande, desgleichen im Ermland. Im Baltikum überlagerte eine dünnere, in Ostpreußen eine dichte deutsche Schicht die eingeborenen Baltoslawen, in zeitgenössischen Quellen oft vereinfacht „Undeutsche" genannt. Die östlichen Volkstümer (Ukrainer, Ruthenen, zum Teil auch Litauer) gehörten kirchlich dem byzantinischen Ritus an. Ein Großteil der orthodoxen Litauer, Weißruthenen und Westukrainer schloß sich 1596 in der *Union von Brest* der römisch-katholischen Kirche in Form einer Union an, die ihnen erlaubte, ihre gottesdienstlichen und sonstigen religiösen Gewohnheiten beizubehalten. Der Rest hielt sich separat. Diese sogenannten Dissidenten gerieten später unter den spezifischen Einfluß Rußlands als der vornehmsten Schutzmacht der Orthodoxie. Katharina II. interessierte sich angeblich für die religiösen und staatsbürgerlichen Rechte der Dissidenten und benützte sie als Vorwand für die Teilung Polens im 18. Jahrhundert.

Die *kirchlichen* Unterschiede, die sich weithin mit den Nationalitätengrenzen deckten, zogen scharfe *Trennungslinien* innerhalb des Großreichs. Übel wirkte sich dabei aus, daß es religiös zu keiner Partnerschaft von annähernd Gleichberechtigten kam. Denn die katholischen Polen ließen es sich angelegen sein, die unierten Ostslawen, obgleich sie derselben Kirche angehörten, zu Staatsbürgern zweiter Klasse herabzudrücken. Im litauischen Raum spielte sich in konfessioneller Hinsicht übrigens ein Vorgang ab, der in der Kirchengeschichte keine weitere Parallele hat: nämlich daß auf dem Umwege über den Protestantismus, der im Zuge seines raschen Aufschwungs auch orthodoxe

Gemeinden erreichte, Angehörige der Ostkirche den lateinischen Ritus der römischen Kirche annahmen. Sie gerieten, protestantisch geworden, in den Sog der Rekatholisierungswelle, der am Ende des 16. Jahrhunderts die evangelischen Gemeinden allenthalben erfaßte und wurden durch sie der römischen Kirche zugeführt.

Besonders rege Verbindungen bestanden zwischen den östlichen Ländern und *Deutschland*. Und zwar nicht nur wirtschaftlich, infolge jahrhundertealter Handelsbeziehungen, sondern auch kulturell: durch den Humanismus, durch die Universitäten, durch den Austausch von Künstlern. Dazu kam seit 1526 die dynastische Verbindung Ungarns und Böhmens mit dem Hause Österreich. Freilich war das Verhältnis nicht immer spannungsfrei, gelegentlich war es auch feindlich. Im ganzen aber herrschte ein lebhafter Verkehr und Austausch, liefen ja doch auch die Verbindungen nach Westeuropa über Deutschland. Anderseits war das deutsche Element selbst im Osten (siehe oben) vertreten: Geschlossene *deutsche Siedlungsbezirke* existierten in Siebenbürgen, Ostpreußen, Nordböhmen und an den übrigen Sudetenrändern; durchgehend deutscher Nationalität war die soziale Oberschicht im livländischen Ordensland. Das Gebiet von der mittleren Ostsee bis zu den Ostkarpaten, von Böhmen bis über die alte Ostgrenze Polens gegen Litauen war von deutschen Städten übersät, die gewöhnlich auf Geheiß der slawischen Landesherren deutsche Kaufleute im 13. und 14. Jahrhundert gegründet hatten. Trotz starken einheimischen Zuzugs besaßen Hunderte von Städten zwischen Ungarn und dem Baltikum im 16. Jahrhundert einen nennenswerten deutschen Bevölkerungsteil; manche Städte, wie zum Beispiel Riga, Danzig, Elbing, waren der Bevölkerung nach überhaupt deutsch. Bei ihnen fand in der Regel Luthers Reformation schon in sehr früher Zeit, 1520 oder bald danach, Eingang.

2. Eigenart der evangelischen Bewegung in Osteuropa

Verfassungslage und Zusammensetzung der *Volkstümer* bildeten die wichtigsten *außerreligiösen* Grundlagen und Faktoren des konfessionellen Entwicklungsprozesses. Fragen wir nach den *religiösen*, geistigen oder doch wenigstens äußerlichen *kirchlichen* Voraussetzungen, so läßt sich soviel erkennen: Die bürgerliche Bildungsschicht in den Städten war dem *Humanismus* aufgeschlossen; eine Universitätsstadt wie Krakau stellte geradezu ein humanistisches Zentrum dar. Ein gewisses humanistisches Bildungsinteresse war aber auch beim Adel vorhanden, jedenfalls bei einem Teil seiner Angehörigen. Humanistisch gesonnen hieß aber soviel wie kirchenreformerisch interessiert sein. An negativen Faktoren kam hinzu eine gewisse *antirömische* Einstellung. Sie ging meist wohl nicht in theologische Tiefen, sondern entzündete sich mehr am Ärgernis über ärgerliche Dinge wie die Privilegierung des geistlichen Standes und den Reichtum des höheren Klerus. Aus diesem Grunde war es zwischen dem polnischen Adel und dem polnischen Episkopat zu einem scharfen Gegensatz gekommen. Auch daraus erklärte sich — als Mitursache — das rasche Umschwenken der polnisch-litauischen Magnaten zur Reformation.

Auf dem durch den Humanismus aufgelockerten Boden fand die *Reformation* anfangs meist freundlichen Anklang. Luther, Melanchthon, Calvin knüpften brieflich Beziehungen bis nach Siebenbürgen, Ungarn, Polen und den Ostseeländern. Der Zeitraum von etwa 1520—1650 bildete eine zusammenhängende Periode der konfessionellen Bewegung und religiösen Erneuerung. Die Vorgänge entwickelten sich hier nach eigenen Gesetzen und verliefen keineswegs, weder sachlich noch zeitlich, nach dem Schema der deutschen Geschichte.

Die ersten Anstöße dazu gingen allerdings durchweg von *Deutschland* aus. Durch zahlreiche Kanäle drangen evangelische Lehren in den Osten. Das deutsche *städtische Bürgertum* nahm sie überall positiv auf und trug sie weiter. Sie wurden aber auch durch einheimische Studenten bekannt gemacht, von denen herkömmlicherweise viele auf deutschen Hochschulen studierten. Luthers Schriften wurden bald in die Landessprache übersetzt, auch die Confessio Augustana. Daneben spielten kaufmännische Beziehungen nicht selten eine Rolle. *Kaufleute* und *Studenten* brachten zum Beispiel schon früh lutherisches Gedankengut in die Slowakei. Zu einer festeren Organisation des evangelischen

Kirchenwesens kam es jedoch meistens nicht so bald; ausgenommen in den deutschen Stadtgemeinden. Diese organisierten sich in Westpreußen und im Baltikum außerordentlich rasch zu Reformationskirchen lutherischen Typs. Bereits Mitte der zwanziger Jahre bildeten sich in Preußen und Livland evangelische Landeskirchen mit Konfessionszwang. Eine evangelische Landeskirche auf lutherischer Grundlage mit verbindlichem Charakter entstand um 1540 ferner in einem der geschlossenen deutschen Siedlungsbezirke auf dem Balkan: bei den Siebenbürger Sachsen. Diese Kirche begrenzte sich streng auf die auch als Landsmannschaft organisierte sächsische „Nation". Wer sich zur „Nation" bekannte, mußte auch deren Bekenntnis annehmen und ihrer Kirche angehören. Diese Kirchen deutscher Nationalität blieben nicht nur lutherisch, sondern erhielten sich auch als Kirchen bis ins 20. Jahrhundert.

Im übrigen aber führte der evangelische Anstoß, der seit etwa 1520 den Osten in Bewegung brachte, in jedem Lande zu eigentümlichen Bewegungen und Reaktionen. Die Reformation hatte hier einen anderen Charakter und die Gegenreformation auch (wenn man von Böhmen und Mähren absieht). Evangelische und katholische Bewegung liefen vielfach nebeneinander. Das Jahr 1555 als zeitliche Zäsur zwischen einer Epoche der Reformation und einer Epoche der Gegenreformation anzusetzen, wie man es traditionellerweise für die deutsche Geschichte tut, ist für die osteuropäische Geschichte unmöglich — wie übrigens für die westeuropäische Geschichte auch. Erst um die Mitte des 16. Jahrhunderts trat die Reformation in Polen und Ungarn in ein Stadium größter Beweglichkeit und kräftigen Gedeihens und wich doch zugleich vielerorts vor der katholischen Reform zurück. Sie trat im Osten in nahezu sämtlichen Spielarten auf, die wir aus der Geschichte Mittel- und Westeuropas kennen, dazu noch in der östlich beheimateten Form der böhmisch-mährischen Brüder. Neben dem Luthertum und dem Calvinismus entwickelte sich das Antitrinitariertum recht ansehnlich und erhielt in Siebenbürgen sogar den Charakter einer staatlich anerkannten Konfession. Auch die Täufer ließen sich verschiedenenorts nieder, in Mähren, Polen, Ungarn. Wohl kam es auch vor, daß die politische Obrigkeit für ihren Machtbereich ein einheitliches Bekenntnis erzwang, so im Herzogtum Preußen, im Baltikum, in Böhmen nach 1620. Es war aber längst nicht so sehr die Regel wie in Deutschland und im Westen. Eben deshalb konnten leicht mehrere Bekenntnisse nebeneinander entstehen. Obwohl man über Fragen der Lehre disputierte und sich auch zerstritt, war man im Osten dogmatisch längst nicht so unduldsam wie im übrigen Europa. Diese Weitherzigkeit ließ eine beträchtliche geistige Lebendigkeit entstehen. Sie brachte den Protestantismus aber auch in Gefahr, sich zu zersplittern. Was er denn auch tat. Anderseits wurde die Reformation, auch dort wo der Protestantismus später verschwand, zu einem *kulturellen Ereignis* ersten Ranges für die Völker des (mittel-)europäischen Ostens, weil sie die Volkssprachen für den Gottesdienst und den ganzen religiösen Bereich überhaupt heranzog. Dies hatte eine lebhafte Übersetzungstätigkeit zur Folge. Dieser Prozeß weckte allenthalben schöpferische Geister. Mit der Reformation entstand eine Nationalliteratur und damit ein geistiger Besitz, an dem das — oft noch sehr anfängliche — nationale Bewußtsein dieser Völker einen Halt und eine Mitte fand.

Die Konfessionsbildung in Osteuropa ist viel zu differenziert, als daß sie auf den wenigen Seiten eines zusammenfassenden Überblicks dargestellt werden könnte. Wir müssen uns deshalb hauptsächlich damit begnügen, einige der bezeichnenden Tatsachen mitzuteilen. Wir gehen dabei von der Geschichte der einzelnen Länder aus.

3. Reformation, Gegenreformation und katholische Regeneration

Reformation und Gegenreformation in Böhmen und Mähren

Böhmen war von allen östlichen Königreichen am engsten mit dem Reich verbunden. Auch war die deutsche Siedlung hier am weitesten vorangeschritten. Religiös und kirchlich war Böhmen seit Beginn des 15. Jahrhunderts ein außerordentlich schwieriger Boden. Es hatte drei vorreformatorische nationale Sonderkonfessionen: *Altutraquisten* (die mit Rom ihren Frieden gemacht hatten), *Neuutraquisten* (gegenüber Rom selbständig) und die *böhmische Brüderunität*. Die Unität war auch in *Mähren* stark verbreitet, daher auch böhmisch-mährische Brüdergemeinde genannt. Den Neuutraquisten gehörten etwa zwei Drittel der Bevölkerung an, den Brüdern etwa ein Zehntel. Sie begrüßten, ebenso wie die Böhmischen Brüder, die deutsche Reformation. Beide Gemeinschaften formten sich seit der Reformation zu evangelischen Konfessionsgemeinschaften um. Die Brüder orientierten sich lehrmäßig zunächst an der Confessio Augustana (Brüderkonfession von 1535); später wandten sich ihre Sympathien mehr dem Calvinismus zu.

Die *politischen Führer* im Lande, die adligen, teilweise sehr mächtigen und reichen Stände in Böhmen und Mähren, gehörten überwiegend einem der evangelisch-böhmischen Bekenntnisse an. Sie vertraten gegenüber der katholischen Landesherrschaft, den Königen aus dem Hause Habsburg, in politischen Dingen die Freiheiten des Landes und in religiösen Dingen die Sache des Protestantismus. Und zwar forderten sie die gesetzliche Freiheit der Religionsübung, mindestens für die Standesherren und Ritter, die dann ihrerseits das Bekenntnis ihrer Gutsuntertanen, Dörfer und Städte nach Dafürhalten sollten bestimmen dürfen. Dieser Kampf schwankte hundert Jahre hin und her. In Mähren gewährten die Magnaten ihren Hintersassen Gewissensfreiheit und setzten sich damit gegen die Landesherrschaft bis zum Beginn des Dreißigjährigen Krieges durch. Dann wandte sich das Blatt. In Böhmen, wo der Landtag 1567 die Bekenntnisfreiheit beschloß und 1575 die Abfassung einer Confessio Bohemica tschechisch und deutsch veranlaßte, entwickelte sich der Kampf um die Bekenntnisfreiheit zum Kristallisationspunkt des ständisch-monarchischen Gegensatzes. In den Strudel dieses Kampfes mündete zuletzt alles ein: die Frage der Autonomie Böhmens, die Frage der Regierungs- und Verfassungsform und die Religionsfrage. Auf der einen Seite vereinigten sich böhmische, nationale, protestantische und ständische Interessen, auf der anderen Seite dynastisch-deutsche, monarchisch-absolutistische und katholische Interessen. Die eine Tendenz förderte die andere und trieb sie voran, der Protestantismus die ständische Opposition, der Absolutismus die Gegenreformation usw., obwohl es natürlich auch vorkam, daß Protestanten loyal zur Dynastie standen; oder daß einer der Monarchen den Ständen religiös und politisch entgegenkam.

Mit Beginn des 17. Jahrhunderts verschärften sich die Gegensätze: Die Stände machten die Kultfreiheit zum politischen Programm, und die Landesherrschaft ging energischer dazu über, die katholische Kirche in gegenreformatorischer Weise zu restituieren. Die Spannungen entluden sich 1618 im böhmischen Aufstand. Nachdem der Kaiser in der Schlacht am Weißen Berge gegen die Aufständischen gesiegt hatte, löste er im Zusammenhang mit der politischen Neuordnung die Konfessionsfrage aufs Gewaltsamste. Er zerschlug die politische Macht der Stände und machte den Katholizismus zur Staatsreligion. Nach der Ausweisung der reformierten (1620) und lutherischen (1622) Geistlichen erging 1627 ein allgemeines „Reformationsdekret", welches besagte, daß nur wer sich zur Religion der Landesobrigkeit bekannte, das Recht hatte, im Lande zu bleiben. Wer Protestant bleiben wollte, mußte auswandern. Das betraf Tschechen und Deutsche, Utraquisten, Böhmische Brüder, Lutheraner, Reformierte und Sektierer gleichmäßig. Gegen 30.000 Familien verließen daraufhin das Land. Die böhmische Brüderunität ist dabei, abgesehen von ihrem polnischen Zweig und ihren Auslandsgemeinden, zugrunde gegangen. Nur unter der Oberfläche erhielten sich ihre Traditionen und ihre Gesinnung. Beides ging hundert Jahre später ein in die Gründung von der Herrenhuter Brüdergemeinde. Auch die Neuutraquisten gingen unter, weil sie wie die Brüder ein nationales Bekenntnis waren, dem die nationale Grundlage entzogen wurde. Die Lutheraner fanden Aufnahme bei Glaubensverwandten rings um die Sudeten, namentlich in Sachsen und Franken.

Der Katholizismus war seit den Hussitenwirren angeschlagen. Erst Ferdinand I. (1526—1564) begann ihn in seiner Spätzeit zu restituieren, indem er 1561 das seit 130 Jahren (ab 1431) vakante Prager Erzbistum wieder besetzte. Auch verlieh er, 1556, der theologischen Prager Universitätsfakultät das 1412 aufgehobene Promotionsrecht wieder und begann mit Hilfe der Jesuiten die Seelsorge zu reformieren. In der gleichen Richtung wirkten ab 1600 die Kapuziner. Daneben betätigten sich zahlreiche andere Orden im Sinne einer innerkirchlichen Wiederherstellung. Diese religiösen und reformatorischen Ansätze, deren es im einzelnen nicht wenige gab, wurden aber seit 1620 durch die militärischen und politischen Vorgänge überschattet. Es gibt kaum Parallelen dafür, daß im Zuge von Krieg und Unterwerfung ein ganzes Königreich zwangsweise rekatholisiert wurde. Anderseits nahm Böhmen infolge seiner engen Verbindung mit Österreich, seit dem Dreißigjährigen Krieg auch an dessen kulturellem Aufschwung teil und bot im 18. Jahrhundert nicht minder als die andern süddeutschen Länder dem Auge den Anblick einer schönen Barocklandschaft.

Katholische Regeneration in Polen-Litauen und Aufschwung des Protestantismus

Böhmen und Mähren stellten einen der schwersten Fälle von Gewaltanwendung in der Geschichte der europäischen Glaubenskämpfe dar. Weder in Ungarn noch in Polen kam Ähnliches vor. Während einem Großteil der böhmischen Bevölkerung die Annahme des katholischen Bekenntnisses von außen aufgezwungen wurde, schien in Polen die Rückwendung zur katholischen Kirche von den Kräften im Lande selbst auszugehen.

In Polen und Litauen fand nicht nur die lutherische Bewegung Anklang, auch den böhmischen Brüdern, den Reformierten, selbst den Antitrinitariern und anderen Sekten öffnete sich das Land. Infolge der geistigen Aufgeschlossenheit und Liberalität, die Humanismus und Renaissance gebracht hatten und die die Atmosphäre am Königshof bestimmten, verhielten sich die verschiedenen religiösen Gemeinschaften zueinander verhältnismäßig friedlich. König Sigismund II. August (1548 bis 1572) stand im Briefwechsel mit *Calvin*, unter seinen hochgestellten Vertrauensleuten befanden sich überzeugte Protestanten. Er selbst war recht tolerant für seine Person, blieb aber offiziell katholisch und gewährte auch den Bischöfen einen gewissen Einfluß. Das *Luthertum* gewann, außer den Deutschen, nur in Großpolen, zwischen Posen und Warschau, etwas Anhang, insgesamt etwa sechzig Gemeinden unter adligem Protektorat. Sie verschwanden jedoch bis 1600 fast vollständig. Die

Antitrinitarier (Unitarier, Sozinianer) brachten es nach 1600 bis auf über 170 Gemeinden. Ihre ersten geistigen Führer Lismanino, Sozzini, Blandrata, waren italienischen Ursprungs und waren zum Teil über den Calvinismus zu ihrer Sonderlehre gekommen. Sie sammelten sich im Süden und Südosten, in Kleinpolen und Wolhynien, und schufen sich dort in Rakow ein bedeutendes geistiges Zentrum. Ihre „Ecclesia Minor" zog viele Gebildete an; wie alle Sekten der Reformationszeit vertraten sie die Toleranz. Selbst in ihren eigenen Reihen duldeten sie verschiedene Lehrmeinungen über die Christologie. Im Laufe des 17. Jahrhunderts bedrohte nicht nur die fortschreitende Rekatholisierung ihre Existenz, sondern auch eine gewisse Intoleranz der übrigen evangelischen Konfessionen. Ein Reichstagsbeschluß, dem auch die protestantischen Vertreter zustimmten, löste 1658 ihre Gemeinschaft auf. Wer dem Antitrinitarismus nicht entsagte, mußte bei Todesstrafe das Land verlassen.

Die zahlenmäßig kleine evangelische Gemeinschaft der *polnischen Brüder* entstand als Filialkirche der *böhmischen Brüder*. Wegen Schwierigkeiten, die ihnen nach dem Schmalkaldischen Krieg erwuchsen, wanderten Angehörige dieser Konfessionsgruppe aus Böhmen und Mähren 1549 nach *Großpolen* aus, nachdem ihnen ansässige Adlige ihren Schutz zugesagt hatten. Sie wuchsen, namentlich im großpolnischen Raum, bis 1570 auf etwa 65 Gemeinden an; ein Zweig von ihnen schuf sich in Lissa an der polnisch-schlesischen Grenze ein Zentrum, das im 17. Jahrhundert durch seine Akademie und durch die Wirksamkeit des Amos Comenius berühmt wurde. Die Schwierigkeiten des Dreißigjährigen Krieges und die Rekatholisierung brachten die polnischen Brüder in Bedrängnis und ihren Einfluß zum Erliegen. Im Unterschied zu allen übrigen evangelischen Bekenntnissen erreichten sie mit ihrer seelsorglichen Arbeit auch die bäuerlichen Gemeindemitglieder. Gleich den Antitrinitariern brachten sie aber auch Theologen von Rang hervor.

Alle andern evangelischen Bewegungen und die katholische Kirche noch dazu, schien um die Mitte des 16. Jahrhunderts der *Calvinismus* zu überflügeln. Von den innerlutherischen Lehrstreitigkeiten abgestoßen, wandten sich die Sympathien der

Adelsschicht seit etwa 1550 zusehends der reformierten Lehre zu. Dieser Schicht entstammte eine der bedeutenden Reformatorengestalten aus dem Umkreis Calvins, Jan *Laski*, gewöhnlich Johannes a Lasko genannt (1499—1560). Er war ein hochgebildeter Humanist — er erwarb sich die Bibliothek des Erasmus von Rotterdam nach dessen Tode 1536 — und war auch als theologischer Schriftsteller hervorgetreten. Vor allem hatte er sich als reformierter Kirchenorganisator in England und Deutschland bewährt. Zwar scheiterten seine Versuche, eine Union der polnischen evangelischen Bekenntnisse und eine Nationalkirche zu begründen. Doch wenn in dieser Zeit der Calvinismus den überwiegenden Teil der polnischen Aristokratie ergriff, so ging dies nicht zuletzt auf den Einfluß Laskis zurück. Aber auch der italienische Beichtvater der Königinmutter Bona Sforza, Lismanini, ein protestantisch gesinnter Franziskaner, der sich später den Unitariern zuwandte, spielte als Vermittler zwischen *Genf* und Polen eine bedeutende Rolle. *Calvin,* der sich 1549 erstmalig mit König Sigismund August in Verbindung gesetzt hatte, korrespondierte lebhaft und intensiv mit Dutzenden von Adligen, Gelehrten, Geistlichen und Studenten. Er nahm Fühlung mit einigen Hocharistokraten, die nach Ansehen, Vermögen und politischer Position zu den ersten Männern des Reiches gehörten, und beeinflußte sie im Sinne der Reformation. Die stärkste Persönlichkeit unter ihnen, Fürst Nikolaus (Mikolaj) der Schwarze von *Radziwill* (1515 bis 1565), ein litauischer Magnat, dem unermeßliche Latifundien gehörten, war zugleich Großkanzler des Reiches. Er ließ auf seinen und auf des Königs Gütern — über die er kraft Amtes verfügte — reformierten Gottesdienst einrichten und berief viele deutsche Geistliche ins Land. Seinem Beispiel folgten zahlreiche Standesherren, besonders in Litauen. Mitte der fünfziger bis Ende der sechziger Jahre waren alle Spitzenstellungen im Staate mit protestantischen Adligen besetzt. In Kleinpolen hatten 250, in Litauen 190 Orte reformierten Gottesdienst. Es handelte sich fast durchweg um *Adelskirchen,* in denen die Grundherren allein den Ton angaben. Es kam nicht zu einer festeren Organisation der Gemeinden; von Konsistorien und Kirchenzucht war keine

Rede. Die zum Kirchspiel gehörenden gutsuntertänigen Bauern hatten zu gehorchen, Einfluß besaßen sie keinen. Dennoch gingen unverkennbare Impulse von dieser Reformationswelle aus. Sie regte die *Literatur* mächtig an und führte sie im Werk des Mikolaj Rej (1505—1569), ihres größten Repräsentanten, auf bedeutende Höhen. Calvin hatte mehrfach gedrängt, die Bibel ins Polnische zu übersetzen. Fürst Radziwill verwirklichte dieses Anliegen: Er richtete auf eigene Kosten eine Druckerei ein und veranlaßte die als *Brester Bibel* bekannt gewordene Übersetzung. Sie wurde 1563 veröffentlicht.

Um gegen die wieder auflebende katholische Kirche eine festere Position zu gewinnen, schlossen sich die Reformierten mit den Lutheranern und Böhmischen Brüdern 1570 im *Consensus* von *Sandomir* zu einer evangelischen Union zusammen. Diese Übereinkunft stellte zwischen den Konfessionen eine „brüderliche Vereinigung" der gegenseitigen Anerkennung her, die sich auf die „Einheit des Glaubens in der Dreiheit der Bekenntnisse" gründete, schuf aber keine Kirchengemeinschaft. Dieser denkwürdige Consens hielt zwar bis 1645 vor, vermochte aber die daran beteiligten Konfessionen vor der fortschreitenden Zersplitterung nicht zu schützen. 1645 entzweiten sich die polnischen Protestanten auf dem sogenannten „liebreichen" *Thorner* Religionsgespräch endgültig, hauptsächlich wegen der unüberwindlichen Vorbehalte der Lutheraner gegen die Reformierten.

Der große protestantische Aufschwung, der von 1550 bis 1570 im Zeichen Calvins erfolgte, ließ erstaunlich rasch nach und führte zu keinem bleibenden Ergebnis. Seit dem letzten Viertel des 16. Jahrhunderts machte die evangelische Sache in Polen offensichtlich Rückschritte. Um 1600 gab es kaum noch *polnische* Gemeinden lutherischen Bekenntnisses. Nur die *Deutschen* in Polen und Litauen blieben bei der Augsburgischen Konfession. Während die Böhmischen Brüder und die Antitrinitarier bis in den Dreißigjährigen Krieg hinein ihren zahlenmäßigen Bestand zu bewahren vermochten (siehe oben), verlor der Calvinismus rapid an Boden. Bald nach 1600 befand sich der reformierte litauische Adel in der Minderheit; um 1650 existierten von den ursprünglich 250 calvinistischen Gemeinden in Kleinpolen nur noch knapp 70. Sie gingen in den Wirren des schwedisch-polnischen Krieges 1655—1660 vollends unter, ebenso die polnisch-lutherischen Gemeinden in Großpolen. Die deutsch-lutherischen konnten sich dagegen, wegen laufenden Zuzugs aus Pommern und Schlesien, nicht nur halten sondern sogar vermehren.

Soweit erkennbar, scheint dieser Rückgang in folgenden Vorgängen seine Ursachen zu haben: 1. Die Aufsplitterung und die innerevangelischen Streitigkeiten schwächten den Protestantismus offenkundig. 2. Die evangelische Bewegung brachte zwar verschiedene Lehren und Konfessionen ins Land, führte aber nicht zu haltbaren kirchlichen Organisationsformen. 3. Evangelische Lehre und Gesinnung drangen nicht ins Volk; dessen Masse blieb, von Ausnahmen abgesehen, gesinnungsmäßig katholisch. 4. Alle evangelischen Konfessionen entfalteten sich von Anfang an unter dem Protektorat von Edelleuten, Standesherren usw.; Ende des 16. Jahrhunderts kehrte die Masse der Adligen zur katholischen Kirche zurück. Damit verloren die evangelischen Gemeinden den Boden unter den Füßen. Sie erhielten sich nur dort, wo die Aristokraten evangelisch blieben und ihre schützende Hand über sie hielten, wie zum Beispiel in Litauen die Nachkommen Nikolaus des Roten von Radziwill. 5. Die polnischen Protestanten versäumten es, Schulen, Akademien usw. einzurichten. Dies war aber ein Erfordernis der Zeit. So konnte *weder* eine evangelische *Bildungsschicht* noch ein entsprechender *Pfarrstand* heranwachsen. Nur die zahlenmäßig kleinen Gemeinschaften der Böhmischen Brüder und Antitrinitarier leisteten hier Bedeutendes. Es wirkte sich aber auf den Gesamtprotestantismus nicht aus. Dieser vermochte sich, mit anderen Worten, nach der Zeit seines Aufschwungs nicht zu stabilisieren. Eben das aber schaffte der *Katholizismus*.

Wie die Protestantisierung, so war auch die Rekatholisierung ein Werk der *Edelleute*. Die Söhne der reformierten Aristokratengeneration, die dem Calvinismus um 1550—1570 Eingang verschafft hatte, wurden meistens schon wieder katholisch. Im Hintergrund dieser Rückwendung auf breiter Basis standen verschiedene Vorgänge allgemeinen Charakters. König Sigismund II. August war zwar religiös weitherzig, zögerte aber, die bestehende katholische Kirche zu zerschlagen. Er hinderte den Adel nicht, kirchliche Erneuerungsversuche auf eigenem Grund und Boden zu machen; aber er sanktionierte nicht das neue Kirchenwesen. Auch beließ er den katholischen Bischöfen gewissen Einfluß. Nach Abschluß des Trienter Konzils schwenkte er, wohl auf Anraten von Kardinal *Hosius*, kirchenpolitisch in die Linie einer entschiedeneren katholischen Reform ein.

Die katholische Kirche wies zwar auch in Polen Schäden und Mißstände auf (siehe oben), doch regten sich ihre Bischöfe seit Beginn des 16. Jahrhunderts auch positiv im Sinne einer kirchlichen Reorganisation. Sie hielten Diözesan- und Provinzialsynoden und mühten sich, das Niveau der Geistlichen zu heben. Etwa von 1560 an ging der Katholizismus aus der Defensive heraus und wurde offensiv. Der Protestantismus traf in der Zeit seiner besten Entfaltung auf einen Katholizismus, der sich zu reformieren begann. Im Todesjahr Calvins, 1564, gelang es Hosius und dem päpstlichen Nuntius *Commendone,* den polnischen Reichstag dahinzubringen, daß er die Trienter Konzilsbeschlüsse annahm. Vom späten 16. Jahrhundert an nahmen die auch politisch hochbedeutenden *Könige* Stephan Bathory (1576—1586) und Sigismund III. Wasa (1587—1632) die Wiederherstellung und Reform der katholischen Kirche in ihr Regierungsprogramm auf und unterstützten sie von staatlicher Seite tatkräftig. Auf kirchlicher Seite war die überragende Figur der aus Pforzheim gebürtige Kardinal Stanislaus *Hosius*, Bischof von Kulm (1549) und Ermland (1551), einer der Präsidenten des Konzils von Trient (1562/63), eine Gestalt von weltgeschichtlichem Rang (Brandi). Ihm hatten nach Laskis Tod die Protestanten keine gleichwertige Persönlichkeit gegenüberzustellen. Hosius war zugleich Diplomat, theologischer Schriftsteller, kirchlicher Organisator und vom Religiösen her geprägter Reformer. Er hatte aber hauptsächlich deshalb so großen Erfolg, weil er kein Einzelgänger war, sondern die Mehrheit des polnischen Episkopats gleich ihm voll *religiösen* Eifers an die innere Reform der katholischen Kirche heranging. Die Bischöfe führten Visitationen durch, verbesserten die Seelsorge, gründeten Schulen, Priesterseminare und Akademien; mit anderen Worten: sie setzten das Programm von Trient in die Tat um. Der traditionell enge Kontakt mit Rom begünstigte diese Entwicklung. Seit 1556 gab es in Polen eine ständige päpstliche Nuntiatur. Ihrer Bestimmung entsprechend, kümmerten sich die Nuntien um die Ausführung der Trienter Dekrete, nahmen an entsprechenden Synoden teil und vertraten zusammen mit den Bischöfen in politischen Dingen den katholischen Standpunkt. Für die Stabilisierung der katholischen Kirche spielten die *Jesuiten* eine bedeutende Rolle. Canisius hatte 1558 Polen bereist, Hosius berief danach den Orden ins Land. 1564 eröffneten sie ihr erstes Kolleg in Braunsberg, 1575 gab es bereits eine polnische Ordensprovinz, ein Vierteljahrhundert später deren zwei; eine davon speziell für Litauen. Der Orden hob den theologischen Unterricht auf ein gutes Niveau. Er stellte die notwendigen Kräfte für die Kontroverstheologie, für die Seelsorge und Predigt bereit und rief eine große Zahl von Bildungsanstalten für die höheren Stände ins Leben. Mit ihren guten Schulen gewann die Societas Jesu viele Söhne von evangelischen Adligen für die katholische Kirche zurück, darunter die Söhne des Vorkämpfers für den Calvinismus in Litauen, des Fürsten Nikolaus des Schwarzen von Radziwill. Sie engagierten sich für den Katholizismus mit ähnlicher Hingabe wie ihr Vater seinerzeit für den Protestantismus. Der Orden bekam reichlich Zuzug aus dem Lande. Der Jesuit Pjotr *Skarga* (1536—1612) wuchs nach Hosius zur zweiten Führergestalt der katholischen Bewegung heran. Als Hofprediger und kirchenpolitischer Berater der Könige — er war unter anderem am Abschluß der Union von Brest beteiligt —, als kirchlicher Organisator und als wissenschaftlicher Theologe wirkte der umfassend begabte Mann ein halbes Jahrhundert für die Sache der Reform mit einem Erfolg, der so sichtbar war, daß er nur unter der Voraussetzung einer ganzen Schicht gleichgesinnter Mitarbeiter im Orden und im Episkopat und einer tiefen Zustimmung in der Bevölkerung zu erklären ist. In der glänzenden Ausdrucksfähigkeit seiner Sprache bezeugten Skargas Schriften die Höhe der literarischen polnischen Kultur. Skargas Wirken muß *auch* als Symptom einer zeitgeschichtlichen Tendenz, als Ausdruck einer starken religiösen Reformströmung katholischen Charakters verstanden werden, die von Klerus und Volk, Adel und Staatsgewalt getragen war. Gewaltakte, politische Maßnahmen gegen den Protestantismus und dergleichen kamen auch in Polen und Litauen vor; sie standen aber in keinem Verhältnis zu der dominierenden Tendenz, den Katholizismus kirchlich wiederherzustellen und religiös zu erneuern. Ebendiese Tendenz gab aber der polnischen Gegenreformation ihre Signatur und unterschied sie deutlich von der obrigkeitlich forcierten Gegenreformation etwa in Böhmen und großen Teilen Deutschlands, wo die Regierung der Bevölkerung vielfach den Katholizismus aufzwingen mußte, während er ihr in Polen gewissermaßen entgegenkam.

An der Entfaltung und Festigung der Konfessionen war das Element der Volkszugehörigkeit nicht ganz unbeteiligt. Im ganzen stellte der Protestantismus eine historische Episode (Stökl) dar, die einen reichen kulturellen Ertrag abwarf, aber eben doch nur Episode blieb. Innerhalb dieser Phase, die um 1570 ihren Höhepunkt erlebte und um 1650 abklang, wandten sich die Protestanten slawischer Nationalität seit 1550 von der deutschen Version der Reformation, dem Luthertum, ab und schlossen sich entweder den Böhmischen Brüdern slawischen Ursprungs oder den mehr internationalen Richtungen Calvins und der Antitrinitarier an. Bis auf einen verschwindenden Rest gingen die polnischen Gemeinden des Luthertums unter, während sich in Westpreußen, Livland und den Städten die deutschen Lutheraner ausgezeichnet hielten. Die Konfession stützte hier die Nationalität in fremder Umwelt (und umgekehrt) und entwickelte sich sowohl zu einem Element der Sammlung als auch zu einem Zeichen der volklichen Unterscheidung. Die nichtdeutsche Bevölkerung ging nur in einer einzigen politischen Landschaft geschlossen zum Luthertum über, in Livland; dies aber nicht aus eigener Regung, sondern allein wegen der dortigen Herrschaftslage und Sozialordnung. Die im Baltikum auf dem Lande herrschende Schicht der deutschen Gutsherren gebot genauso über die Kirchen ihres Latifundiums wie die Klasse der polnischen, böhmischen und ungarischen Standesherren. Die deutschen Barone ließen es bei einer rein äußerlichen, substantiell unzulänglichen Einführung des Luthertums bewenden. Die „undeutschen" Gemeinden versorgte ein deutscher Pastorenstand, dessen Qualität, nicht zuletzt wegen oft unwürdiger Abhängigkeit von der Gutsherrschaft, zu wünschen übrig ließ. Ein paar Katechismusbrocken und Kirchenlieder, das Vaterunser und das Credo, die den Kuren, Letten usw. in ihre Muttersprache übersetzt wurden, reichten zur vollen geistlichen Versorgung kaum aus und hinderten nicht, daß das alte Heidentum mit seinen Opfern, Riten und abergläubischen Bräuchen, wie übrigens auch in Ostpreußen, noch lange weiterlebte. Im Zuge der politischen Wechselfälle geriet die einheimische baltische Bevölkerung Estlands, Livlands und Kurlands unter polnische, schwedische und später russische Herrschaft. Die Esten und ein Teil der Letten fanden unter der schwedischen Regierung seit Mitte des 17. Jahrhunderts einen tieferen Zugang zum Luthertum, der andere Teil der Letten kehrte unter dem Einfluß der polnischen katholischen Reform wieder zur katholischen Kirche zurück.

Reformation und Gegenreformation in Ungarn

Die Reformation verlief in ihren Anfängen in Ungarn ähnlich wie in Polen und Litauen; auch ihre weitere Entfaltung bis gegen 1600 zeigte überraschende Parallelen. Das hatte seinen Grund darin, daß die äußeren Voraussetzungen ähnlich lagen: die Sozialstruktur, die Wirtschaftsverfassung und das Gemengegelage der Nationalitäten. Auch gelangten dieselben reformatorischen Wellen zur gleichen Zeit sowohl nach Polen wie nach Ungarn; sie kamen um 1520 aus Wittenberg und Deutschland, seit 1545/50 aus Genf. Katholische Reform und Gegenreformation zeigten freilich in beiden Reichen ein anderes Gesicht. In Polen, wo der Landesherr nur in bestimmten Grenzen einen Druck auszuüben vermochte, entschied sich die Adelsklasse, sich auch in konfessionellen Dingen solidarisch zu verhalten und zog dabei mit dem König gleich, weil auch dieser sich auf die Seite des Katholizismus schlug. In Ungarn zog die Verfassung dem Landesherrn ebenfalls enge Grenzen. Aber der Adel, auch hier die Schicht, die politisch und sozial den Ton angab, entzweite sich konfessionell. Daher war es kein Wunder, daß sich die katholischen Adelshäuser enger an die katholische Dynastie anlehnten und mit ihr gemeinsame Sache machten. Auf der anderen Seite war es genausowenig verwunderlich, daß die evangelischen Standesherren gegenüber der Dynastie nicht nur ihre Freiheiten, sondern auch den Protestantismus verteidigten. Sie verhielten sich hier ähnlich wie die Stände in Böhmen und Mähren. Nur mit dem Unterschied, daß diese mit dem utraquistisch usw. (siehe oben) gefärbten Protestantismus eine nationale Sonderkonfession verteidigten, wovon bei den ungarischen Magnaten keine Rede sein konnte. Die konfessionelle Bewegung verband sich in Ungarn mit inneren Machtgegensätzen, die es in dieser Schärfe in Polen und Litauen nicht gab, und wurde dadurch unversehens politisch und militant. Die politische Dreiteilung des Landes komplizierte die inneren Gegensätze noch um ein Vielfaches. Den inneren Wirren, dem Konkurrenzkampf zwischen Ferdinand I. und dem Gegenkönig Zapolya und anderen Umständen verdankte es der Protestantismus, daß er sich bis zur Jahrhundertwende verhältnismäßig ungestört entfalten konnte.

Der Reformation hatte der Humanismus an den Universitäten, in den städtischen Bildungsschichten, aber auch beim Adel den Boden vorbereitet. Zu den Deutschen am Königshof, an der Universität Ofen, in den Städten, besonders in Oberungarn (der heutigen Slowakei) und am Karpatenrand drangen schon bald nach 1517 Luthers Schriften und Ideen und verbreiteten sich von hier aus rasch über das Land.

Solange die evangelische Bewegung unter deutschem Einfluß stand, reagierte das im Adel verkörperte Magyarentum zwiespältig, reformfreundlich und deutschfeindlich zugleich. Immerhin zeigten sich Kleinadel und Magnaten auf weite Strecken hin von der Gesinnung eines humanistisch gefärbten Evangeliums erfüllt, das dogmatisch noch keine festen Formen gewonnen hatte. Einer der frühesten ungarischen Reformatoren, Matthias Biró, als ehemaliger Wittenberger Student zunächst der lutherischen Richtung zugetan, flüchtete 1541 vor den Türken, wurde in der Schweiz ein glühender Anhänger Calvins und brachte dessen Lehre nach Ungarn. Damit setzte eine Scheidung der Geister, aber auch eine Scheidung der Nationalitäten ein. Die evangelischen Deutschen, Ungarn und Slowaken gingen fortan konfessionell getrennte Wege. Denn während die Slowaken in Nordungarn und die Deutschen überall lutherisch blieben, bekehrte sich die Mehrheit des Adels in allen drei Landesteilen zum Calvinismus. Dieser drang in den fünfziger und sechziger Jahren außer im westlichen Ungarn allenthalben rasch vor. Von Bullinger und Calvin inspirierte Theologen hielten — etwa ab 1552 — unter dem Schutz von Magnaten örtliche Synoden ab, die sich mit kultischen Reformen und der Abendmahlslehre beschäftigten. In Debreczen, das unter anderem durch seine Hochschule zum Mittelpunkt des Reformiertentums wurde, nahm eine Synode 1567 die Confessio Helvetica Posterior als verbindliches Bekenntnis an.

Aus dem Calvinismus gliederte sich 1565 der Antitrinitarismus (Unitarismus) als Sonderrichtung aus und erlangte in Siebenbürgen neben Lutheranern, Katholiken und Reformierten die Anerkennung einer staatlich zugelassenen Konfession.

Der Verlauf, die Eigenart und die Resultate der konfessionellen Entwicklung in Ungarn gingen hochgradig aus der Adelsverfassung des Landes hervor. Zug um Zug hatte der Adel seit dem Hochmittelalter seine Vorrechte gegenüber der Krongewalt erweitert und sie gesetzlich verankert. Die enormen Freiheiten des Magnatenstandes waren zuletzt in einer Gesetzesaufzeichnung vom Jahre 1514 fixiert worden. Diese Herrschaften besetzten die Kirchen ihres Latifundiums nach Dafürhalten mit lutherischen, reformierten oder auch katholischen Pfarrern. Sie zwangen den Scharen ihrer Untertanen die von ihnen bevorzugte Konfession auf und verjagten andersgläubige Geistliche aus ihren Ländereien. Unter selbstbewußten Hocharistokraten solchen Schlages, die konfessionell zum Calvinismus neigten, blieb die calvinische *Gemeinde*verfassung reinste Illusion. Weder gedieh unter ihrem Patronat die Kirchenzucht noch durften sich Presbyterien bilden. Wohl entstand eine gewisse kirchliche Organisation, mit Synoden und einem obersten kirchlichen Amtsträger. Doch stand dessen Wahl ebenso unter dem Einfluß der Gutsherren und übrigen weltlichen Behörden wie die Tätigkeit der Synoden und der einzelnen Geistlichen.

Die Magnaten verlangten in den Grenzen ihres Herrschaftsgebietes konfessionelle Gefolgschaft. Untereinander verhielten sie sich tolerant. Aus dieser Einstellung heraus erkannte der Fürst von Siebenbürgen, Stephan Báthory, für seine Person eifrig katholisch, von Staats wegen 1571 vier Konfessionskirchen nebeneinander an: Katholiken, Lutheraner, Calvinisten und Unitarier. Wenn derselbe Báthory sich wenige Jahre später, als König von Polen, tatkräftig der Wiederherstellung der katholischen Kirche annahm, so brauchte das nicht auf einen Gesinnungswandel zurückzugehen; es war vielmehr der Ausdruck einer anders gelagerten staatsrechtlichen Situation.

Schließlich ließ sich auch in Sachen der *katholischen* Kirchenreform und der *Gegenreformation* ohne den Magnatenstand kaum etwas ausrichten. Solange die Mehrheit des hohen Adels zum Protestantismus hielt, kam auch die innerkirchliche Reform nicht recht voran, trotz Berufung der Jesuiten (1561), Seminargründung (1566) und Annahme des Tridentinums durch den Episkopat (1564). Als aber nach der Jahrhundertwende der spätere Erzbischof von Gran, Kardinal Peter Pázmány (1570—1637), ein Klassiker der ungarischen Prosa, selbst adligen Ursprungs, an die 30 Magnatenfamilien zum Katholizismus bekehrte, erledigte sich bei der herrschenden Sozialverfassung das Weitere von selbst. Das Blatt wendete sich, und das westliche Ungarn wurde fast geschlossen wieder katholisch. Seit dem ausgehenden 16. Jahrhundert vermengte sich mit der Rekatholisierung im königlichen Teil Ungarns die von der habsburgischen Dynastie politisch betriebene Gegenreformation. Ihr gegenüber setzten sich die protestantischen Stände heftig zur Wehr und erzwangen in schweren Aufständen zwischen 1606 und 1711 periodisch die gesetzliche Sicherung der protestantischen Bekenntnisse im Zusammenhang mit der Anerkennung ihrer ständischen Freiheiten. Wenn das evangelische Bekenntnis sich in Ungarn — seit 1697 auch im türkischen und siebenbürgischen Teil — den absolutistischen und gegenreformatorischen Tendenzen der habsburgischen Dynastie zum Trotz bis zum Toleranzpatent Josefs II. 1781 erhalten konnte, so war dies wesentlich ein Werk des Adels.

Daneben war die Konfessionslage, wie sie sich in ihren Grundzügen bald nach 1600 stabilisierte, aber auch durch die *Nationalitäten* mitverursacht. Wie in Polen blieben die Deutschen in Ungarn durchweg lutherisch, desgleichen viele Slowaken. Man sprach gelegentlich vereinfachend von der Slowakischen Religion, wenn man das Luthertum meinte. Bei den Deutschen in Siebenbürgen wurde das Luthertum zur exklusiven und zugleich verpflichtenden Konfession. Nationalität und Konfession deckten sich hier vollkommen. Genau entsprechend verhielten sich die Magyaren und die Szekler in Siebenbürgen und die vor den Türken nach der Slowakei zurückflutenden Ungarn: entweder wurden sie calvinistisch oder blieben katholisch. Die wenigen Deutschen, die in Siebenbürgen calvinistisch wurden, verloren dadurch den Zusammenhang mit ihrer „Nation" und gingen im magyarischen Volksstamm unter. Die Heimatverbundenheit bei den deutschstämmigen Lutheranern im westlichen Ungarn und in der Slowakei bekundete sich in fast grotesker Weise schließlich darin, daß die spezielleren deutschen Lehrstreitigkeiten ihre Wellen bis zu ihnen hin entsandten: nicht nur daß, wie in Nord- und Mitteldeutschland, der sogenannte Kryptocalvinismus auch am Rande der Karpaten auftauchte - wie in Deutschland siegte gegen ihn auch im ungarischen Deutschtum die lutherische Orthodoxie.

Wir können nicht alle Ursachen klären, die um die Mitte des 16. Jahrhunderts die innerpolitische Wendung zu Calvin hin veranlaßten. Eine gewisse Aversion der nationalbewußten Magyaren gegen das Deutschtum scheint aber zweifellos mitgesprochen zu haben. Vor 1526 sprach sich ein ungarischer Reichstag dafür aus, die evangelischen Regungen zu unterdrücken, nicht weil sie evangelisch, sondern weil sie deutsch waren. Aus Gegensatz gegen das Deutschtum gingen seit der Mitte des 16. Jahrhunderts die ungarischen Studenten mit Vorliebe auf die Universitäten in der Schweiz, in Holland und in Westeuropa und bevorzugten sie ein Jahrhundert lang. Freilich hatte ihnen Deutschland auch nicht allzu viele reformierte Hochschulen anzubieten, und als sie in der philippistischen Epoche Kursachsens um 1590 nach

Wittenberg gingen, wurden sie dort nach dem Sturz des Philippismus wegen verdächtiger Abendmahlslehre von der Universität verwiesen. Hier begannen sich Ursache und Folge umzukehren: Weil Deutschland den Reformierten zu wenig Bildungsstätten bot, wandten sich die magyarischen Protestanten mit Vorzug nach Westeuropa und traten in ein engeres Verhältnis zu dessen Kultur- und Geistesleben. So kam es, daß „fast alle theologischen Richtungen und Entwicklungen des Westens... im 17. Jahrhundert auch in Ungarn anzutreffen" waren und zum Beispiel der geistesgeschichtlich bedeutsame Kampf der reformierten Orthodoxie gegen den Coccejanismus und Cartesianismus auch zwischen ungarischen Gelehrten ausgefochten wurde (Bucsay-Kathona).

Kräfte des Aufbaus und der Abwehr

Suchen wir zusammenzufassen, welchen Kräften des Aufbaus und der Abwehr wir im östlichen Mitteleuropa bei der Konfessionsbildung begegnen, so fällt auf, daß sich das Religionsbestimmungsrecht der *Landesobrigkeit* dort nicht so selbstverständlich hat auswirken können wie in Deutschland oder Westeuropa. Nur im Kampf *gegen* die *Freiheit* der Standesherren setzte es sich in einzelnen Fällen *strikt* (Böhmen), in anderen nur *bedingt* (Ungarn), in anderen schwach oder *gar nicht* (Polen) durch. Entsprechend stieg der Adel zu einem hochwichtigen Faktor auf. Die Freiheit der Bekenntniswahl durch die Magnaten führte dazu, daß verschiedene Bekenntnisse relativ auskömmlich miteinander existierten, auch stand es dem Adel frei, Sondergemeinschaften bis zu einem gewissen Grade zu schützen (Täufer in Mähren). Auch scheinen die östlichen *Völker* zu einzelnen Bekenntnissen *spezifische Neigungen* besessen zu haben, so die Polen zum Katholizismus oder die Böhmen zum Protestantismus. Die komplizierten Nationalitätenverhältnisse sind offensichtlich nicht ohne Einfluß geblieben. Völkische Minderheiten fanden in abweichenden Konfessionen eine Stütze des Zusammenhalts. Aber auch große Völker konnten eine Konfession zum Zeichen ihres Volkstums machen, wie die Polen den Katholizismus. Es scheint sogar schwache Anzeichen von Gesetzmäßigkeiten und einige durchgehende Erscheinungen zu geben. In Polen wie in Ungarn gingen die lutherischen Gemeinden nichtdeutscher Nationalität in den Stürmen der Zeit unter, die deutsch-lutherischen dagegen nicht. Von den Slowaken und einigen südslawischen Volkstümern an der österreichischen Südgrenze abgesehen, stoßen wir auf das durchgängige Phänomen, daß die nichtdeutschen Bevölkerungsteile, selbst wenn sie anfangs, aus Mangel an anderer Gelegenheit, die Reformation in ihrer deutschen Version angenommen hatten, im Laufe der Zeit das Luthertum abstießen und sich dafür dem Calvinismus, den Böhmischen Brüdern, den Unitariern oder anderen kleinen Sekten zuwendeten, sofern sie nicht, wie die Neuutraquisten, von vornherein ein eigenes Bekenntnis hatten, in dem sie sich dem Protestantismus näherten. Ob und wieweit hier die lebhaft empfundenen Gegensätze gegen die seit dem Hochmittelalter eingewanderten und meist in gute Positionen eingerückten Deutschen mitspielten, muß offen bleiben. Jedenfalls scheint es kein Zufall gewesen zu sein, daß die nichtdeutschen Völker der Reformation Luthers am Ende den Rücken kehrten. Die Internationalität Calvins berührte die nationalen Empfindlichkeiten weniger und war daher eher willkommen. Was aber das östliche Reformiertentum angeht, so gab es sich durchweg auch durch eine Mangelerscheinung zu erkennen: Ihm fehlte Gemeindeaufbau und Kirchenzucht im Stile der Genfer Ordnung. Ihr stand die östliche Adelsverfassung und die soziale Kluft zwischen Herren und Bauern im Wege. Das führt zu einer letzten Beobachtung: Der im Osten allenthalben in unterschiedlichen Versionen der Hörigkeit lebenden Landbevölkerung scheint infolge der Sozialstruktur jede Möglichkeit versperrt gewesen zu sein, Gemeinden von relativer Selbständigkeit zu bilden. Zum Gehorsam erzogen und gezwungen, sich den Geistlichen und den Gottesdienst gefallen zu lassen, den ihr der Gutsherr bot, und völlig auf dessen Sinn für Qualität bei der Auswahl der Pfarrpersonen angewiesen, hat sich die Konfessionsbildung ganz auf dem Rücken jener bäuerlichen Schicht abgespielt, aber nicht nach ihrem Willen und ihrer Meinung — sofern sie eine solche gehabt hat und von den Veränderungen in Lehre und Kult überhaupt berührt worden ist.

RÜCKSCHAU UND AUSBLICK

Aus den gewaltigen Antrieben der Reformation und der Gegenwehr des Katholizismus entsprungen, repräsentierten die Konfessionen seither die europäische Christenheit. Zu der Zeit ihres Ursprungs verdichtete sich in ihnen das geistige Wollen eines sich über Fragen des Glaubens zerspaltenden Zeitalters. Zum erstenmal in ihrer Geschichte entstand in der abendländischen Christenheit eine derartige Uneinigkeit über Kirche und Bekenntnis, daß es darüber zum Glaubensdissens und zur Kirchentrennung kam. Die Christenheit ging auseinander in große und kleinere Teile. Die einzelnen Teile sammelten sich unter dem Zeichen des einen oder anderen Bekenntnisses. *Intern* das Zeichen der *Einheit*, das selbst dem Kult, der Verfassung und der Disziplin seinen Stempel aufdrückte, wurde die Konfession nach *außen* hin zum Zeichen der *Unterscheidung* gegen die anderen Teilgebilde, gegen die sie sich kräftig verschanzte. Im Konfessionsbildungsprozeß vertieften und verhärteten sich die Risse im abendländischen Christentum. Bis zur Mitte des 17. Jahrhunderts gediehen die größeren Konfessionen schließlich zu solcher Stabilität, daß der Rückweg zur alten kirchlichen Einheit vollends nicht mehr möglich schien.

Wenn sich die verschiedenen konfessionellen Kirchenkörper im Verlaufe einiger Generationen solid etabliert hatten, so ging das zu erheblichen Teilen auf die Mithilfe der *staatlichen Macht* zurück. Obwohl ein gewisses *Beharrungs*vermögen in der Bevölkerung eine sofortige Umstellung auf Lehre, Disziplin und Gottesdienstformen einer neuen Konfession nicht immer zuließ; und obwohl ein wenn auch nur geringes *Bekenntnis*vermögen im Volke gelegentlich den angestrebten Konfessionalisierungsprozeß hinderte, verzögerte oder abmilderte, so hatte doch eine Obrigkeit, die die Zügel straff in die Hand nahm, gewöhnlich gute Aussicht, in der beabsichtigten konfessionellen Formung der Untertanenschaft voranzukommen. Freilich gab es hier auch zahlreiche *Ausnahmen*. Auch darf man sich die Formung im Sinne des einen oder anderen Bekenntnisses getrost *recht äußerlich* vorstellen. Denn in der Masse der einfachen Bevölkerung, auf dem Lande nota bene auch teilweise beim Adel, herrschte in religiösen Dingen grobe *Unwissenheit;* auch die *Geistlichen* waren oft von bedenklicher Unbildung. Ungeschliffen, roh, gleichgültig, aber zäh an überliefertem Brauchtum und Aberglauben hängend, ließ sich die Masse des Volkes oft viel leichter dazu zwingen, ein bestimmtes Bekenntnis anzunehmen, als sich dessen sittlichen und religiösen Anforderungen entsprechend aufzuführen. Geistliche Kuratel, eine stramme Beamtenschaft und die Gewöhnung taten dann wohl auch das Ihre, um neue kirchliche Verhältnisse zu befestigen und das Volk religiös in Ordnung zu halten. Obwohl bis etwa 1600 eine gewisse Anhänglichkeit an die alte Kirche in evangelischen Territorien beobachtet werden konnte, machte bis zum Ausgang des 16. Jahrhunderts die Bevölkerung die verschiedenen Konfessionswechsel verhältnismäßig gehorsam mit. Möglicherweise wurde ihr der *Wechsel* überhaupt nicht so sehr bewußt, weil sie ihn als eine Reform ansah und ja in allen Konfessionen reformiert wurde. Seit dem 17. Jahrhundert schien aber aus Gründen, die präzis noch nicht ermittelt worden sind, auch die einfache Bevölkerung oft nicht mehr geneigt gewesen zu sein, sich einen erneuten Wechsel gefallen zu lassen. In der Mitte des 16. Jahrhunderts erlaubte der Augsburgische Friede den Landesherren, die Konfession ihrer Untertanen zu bestimmen; hundert Jahre später gebot ihnen der Westfälische Friede, den konfessionellen Status so zu belassen, wie er war; genauer: wie er sich bis zum Jahre 1624 eingespielt hatte. Wo die Obrigkeiten auf dem Religionszwang im Bereich der politischen Kleinstherrschaften und Kondominate bestanden, zerrissen sie unter Umständen persönliche Bindungen und engste nachbarliche Gemeinschaften in Dörfern und kleinen Städten und stifteten künstliche Verwirrung, Unfrieden und Rechtsstreit. Umgekehrt entstanden verworrene Verhältnisse aber auch gerade dort, wo eine kräftige landesherrliche Hand fehlte. Hier mischten sich die Konfessionen auf manchmal abenteuerliche Weise. Ungeläuterte Glaubensvorstellungen, fragwürdige religiöse Praktiken, zweifelhafte Pfarrergestalten mochten sich am ehesten dort halten, wo die Obrigkeit keinen klaren konfessionellen Kurs steuerte oder sich aus anderen Gründen um das Kirchenregiment nicht kümmerte.

Den Prozeß ihrer administrativen, kirchenrechtlichen, bekenntnismäßigen und kultischen Ausformung hatten alle Konfessionen bis um die Mitte des 17. Jahrhunderts annähernd abgeschlossen. Damit erfolgte für sie der *Übergang* aus der Phase des *Aufschwungs*, des Ausgreifens, Kämpfens und Reformierens, in das Stadium der *Beruhigung*, der Befestigung und des Bewahrens. In ebendiesem Momente begann sich aber auch ihre *Stellung* in der geschichtlichen Welt zu *verändern*. Bislang waren sie ein vorantreibendes Element gewesen, ein ganzes Zeitalter benannte man nach ihnen. Jetzt wurden sie zu einer *Konstante*, mit der man rechnete; aber auch zu einer Konstante, die nicht mehr wie zuvor prägende Kräfte ausstrahlte. Von der Mitte des 17. Jahrhunderts bis zu dessen Ende hin klang das konfessionelle Moment mehr und mehr ab. Im 18. Jahrhundert spielte es nur noch eine untergeordnete Rolle und wurde zum Objekt einer allgemeinen Kritik. Ein gewisses Unbehagen, dem kritische Geister in *allen* Konfessionen vereinzelt Ausdruck gegeben und das überall leise unter der Decke geschwelt hatte, trat im 17. Jahrhundert, besonders innerhalb des Luthertums, auch literarisch hervor. Ein Gefühl, daß etwas nicht so ganz in der Ordnung sei, hatte sich schon länger wegen der Bindung der Kirche an den Staat angemeldet. In der Not der Glaubenskämpfe hatte sich die Verbindung zwischen beiden Gewalten besonders intim gestaltet. Jetzt entwickelte sie sich zu einem Verhältnis der einseitigen Unterordnung der Konfession unter die Obrigkeit. Der unbefangene Zeitgenosse erfuhr die Kirche als den verlängerten Arm des Landesfürsten. Die weltliche Gewalt regierte in die Kirche jedweden Bekenntnisses hinein und die Religion hatte nicht immer den Nutzen davon. Auf die Dauer wurden die Leute gleichgültiger in Sachen der Religion, weil auch im Gotteshaus der Christenmensch als Staatsbürger heimgesucht wurde. Die Religiosität ward dadurch ein wenig aus der sichtbaren Kirche verdrängt. Außerdem wirkte diese Art von Verbindung auf Klerus und Pastorenschaft nicht immer vorteilhaft. Im Durchschnitt wurde die Geistlichkeit bis zu einem gewissen Grade staatshörig. Anderseits rief die straffe kirchliche Disziplin und Orthodoxie im Bunde mit der staatlichen Kirchenpolizei das Ärgernis von vielen innerlich Frommen in allen Konfessionen hervor. Infolgedessen kam es, im Luthertum aus besonderen Gründen noch mehr als im Katholizismus, zu einer *inneren Separation* zahlreicher wacher religiöser Individuen. Diese Separation lief als Sonderbewegung unter der offiziellen Kirche her: Im evangelischen Raum waren es die Mystiker, die Separatisten und, teilweise, die Pietisten. Im katholischen Raum die Jansenisten und die Quietisten. Religiöse Lebendigkeit kennzeichnete sie; die meisten auch ein Konflikt mit ihrer jeweiligen Orthodoxie.

Nun hatten die Kirchenleitungen aller Konfessionen allerdings in manchen Fällen auch einen ernstzunehmenden Grund, einzuschreiten. Denn in den Kreisen der Mystiker lebten allerlei Schwärmer und pantheisierende Naturphilosophen, die ein Gedankengut verbreiteten, das teilweise nur schlecht mit den Hauptlehren des Christentums harmonierte.

Zu guter Letzt war gar nicht zu verkennen, daß sich den Konfessionen auch der geistige Horizont verengte und sie alle zusammen durch ihr gegenseitiges Verhalten das Christentum nicht eben glaubwürdiger machten. Alle Konfessionen neigten dazu, ihre Befugnisse zu überspannen, und hatten am Ende den Schaden davon. Nicht immer in der großen Politik — weil das mittlerweile illusorisch geworden wäre —, aber etwa in der Bevormundung der Gemeinden, neigte die Geistlichkeit dazu, des Guten eher zuviel als zuwenig zu tun. Den neuen Bewegungen des europäischen Geistes im Denken und in der naturwissenschaftlichen Forschung begegnete die Kirche als nunmehr verharrende Potenz eher mit der Zensur als mit der geistigen Anstrengung nachvollziehenden Verständnisses. Dies war besonders im Katholizismus eklatant. Der Prozeß Galileis gab davon einen Vorgeschmack. Aber auch die wütenden Angriffe der Aufklärer gerade gegen den Katholizismus hatten darin — allerdings nur zum Teil — ihre Ursache. Forschung und Denken gingen fortan, wie die politische Macht, ihre eigenen Wege. Sie machten sich vom Einfluß der Theologie, der Kirche, der Religion frei. Was zuvor auf das engste verfugt gewesen war, strebte jetzt auseinander.

Aber auch im buchstäblichen Sinne verengerte sich den Konfessionen der Horizont, indem eine jede von ihnen nur einen *Teil* der europäischen Länder und Völker erfaßte und ein größerer Teil sich ihnen verschloß. Die katholische Kirche sah sich hauptsächlich auf die romanischen Völker zurückverwiesen und wurde im Unterschied zum Mittelalter erst jetzt durch und durch romanisiert. Auf der andern Seite entbehrte das Luthertum des romanischen wie auch weithin des slawischen Elements; es wurde speziell eine Religion der germanischen Völker. Der konfessionelle Riß entfremdete solchergestalt zusätzlich die Nationalitäten germanischen und romanischen Ursprungs.

Im Laufe des 17. Jahrhunderts konsolidierten sich die Kirchenkörper. Dadurch kamen die konfessionellen *Fronten* zum *Erstarren*. Jede Konfession prägte ihren Anhängern einen Kanon von festen Vorstellungen über die andere Konfession ein; darunter viel Falsches, Schiefes und Verlogenes, was ins Reich der Fabel gehörte, sich aber zäh am Leben erhielt bis an die Schwelle unserer Gegenwart. Katholizismus und Protestantismus sperrten sich gegeneinander ab und ließen kein gutes Haar aneinander. In konfessionell geeinten Ländern wie Schweden oder Italien richtete das weiter keinen großen Schaden an. Gebiete gemischter Konfessionalität wie Deutschland oder die Schweiz litten darunter ganz anders, indem ganze Bevölkerungsgruppen im gleichen Land, unter Umständen auf engstem Lebensraum, sich mit Argwohn und innerer Abwehr begegneten und sich gern allerhand Leids antaten. Nach dem Zeugnis Christoph *von Schmids* (1768—1854) wurden in der paritätischen Stadt Dinkelsbühl noch im späten 18. Jahrhundert Kontroverspredigten gehalten, die, weil sie die Andersgläubigen lächerlich machten und verspotteten, die Erbitterung beider Konfessionen gegeneinander fleißig aufregten. Die Katholiken meinten, die besseren Menschen zu sein, wenn ein evangelisches Mädchen das Unglück hatte, ein lediges Kind zur Welt zu bringen, und die Lutheraner desgleichen im umgekehrten Fall.

Die unfreundlichen Formen solchen Nebeneinanderlebens schürten den konfessionellen Hader. Auch war die *gereizte Atmosphäre* den aufbauenden Kräften des Religiösen nicht immer günstig. Sie begünstigte dagegen eine gewisse *Skepsis* gegen Kirche und Christentum. Zweifel am Bekenntnis, danach am Christentum überhaupt, griffen fortan langsam, heimlich und leise um sich. Wohl wurden sie auch durch andre Dinge geweckt und genährt. Aber der Streit der Konfessionen trug auch das Seinige dazu bei. Friedrich *von Logau* (1604—1655), selber ein aufrichtiger evangelischer Christ, fand immerhin Anlaß, unter seine Sinnsprüche auch den Vers aufzunehmen: „Luthrisch, päpstisch und calvinisch, diese Glauben alle drei sind vorhanden, doch ist Zweifel, wo das Christentum dann sei."

Seit etwa 1700 verloren die Konfessionen zusehends an Geltung in der *Öffentlichkeit*. Der Staat sah sie in den von ihm gezogenen Grenzen als nützlich an, verlangte von ihnen Gehorsam, unter Umständen auch Duldsamkeit — so Friedrich der Große —, ließ sich von ihrer Seite aber, auch in Grundsatzfragen, keine Weisungen geben. „Der Papst", sagte Friedrich der Große in seinem Politischen Testament von 1752, „ist ein altes Götzenbild, das in seinem Winkel verstaubt... Statt Völker in den Bann zu tun und Herrscher zu entthronen, wie einst, ist er zufrieden, wenn ihn niemand absetzt und er ruhig in St. Peter seine Messe lesen kann." Und an anderer Stelle, im zweiten Politischen Testament, noch knapper: „Die Blitze des Vatikans sind Theaterblitze geworden."

Aber auch *in* den Konfessionen selbst setzten *Entwicklungen* ein, die — weniger im Katholizismus als im Calvinismus und Luthertum — über die Position der Orthodoxie und der Intoleranz hinausführten.

Von Anfang an begleiteten das Luthertum *Sonderströmungen* und *Nebenbewegungen,* nicht gerade zur Freude Luthers und der Häupter der Orthodoxie, und von ihnen auch sofort verdammt und bekriegt, wenn sie sich von der autoritär behaupteten Linie der reinen Lehre entfernten. Trotz starker Lehrdifferenzen — die sich auf so wichtige Dinge wie die Sakramente, den Kirchenbegriff und die Auffassung vom Worte Gottes in seinem Verhältnis zur Heiligen Schrift bezogen — entsprangen diese Sonderströmungen aber der gleichen Quelle wie das Luthertum, nämlich dem unmittelbaren Umgang mit der Heiligen Schrift. Erst Luthers Reformationstat öffnete auch ihnen seinerzeit die Bahn. Dieser Art Ströme, nur landeskirchlich gebändigt, durchzogen auch das Luthertum in der Periode der Orthodoxie und gingen im Kampf gegen die Spätorthodoxie am Ende des 17. Jahrhunderts in Führung: seit 1700 wandelte der *Pietismus* das Luthertum von innen her um; freilich ohne es völlig zu verändern. Er schuf der *individuellen* Religiosität Raum, verhalf mit religiöser Motivation der *Toleranz* zum Durchbruch und durchbrach allmählich auch die Schranken, welche das Dogma zwischen Luthertum und *Calvinismus* aufgerichtet hatte. „Was die Religion anlanget", schrieb König Friedrich Wilhelm I. von Preußen, der dem Pietismus nahestand, 1722 in seinem Politischen Testament, „so bin ich [reformiert] und werde mit Gottes Hilfe reformiert selig sterben; indessen bin [ich] versichert, daß ein Lutherischer, der da gottselig wandelt, ebensogut selig werde als die Reformierten und der Unterschied nur herrühre von der Prediger Zänkereien." Seit dem Pietismus machten beide evangelischen Konfessionen auch mit der *Gewissensfreiheit* etwas mehr Ernst, von welcher die protestantische Orthodoxie nicht hatte viel wissen wollen. Schließlich rezipierten sie auch den *Spiritualismus,* der sich bis dahin nur am Rande oder außerhalb der offiziellen lutherischen Kirche hatte bewegen können. Die Orthodoxie hatte einen recht handfesten Kirchenbegriff besessen; seit dem Pietismus und der Aufklärung verflüchtigte er sich etwas; vor allem verlor dadurch das, was man als sichtbare Kirche verstand und vor sich sah, an Gehalt. Anderseits befähigte der *vergeistigte Kirchenbegriff* das Luthertum sowohl als auch das Reformiertentum, aus den Grenzen ihrer Konfessionalität hinauszuschreiten, ohne sich selbst untreu zu werden, und gedanklich wie praktisch zu den anderweiten Konfessionen und christlichen Gemeinschaften nunmehr auch in ein positiveres Verhältnis zu treten.

Vom Ursprung her steckte im Luthertum und auch im Calvinismus eine immerwährende *Reformtendenz,* die sich nach dem Leitgedanken des „Ecclesia semper est reformanda" bei einem einmal erreichten Status grundsätzlich nie endgültig beruhigen konnte. Calvin verstand seinerzeit schon in diesem Sinne seine Reformation als eine Weiterführung und Verbesserung der Reformationstat Martin Luthers. Diese ihm vom Wesen her innewohnende Reformtendenz wirkte im Luthertum, wie auch im übrigen Protestantismus, als *vorwärtstreibendes* Element. Die kritischen Köpfe unter den Lutheranern der orthodoxen Periode maßen die zeitgenössischen kirchlichen Zustände an Luther und den Anfängen der Reformation. Sie gewannen dadurch einen Abstand und damit die Möglichkeit, sich ein gewissermaßen legitimes Urteil über kirchliche Übelstände zu bilden. Orientierungspunkte der Kritik bildeten von der Reformation bis zum Ausklang der Orthodoxie die lutherisch gelesene Bibel und die Bekenntnisschriften. Seit dem Pietismus und der Aufklärung trat ein neues Kriterium daneben, ohne die alten deshalb zu verdrängen: Nicht an der *lutherisch* gelesenen Bibel und der *fixierten* Lehre orientierten sich die vorwärtsdrängenden Geister, sondern an der nach Luthers Vorbild *selbständig* gelesenen Bibel und an Luthers Beispiel der Berufung auf die *eigene* Gewissensentscheidung gegenüber kirchlichen Lehrmeinungen. Die permanente potentielle Reformbereitschaft und der Stachel einer an hohen Richtbildern, an Luther und am Neuen Testament orientierten *Selbstkritik* haben seither den Protestantismus lutherischer Provenienz in der Tiefe in einen Zustand positiver Unruhe versetzt. Auch die Spannung zwischen der mehr kirchlich-rechtgläubigen und der mehr freiheitlichen Richtung, die mit dem Pietismus aufbrach und nie recht beigelegt wurde, hielt ihn seither mindestens latent in Bewegung. Das Element der gewissensgebundenen Freiheit, das sich seinerzeit durch Luther und Calvin legitimierte, aber erst seit dem Pietismus Heimatrecht im kirchlichen Raum erhielt, befähigte den Protestantismus zu einer geistigen Risikofreudigkeit, die man am Katholizismus gemeinhin nicht wahrnahm.

Ohne die Vorbehalte, die den Katholizismus oft zurückhielten, öffnete sich der Protestantismus weit den säkularen Bewegungen, und indem er sie sich anverwandelte, wandelte er sich selbst ganz erheblich. Er rezipierte die Aufklärung und vereinigte sich stellenweise so sehr mit den geistigen Strömungen des Idealismus und Liberalismus, daß er sich dadurch in seiner Substanz — als christliche Konfession — bis zur Selbstaufgabe gefährdete.

Die Offenheit und geistige Beweglichkeit, die sich darin aussprach, machten ihn anderseits gegenüber dem in dieser Beziehung etwas rückständigen Katholizismus zur eigentlich modernen Konfession. Wobei Konfession weniger das Bekenntnis einer präzisen Glaubenslehre bedeutete — auf die der neuere Protestantismus teilweise überhaupt verzichtete — als eine bestimmte Art, sich religiös zu verhalten und in der Welt zu stehen. Obwohl innerhalb des Protestantismus die Grenzen zwischen Lutheranern und Reformierten und den späteren Unierten manchmal kaum noch gesehen wurden und denjenigen Evangelischen, die sich der sichtbaren Kirche etwas ferner hielten, selbst aus dem Bewußtsein schwanden, verlor das spezifisch konfessionelle Erbgut trotz allen Wandels der Zeit auch unter veränderten Verhältnissen doch nicht ganz seine prägende Kraft. Eine positive Zuordnung zur Staatsgewalt und eine gewisse Innerlichkeit kennzeichneten auch noch in späteren Jahrhunderten das *Luthertum*.

In Deutschland standen Reformation und Protestantismus so überwiegend unter dem Vorzeichen Luthers, daß darüber das Gefühl für die weltgeschichtliche Bedeutung *Calvins* lange Zeit in den Hintergrund trat. Außerhalb Deutschlands konnte man dagegen in Institutionen und Gesinnungen, in Pathos und Lebensart die Nachwirkungen Calvins mit Händen greifen und spürt sie heute noch. In der Regel wurde der Calvinist zu schärferer Wachsamkeit im politischen Bereich erzogen als der Lutheraner. Viel eher kam es bei ihm zu einer kritischen Reaktion gegenüber seinem Staatswesen. In ganz anderer Weise als dem Luthertum eignete dem *Calvinismus* politische Aktivität. Elemente der religiösen Lehre und Verfassung bildeten dafür die Ursache. Im Reformiertentum und den später aus ihm hervorgegangenen anderweitigen kirchlichen Gemeinschaften — namentlich des angelsächsischen Raumes — entwickelte sich eine charakteristische Bereitschaft, soziale, politische und auch wirtschaftliche Verantwortung zu übernehmen. Überall, wo der Calvinismus in Westeuropa und später Nordamerika sich durchsetzte, brachte er ein „Pathos der Freiheit" (Heimpel) hervor. Hierin unterschieden sich die Länder und Bevölkerungsgruppen reformierten Bekenntnisses merklich von den durch das Luthertum oder den Katholizismus geprägten Völkern und Ländern.

Am Katholizismus dagegen traten, nachdem er sich, teilweise später als die protestantischen Konfessionen, bis zum ausgehenden 17. Jahrhundert in seinem Besitzstand gefestigt und durch die innerkirchliche Reform einigermaßen stabilisiert hatte, die Merkmale einer *konservativen* Konfession rasch und deutlich hervor. Mit allen Vorzügen und Nachteilen einer konservativen Existenz. Seit der Wende zum 18. Jahrhundert gingen daher die Analogien zurück, die in den Zeiten der Glaubenskämpfe zwischen ihm und den anderen Konfessionen zu beobachten gewesen wären.

Sein Sondercharakter lag, im Unterschied zu den übrigen Konfessionen der Neuzeit, unter anderem darin, daß seine Gläubigen sich in Sachen der Disziplin und der Lehre dem *Papst* unterwarfen. Dies war eines der in die Augen springenden Resultate von Trient. Der Gehorsam der Katholiken gegen den Papst machte die katholische Kirche im Kern unabhängig vom Zugriff weltlicher Instanzen. Sie regierte sich im Prinzip selber. Und sie regierte sich *einheitlich,* weil sie ein Oberhaupt mit letzter Entscheidungsgewalt besaß.

Die für die europäische Neuzeit typische Form des Katholizismus ging im wesentlichen auf die Richtlinien zur Kirchenreform zurück, die das Konzil von *Trient* aufgestellt hatte. Durch den weiten Umkreis, auf den sich seine Lehrbestimmungen und disziplinären Verfügungen erstreckten, wurde das Tridentinum zur Plattform des neuzeitlichen Katholizismus, zu seinem theologischen Wegweiser und zu seiner administrativen Zuchtrute. Es umriß genau, was in Glaube und Disziplin, in Kult und Brauchtum als katholisch zu gelten habe. Es klärte das Verhältnis von Papst und Konzil und wies den einzelnen Ständen innerhalb des Gesamtorganismus der Kirche ihre Rechte und

Pflichten zu. Hierdurch und durch die im Anschluß an das Konzil publizierten liturgischen Bücher, durch Professio Fidei Tridentina, Index, Bibelausgabe usw., erhielt der nachtridentinische Katholizismus eine straffe, einheitliche Note. Er hob in Reform und Dogma betont auf den *Gegensatz* zum Protestantismus ab und markierte seine eigene Position mit einer gewissen *Überschärfe*. Er entwickelte eine respektable geistliche Zucht, erlag auf die Dauer, wohl auch infolge seiner Absperrung gegen den Protestantismus, aber auch leicht der Gefahr geistiger Verengung. Es kam hie und da zur *Verkümmerung* der geistigen, ja auch der persönlichen Freiheit; der wissenschaftliche Wagemut ließ nach. Die stramme, gelegentlich unwürdige Bevormundung der Laien durch den Klerus begünstigte einen übertriebenen Formalismus in der Religiosität, die sich etwas mehr als nötig an Buchstabe und Gesetz, an Vorschrift und Gehorsam orientierte. Das waren freilich nur die Kehrseiten und nicht das ganze Wesen. Denn Kirche und Glaube ließen Raum genug für die Entfaltung eines verhältnismäßig reichen religiösen Lebens, dessen Äußerungen in der Mystik und in der Praxis sozialer Fürsorge, in der Weltmission, in den bildenden Künsten und in der Musik zu bekannt sind, als daß man davon zu sprechen brauchte.

In der kirchlichen *Verfassung* hob sich der Katholizismus insofern vom Calvinismus und Luthertum ab, als er einen neuzeitlichen Kirchenbau konservativen Typs errichtete, der den Zusammenhang mit der Kirche des Mittelalters wahrte und deren Überlieferungen in sich aufnahm. Das positive Verhältnis der durch Trient neugeformten Kirche zur *Überlieferung* schuf in den Katholiken das Bewußtsein, religiös in der Weite einer größeren Kontinuität zu leben und in Dingen des Glaubens, infolge der Kontrolle durch die Tradition, eine im Vergleich mit dem Protestantismus zuverlässigere Bürgschaft für dessen Wahrheit zu besitzen.

Einmal stabilisiert, wurde der Katholizismus rasch konservativ bis zur Reaktion. Vom 18. Jahrhundert bis in die Anfänge des 20. Jahrhunderts hinkte er den geistigen Bewegungen der Zeit meistens nach. Auf einzelne Wellen sprach er positiv an, so etwa auf die Romantik. Und daß man, um den sich neu formierenden Arbeiterstand für die Kirche und das Christentum nicht zu verlieren, Ideen und Initiative entwickeln müßte, begriff er früher als der Protestantismus, jedenfalls in Deutschland. Auch formierte er sich politisch und wußte die Chancen der konstitutionellen und republikanischen Staatssysteme wahrzunehmen. Anderseits hinderte ihn dogmatische Ängstlichkeit am geistigen Engagement. Er neigte im allgemeinen nicht dazu, sich näher auf das philosophische, politische und weltanschauliche Gedankengut der Moderne einzulassen. Statt sich mit Verständnisbereitschaft und sachkundiger Kritik zur rechten Zeit damit auseinanderzusetzen, beschränkte er sich in vielen wichtigen Fällen auf Abwehr und lehramtliche Verurteilung. Für viele Zweige der Wissenschaft fiel er damit in hoffnungslose Rückständigkeit. Eine am neuscholastischen System orientierte, unhistorische Denkweise verbaute ihm den Zugang zu nicht wenigen Phänomenen der Gegenwart. Dennoch ließ sich gar nicht verkennen, daß die Orientierung am Dogma der katholischen Kirche religiöse, zum Teil auch sittliche Reserven in den Seelen ihrer Gläubigen bewahrte, die dem Protestantismus nicht immer und überall in der gleichen Stärke zur Verfügung stand. Im Unterschied zu den evangelischen Konfessionen blieb der Katholizismus der neueren und neuesten Zeit fest auf der im 16. Jahrhundert abgesteckten dogmatischen Basis stehen. Den Glaubensdekreten von Trient haftete im Bewußtsein der Katholiken eine Legitimität an, an der nicht herumkorrigiert werden durfte — während die Protestanten sich von der durch ihre Bekenntnisse im 16. Jahrhundert abgesteckten Glaubensbasis seit der Aufklärung zunehmend entfernten. Darin, daß sie etwas genauer wußte, was sie glaubte, unterschied sich die katholische Kirche bis zur Gegenwart von der Mehrheit der evangelischen Konfessionsgemeinschaften, bei denen der Glaubensinhalt in die Diskussion geraten war. Ob das ein Vorzug oder ein Nachteil war, mag offen bleiben. Daß es ein Unterschied ist, ist offenbar. Eben in diesem Unterschied aber tritt etwas von jenem Erbe zutage, das die katholische Kirche aus dem 16. Jahrhundert mit sich trägt, so wie die lutherische Kirche und die reformierte Kirche jeweils *ihr* spezifisches Erbe aus dem 16. Jahrhundert mit sich tragen.

NACHWORT, LITERATURHINWEISE

I.

Die vorliegende Schrift geht auf die Anregung des Verlages Oldenbourg zurück, einen Aufsatz über Grundlagen und Wege der Konfessionsbildung, den ich seinerzeit in der „Historischen Zeitschrift" (185/1958) veröffentlicht hatte, zu einer selbständigen Darstellung zu erweitern. Mein Dank gilt in erster Linie Herrn Dr. *Karl Cornides*, daß er mir die Möglichkeit einer erweiterten Publikation in so freundlicher Weise eröffnet hat. Das Buch sollte keine Reformationsgeschichte im engeren Sinne werden, deren wir ja eine Anzahl auch aus neuester Zeit und von bedeutendem Rang besitzen, wie von Joachimsen, Lortz und G. Ritter. Es sollte aber auch keine Geschichte der theologischen Ausgangspunkte und Meinungen werden, sondern wollte danach fragen, auf welche Weise die Reformation und die Gegenreformation im Bereich des Gegenständlichen und Konkreten Gestalt gewann. So standen im Vordergrund etwa Fragen: Wie schlug die evangelische Bewegung durch? Wie wurde die Reformation, wie die katholische Reform aufgenommen? Wie durchgedrückt, gehemmt oder verwässert? Welcher Art waren die Hindernisse und Widerstände, die sich der einen oder anderen Bewegung in den Weg stellten? Und schließlich: Welche Kräfte begünstigten die Konfessionsbildung und trieben sie voran?

Diesen und einer Anzahl von weiterführenden Fragen ging ich nach im 2. Teil und den sechs Kapiteln des 3. Teils dieses Buches. Was ich dort ausgeführt habe, geht auf die Auswertung einer weitverstreuten, meist lokal- oder landesgeschichtlichen Literatur sehr unterschiedlichen Ranges und auf eigene Forschung zurück. Die Ausführungen des 1. Teils (Seite 6—23) stützen sich teils auf die wissenschaftliche Literatur, teils auf eigene Vorarbeiten. Ich hebe für die Vorgeschichte und Geschichte von Trient Hubert *Jedins* „Geschichte des Konzils von Trient" (2 Bände, Freiburg/Breisgau ²1951 und 1958), und seine Einzelstudie „Das Konzil von Trient in der Schau des 20. Jahrhunderts" (Jahres-Ber. d. Görres-Gesellsch. 1963, Köln 1964, 14—24) hervor. Für die abschließenden Bemerkungen über die Konfessionsbildung in Osteuropa bin ich der einschlägigen Forschung verpflichtet, namentlich den Arbeiten von Erich *Hassinger,* „Das Werden des neuzeitlichen Europa, 1300—1600" (Braunschweig 1959); Michaly *Bucsay,* „Geschichte des Protestantismus in Ungarn" (Stuttgart 1959); Gotthold *Rhode,* „Die Reformation in Osteuropa" (Zeitschr. f. Ostforschung 7, 1958, Seite 481—500) und Bernhard *Stasiewski,* „Reformation und Gegenreformation in Polen" (Münster 1960).

II.

Die vorliegende Darstellung hat als erster Versuch eines zusammenfassenden Überblicks über die Entstehungsgeschichte der Konfessionen in Deutschland einen notwendig vorläufigen Charakter. Die Unvollständigkeiten und Unvollkommenheiten, die ihr anhaften, haben zum Teil in der derzeitigen Forschungslage ihren Grund. Die innerkirchliche Reform im Protestantismus *nach* der Reformation hat bisher noch niemand zusammenfassend dargestellt. Auch hat sich, von einigen Ausnahmen abgesehen (P. *Althaus* der Ältere; Hans *Leube,* A. *Schleiff,* Franz *Lau*), kaum jemand um die Geschichte der lutherischen Frömmigkeit in den eineinhalb Jahrhunderten zwischen Reformation und Pietismus gekümmert. Daher liegt für manche Unregelmäßigkeit in der Proportion, so für die etwas knappe Behandlung des Protestantismus in den Kapiteln 5 II und 6 des 3. Teils die Ursache im Mangel an einschlägigen Vorarbeiten. Eine knappe aber wichtige Studie über die Frömmigkeit dieser Zeit veröffentlichte Franz *Lau* in „Colloque d'histoire relig." (Grenoble 1963) 101—115.

Wenn ich die Geschichte der Sonderformen und Sonderströmungen evangelischen Christentums (Täufer, Schwenkfelder, Weigelianer) miteinbezogen hätte, so hätte ich damit den für dieses Buch vorgesehenen Rahmen ungebührlich überschritten. Auch konnte aus inneren Gründen vielleicht noch am ehesten darauf verzichtet werden. Handelte es sich bei ihnen doch nicht um dem Luthertum, Katholizismus und Calvinismus als kirchliche, soziale und politische Gebilde vergleichbare Konfessionen, sondern um kleinere Gemeinschaften oder Richtungen, die am ehesten noch durch ihren Kontrast zu den größeren Konfessionen indirekt ein Licht auf deren innere Verfassung fallenlassen.

III.

Innerhalb des herangezogenen Materials erwiesen sich die Quellen regionaler Provenienz oft recht ergiebig. Es wurden besonders reichlich verwertet Visitationsakten und Kirchenordnungen, daneben Quellen der verschiedensten Gattungen, tagebuchartige Aufzeichnungen, Chroniken, Ständeakten, Ratsverordnungen, Autobiographien und anderes mehr.

An Stelle einer unzählige Seiten verschlingenden Bibliographie verweise ich für Quellen und Literatur auf die detaillierten Nachweisungen in meinem obengenannten Aufsatz (Historische Zeitschrift 185, 1958, Seite 249—259), auf die diözesangeschichtlichen Untersuchungen in dem von G. *Schreiber* herausgegebenen Gemeinschaftswerk „Das Weltkonzil von Trient", Band 2 (Freiburg/Br. 1951) und auf meinen die Literatur vom Ende des Zweiten Weltkriegs bis 1955 besprechenden Forschungsbericht „Zeitalter der Glaubenskämpfe, Gegenreformation und katholische Reform" (Saeculum 7, 1956). Dem speziellen Erforscher der Reformationsgeschichte leisten unschätzbare Dienste die „Calvin-Bibliographie 1901—1959" (München 1961) von Wilhelm *Niesel* und vor allem Karl *Schottenlohers* „Bibliographie zur deutschen Geschichte im Zeitalter der Glaubensspaltung 1517—1585" (6 Bände, Leipzig 1933—1940; Neudruck Stuttgart 1956—1958; 7. Band: Das Schrifttum von 1938—1960, bearb. von Ulrich *Thürauf*, bisher vier Lieferungen, Stuttgart 1962 ff.).

Allgemeinverständliche, sachdienliche Auskunft mit weiterführenden Literaturangaben für einen großen Teil der hier berührten Gegenstände und Probleme geben die neuesten Auflagen der großen Sachwörterbücher „Die Religion in Geschichte und Gegenwart" (6 Bände, 3. Auflage, Tübingen 1957—1962) und „Lexikon für Theologie und Kirche" (bisher 8 Bände, 2. Auflage, Freiburg/Br. 1957—1963); daneben finden sich oft wertvolle Artikel auch in dem „Evangelischen Kirchenlexikon" (4 Bände, Göttingen 1956—1961). *B. Gebhardt*, „Handbuch der deutschen Geschichte", 8. Auflage, Band 2 (Stuttgart 1955, Neudruck 1963) bringt einen knappen Abriß der konfessionsgeschichtlichen Vorgänge im Zusammenhang der allgemeinen deutschen Geschichte, Seite 168—189, mit reichhaltigen Literaturangaben. Der Interessent wird auch in den zusammenfassenden Literaturbesprechungen über das „Zeitalter der Glaubenskämpfe" in „Geschichte in Wissenschaft und Unterricht", Jg. 4 (1953), 6 (1955), 7 (1956), 8 (1957), 11 (1960), 13 (1962) und 15 (1964) eine beträchtliche Anzahl von einschlägigen Quellen und Untersuchungen genannt und gewürdigt finden. Während die größeren zusammenfassenden Darstellungen der allgemeinen und der kirchlichen Geschichte des 16. und 17. Jahrhunderts meist nur wenig für die konfessionsgeschichtliche Thematik hergeben, bieten die regionalen Kirchengeschichten (Thüringen, Schleswig-Holstein, Bayern, Pommern und andere) oft ausgezeichnetes Material. Von einschlägigen Zeitschriften und Forschungsreihen hebe ich hervor: das von E. *Hassinger* herausgegebene „Archiv für Reformationsgeschichte" (Gütersloh), die „Schriften des Vereins für Reformationsgeschichte" (hrsg. von H. *Bornkamm* u. a.) und die vom gleichen Verein betreuten „Quellen und Forschungen zur Reformationsgeschichte" sowie die „Reformationsgeschichtlichen Studien und Texte" und die (etwas altmodisch und mißverständlich titulierte) Schriftenreihe des Vereins zur Herausgabe des Corpus Catholicorum „Katholisches Leben und Kämpfen im Zeitalter der Glaubensspaltung" (beide Reihen begründet von I. Greving, hrsg. von H. Jedin, Münster).

Viele wichtige Untersuchungen enthalten auch die von O. *Vasella* herausgegebenen „Beihefte der Zeitschrift für Schweizerische Kirchengeschichte" (Freiburg/Schweiz). Pars pro toto sei daraus als wohlgelungene und lehrreiche Arbeit genannt: Willy *Keller,* „Die Abtei Fischingen im Zeitalter der Reformation und katholischen Reform", 1946. Wertvolle Materialkenntnisse und Anregungen verdanke ich den Untersuchungen einiger meiner Schüler. Weil ohne sie dies Buch in seiner vorliegenden Gestalt nicht hätte geschrieben werden können, seien sie genannt: K. H. *Oelrich,* „Der späte Erasmus und die Reformation" (Reformationsgeschichtliche Studien und Texte, H. 86, Münster 1961); Horst *Bartmann,* „Die Kirchenpolitik der Markgrafen von Baden-Baden im Zeitalter der Glaubenskämpfe 1535—1622" (Freiburger Diözesanarchiv, 81. Band, Freiburg/Br. 1961); Dorothea *Coenen,* „Die katholische Kirche am Niederrhein von der Reformation bis zum Beginn des 18. Jahrhunderts. Untersuchungen zur Geschichte der Konfessionsbildung im Bereich des Archidiakonates Xanten unter der klevischen und brandenburgischen Herrschaft" (Reformationsgeschichtliche Studien und Texte, Münster, im Erscheinen); Werner *Thoma,* „Die Kirchenpolitik der Grafen von Fürstenberg im Zeitalter der Glaubenskämpfe 1520—1660" (Reformationsgeschichtliche Studien und Texte 87, Münster 1963); Maria Walter, geb. *Theiss,* „Pfarrer und Gemeinden in der zweiten Hälfte des 16. Jahrhunderts in den Stiften Magdeburg und Merseburg" (Diss., Freiburg/Br. 1960); Andrea *Körsgen-Wiedeburg,* „Calvins Verhalten zu Luther, Melanchthon und dem Luthertum" (Diss., Tübingen 1961, zugleich Reformationsgeschichtliche Studien und Texte, Münster, im Erscheinen); Manfr. *Huber,* „Die Durchführung der tridentinischen Reform in Hohenzollern 1567—1648" (Diss., Tübingen 1963); Andreas *Zieger,* „Das religiöse und kirchliche Leben im Spiegel der Kirchenordnungen von Preußen und Kurland" (Diss., Tübingen 1963, zugleich Forschungen zur Kirchen- und Kulturgeschichte Mittel- und Ostdeutschlands, hrsg. von B. *Stasiewski,* Köln-Graz, im Erscheinen); H. E. *Specker,* „Die Reformtätigkeit des Würzburger Fürstbischofs Julius Echter von Mespelbrunn 1573—1617" (Diss., Tübingen 1963, zugleich

Jahresband 1965 der Würzburger Diözesangeschichtsblätter, Würzburg, im Erscheinen). Schließlich konnte ich die von den Mitgliedern meines Seminars und mir in Tübingen im WS 63/64 gemeinsam erarbeiteten Ergebnisse über Aspekte der Konfessionsbildung in Mitteldeutschland mehrfach für die vorliegende Darstellung auswerten. Herrn Dr. Horst *Rabe*, Fräulein Barbara *Meier-Wilkens* und Herrn Hans Joachim *Köhler* habe ich sehr dafür zu danken, daß sie sich der Mühe unterzogen, das Register anzufertigen.

Ernst Walter Zeeden

Tübingen, im Dezember 1964.

PERSONENREGISTER

Albrecht V., Hg. von Bayern 60, 98, 126
Aleander Hieronymus, Nuntius 47
Alsted Johann Heinrich, ref. Theologe und Pädagoge 23
Althusius Johannes, ref. Rechtsdenker 23
August, Kf. von Sachsen 110
Augustinus Aurelius 117, 138

Bach Johann Sebastian 140
Barnim X., Hg. von Pommern 108
Bellarmin Robert SJ, Eb. von Capua 126
Bergmann Gustav von (1878 bis 1955; Internist, zuletzt Prof. in Berlin) 106
Bernhard von Clairvaux 138, 141
Berthold (Pirstinger), B. von Chiemsee, Weihb. von Salzburg 65
Besserer Georg, Hofprediger bei Mgf. Georg Friedrich von Ansbach 115
Biró Mathias, ungar. Reformator 173
Blandrata Giorgio, Unitarier 165
Brahe Tycho, dänischer Astronom 104
Bugenhagen Johannes 96
Bullinger Heinrich 174

Calixt Georg, luth. Theologe 139
Calixt Friedrich Ulrich, luth. Theologe 139
Calov Abraham, luth. Theologe 139
Calvin Johannes 9, 16—19, 24, 28, 33 f., 91, 96, 106, 127, 129, 137, 159, 164, 166 f., 171, 173 f., 178, 186 f.
Canisius Petrus S. J., 33, 60 f., 63, 74, 98, 126 f., 129, 151, 170
Casimir, Mgf. von Ansbach-Bayreuth 36
Chemnitz Boguslav von, schwed. Rat und polit. Publizist 89
Christoph Fuchs von Fuchsenberg, Statthalter von Tirol und Vorarlberg, als Witwer Fürstb. von Brixen (1539—1542) 65
Comenius Johann Amos, Bischof der böhm. Brüdergemeinde und Pädagoge 165
Commendone Giovanni Francesco, Nuntius in Deutschland und Polen 169
Contarini Gasparo, Kardinal 152
Cracow Georg, Kursächs. Kanzler 22

Eduard VI., Kg. von England 24 f.
Eisengrein Martin, Hofprediger Maximilians II. 61
Elisabeth I., Kgin. von England 24 f.

Erasmus von Rotterdam 43, 51, 120, 166
Ernst (der Bekenner), Hg. von Braunschweig-Lüneburg 37
Ernst I. (der Fromme), Hg. von Sachsen-Gotha 38
Ernst Friedrich, Mgf. von Baden-Durlach 69

Faber Wendelin OP, Spiritual in Zoffingen bei Konstanz 64
Ferdinand I. 44, 98, 154, 163, 173
Ferdinand II. 41
Friedrich II., Kg. von Preußen 184
Friedrich III. (der Fromme), Kf. von der Pfalz 21, 38 f., 127, 134
Friedrich Wilhelm I., Kg. von Preußen 185
Friedrich Wilhelm I., Kf. von Brandenburg 38, 45, 92

Georg II., Hg. von Brieg-Liegnitz 35
Georg, Mgf. von Ansbach-Bayreuth 36
Georg III. (der Gottselige), F. von Anhalt, B. von Merseburg 38
Georg Friedrich, Mgf. von Ansbach-Bayreuth 115
Georg Friedrich, Mgf. von Baden-Durlach 69
Gerhard Johann, luth. Theologe in Jena 138 f.
Gerhardt Paul 140
Gotthard von Ketteler, Hg. von Kurland 42
Gregor XIII., Papst 28, 29, 125
Gustav II. Adolf, Kg. von Schweden 40 A 1

Hamaker, Hofkaplan B. Wilhelms von Ketteler 76
Händel Georg Friedrich 140

Heidegger Johann Heinrich, ref. Theologe, Prof. in Zürich 23
Heinrich VIII., Kg. von England 24 f.
Heinrich d. Jüngere, Hg. von Braunschweig-Wolfenbüttel 75
Helding Michael, Weihb. von Mainz, B. von Merseburg 120
Hille Hans, Kirchenvorstand in Jacobshagen/Pommern 89
Hoe van Hoenegk Matthias, Oberhofprediger Kf. Johann Georgs I. von Sachsen 132
Hosius Stanislaus, B. von Kulm und Ermland 120, 146, 150, 169 f.

Ignatius von Loyola 33, 61 f., 121, 125, 127, 129, 148, 151 f.

Jacob III. von Eltz, Eb. von Trier 36
Johann III., Hg. von Jülich-Kleve-Berg 76
Johann Georg I., Kf. von Sachsen 132
Joseph II. 176

Kalckbrenner Gerhard, OCarth, Prior zu Köln (1536—1566) 61 f.
Karl V. 35, 37, 41, 122
Karl Ludwig, Kf. von der Pfalz 135
Karlstadt Andreas, Wittenberger Theologe 14
Kasimir (Johann), Pfgf. von Simmern und Zweibrücken 70
Kaspar I. OSB, Abt von St. Blasien 65
Katharina II., Zarin von Rußland 157
Kepler Johannes 104
Krell Nikolaus, Kursächs. Kanzler 22

Laski Jan, poln. Reformator 166, 169
Lismanini Franz OFM, Unitarier 165
Logau Friedr. Frhr. v., Dichter 184
Ludwig II., Kg. von Ungarn und Böhmen 154
Ludwig, Hg. von Württemberg 115
Ludwig VI., Kf. von der Pfalz 70
Ludwig III., Lgf. von Hessen-Kassel 133 f.
Luther Martin 7, 13—19, 22, 24, 28, 33, 40, 47, 50—54, 74, 82, 87, 91, 96, 117, 125 f., 137 f., 141, 158 f., 173, 178, 184—187

Marbach Johann, luth. Theologe 70, 72
Maria I., Kgin. von England 24 f.
Melanchthon Philipp 20 f., 96, 117, 159
Möller Johannes, Prediger in Hamburg 133
Münzer Thomas 14
Musäus Johann, luth. Theologe in Jena 139

Nadal Hieronymus SJ, 61
Nas Johann OFM, Weihb. von Brixen 132

Olevianus Caspar, reform. Theologe 23
Otto Heinrich, gen. Ottheinrich, Kf. von der Pfalz 39, 72

Paul III., Papst 27
Pázmány Peter SJ, Eb. von Gran 175
Philibert, Mgf. von Baden 69
Philipp II., Mgf. von Baden-Baden 98, 126 f.

Pius IV., Papst 28
Pius V., Papst 28
Pollius Johannes, Reformator 56

Rabus Ludwig, luth. Theologe 71
Radziwill Nikolaus (der Rote) von, litauischer Magnat 168
Radziwill Nikolaus (der Schwarze) F. von, litauischer Magnat, poln. Großkanzler 166 f., 170
Rej Mikolaj, poln. Schriftsteller 167
Rudolf II. 41
Runge Jakob, Generalsuperintendent in Pommern 104

Schmid Christoph von, kath. Theologe und Jugendschriftsteller 183
Schütz Heinrich 140
Schorich Georg SJ 69, 126
Schweinichen Hans von, Hofmarschall der Hgg. von Liegnitz 58 A 1, 112
Seckendorf Veit Ludwig von, Staatsmann und Gelehrter 13
Seymour Eduard, Hg. von Somerset, Regent 1547—1553, 24
Sforza Bona, Gattin Kg. Sigismunds I. von Polen 166
Sigismund, Kaiser 154
Sigismund II. August, Kg. von Polen 42, 164, 166, 168 f.
Sigismund III. Wasa, Kg. von Polen und Schweden 169
Skarga Pjotr SJ, Hofprediger Kg. Sigismunds III. von Polen und Schweden 170 f.
Sophie von der Pfalz, Gattin Kf. Ernst Augusts I. von Hannover 38
Sozzini Fausto, Unitarier 165
Spangenberg Cyriakus, luth. Theologe 133

Spee Friedrich von, SJ, geistl. Dichter 151 f.
Stephan Báthory, F. von Siebenbürgen, Kg. von Polen 169, 175

Tauler Johannes OP 138, 141
Thomas v. Aquin OP 138

Wilhelm von Ketteler, B. von Münster 76
Wilhelm III., Kg. von England 25

Wilhelm V. (der Fromme), Hg. von Bayern 38
Wilhelm V., Hg. von Jülich-Kleve-Berg 76
Wilhelm von Oranien 45
Witzel Georg, Vermittlungstheologe 120

Zápolya Johann, ungar. Gegenkönig 173
Zwingli Ulrich 19, 24, 51, 96

GEOGRAPHISCHES REGISTER

Aachen 16, 22, 66
Altdorf, Universität (1623 bis 1809) 139
Altenhausen, im Erzstift Magdeburg 110
Altona 45
Anhalt, Ft. 21, 58, 87
Ansbach-Bayreuth, Mgfsch. 16, 57, 105
Augsburg, Bt. 73
Augsburg, RStadt 61
Australien 25

Baden
  Baden-Baden, Mgfsch. 45, 69, 98, 126
  Baden-Durlach, Mgfsch. (und Markgräflerland) 57, 62 ff., 69, 104, 115, 117, 135
  Mittelbaden (Landschaft) 64, 73 f., 143 f.
Baltikum 17, 42, 154, 157 f., 160 f., 171
Bamberg, Bt. 44
Bamberg, Stadt 65
Basel, Stadt 14, 104
Bayern, Hgt. 29, 43, 60, 63, 106, 122
Berg, Hgt. 22, 43, 59, 75, 135 f. (s. auch Niederrhein)
Berlin 84, 92, 100
Berner Oberland 63
Bitterfeld 110, 115

Böhmen 17, 30, 42, 43, 45, 57 f., 71, 153—158, 160—165, 171, 173, 177
Brandenburg, Kft. 45, 49, 57, 58, 84 f., 87 f., 92 f., 100, 116 f., 128, 135
Braunsberg 170
Braunschweig-Grubenhagen 107
Breisach 61, 135
Breisgau 61, 66, 135
Bremen, Ebt. 21, 57
Bremen, RStadt 14
Breslau, Fürstbf. 44
Breslau, Stadt 44, 80
Brest 157
Brieg, Ft. 35
Burgsteinfurt 23
Burgund 30, 123

Chur 64
Coburg, Stadt 131

Dabrun 119
Dänemark 16, 154
Danzig 49, 93, 158
Debreczen 174
Deutsches Reich 21, 29, 44, 153, 161
Deutschland passim
  Mitteldeutschland 16, 29 f., 44, 47, 57, 87, 93, 104, 110, 112, 118, 176
  Norddeutschland 16, 29, 47, 57, 93, 104, 112, 176

Nordwestdeutschland 21, 56, 93
Ostdeutschland 30, 62, 93, 104, 112
Süddeutschland 30, 54, 87, 93, 97, 104, 124, 164
Südwestdeutschland 16, 21, 63, 66, 68, 78, 89
Westdeutschland 21, 30, 54, 68, 78, 89, 93
Deutschordensstaat 42, 153
Dinkelsbühl 74, 183
Disentis, OSB-Abtei in Graubünden 67, 132
Dortmund 49, 64
Duisburg 60

Eichsfeld 57
Einsiedeln, OSB-Abtei 143, 149
Elbing 133, 158
Elsaß 16
England 11, 20, 23—26, 29, 31, 166
Erfurt 57, 65, 105
Estland 153 f., 172
Ermland, Bt. 65, 88, 157, 169

Finnland 16
Franken 47, 49, 73 f., 163
Frankfurt/M. 14, 21, 49, 64
Frankfurt/Oder 85, 87
Frankreich 16, 20, 29 f., 43, 45
Frauenalb, OSB-Frauenabtei in Baden 144
Fraustadt 85
Freiburg/Br. 61, 133, 135
Freyberg (oberes Donautal) 73
Friedrichstadt 45
Friesland 47 (s. auch Ostfriesland
Fürstenberg, Gft. 66, 100

Gartz/Oder 108
Geislingen/Steige 64

Geldern, Hgt. 35 (s. auch Niederrhein)
Genf 17, 21, 28, 172
Glückstadt 45
Göß, OSB-Frauenabtei in der Steiermark 65
Goldenstedt 78
Goslar 57
Graubünden 67
Graz 29
Grodno 157
Großpolen 164 f., 168

Habelschwerdt 80
Halberstadt, Bt. 57
Halberstadt, Stadt 57, 79
Halle 63
Hamburg 62 f., 84, 133
Hanau-Lichtenberg, Gfsch. 88
Hanau (Stadt) 45
Hannover 49
Havelberg Bt. 63, 79
Heidelberg 21, 23, 70, 72
Helmstedt 57, 139
Herborn 23
Hessen, Lgfsch. 39, 47, 49, 57 f., 69
Hildesheim, Bt. 44, 65
Hildesheim, Stadt 57
Hohenzollern, Gfsch. 66

Ingermanland 154
Irland 27, 30 f.
Island 16
Italien 27, 30, 183

Jacobshagen 89
Jena, Universität 138 f.
Jever, Herrsch. 88
Jülich, Hgt. 22, 43, 59, 66, 75, 135 f. (s. auch Niederrhein)

Kärnten, Hgt. 47, 57, 71
Kaiserstuhl 61
Kanada 25

Geographisches Register

Kinzigtal 100
Kleinpolen 165 f., 168
Kleve, Hgt. 21 f., 35, 41, 43, 59, 66, 75 f., 100, 128, 135 (s. auch Niederrhein)
Köln, Ebt. 66, 128
Köln, RStadt 16, 29, 62, 65 f.
Königsberg, Universität 139
Konstanz, Bt. 61, 97 f.
Konstanz, RStadt 64
Krain, Hgt. 47, 57, 71
Krakau 80, 157, 159
Kröv 65
Kulm 169
Kulmbach 57 (s. auch Ansbach-Bayreuth)
Kurland 88, 105, 110, 153 f., 172

Ladenburg 134
Lahr 73
Lausitz, Nieder- und Ober- 44, 65 f., 87 f., 92 f., 153
Lebus, Bt. 85
Leipzig 49, 83, 139
Lemberg 157
Lemgo 12, 75
Lettland 106, 172
Liegnitz, Hgt. 35, 80
Liegnitz, Stadt 58
Lingen, Gfsch. 58
Lippe, Gfsch. 42, 58, 75
Lippstadt 49
Lissa 165
Livland 17, 42, 153 f., 158, 160, 171 f.
Litauen 20, 88, 91, 153 ff., 157 ff., 164, 166 ff., 170—173
Loccum, ev. Kloster 79, 83
Lothringen 66 f.
Lübeck, RStadt 79, 107
Lüneburg 37
Luzern 29
Luxemburg, Ghgt. 66
Mähren, Mgfsch. 42 f., 58, 153, 155, 157, 160 ff., 164 f., 173, 177

Magdeburg, Ebt. und Hgt. 57, 71, 87, 93, 110
Magdeburg, Stadt 57, 85
Mainz, Ebt. 65, 146
Mansfeld, Gfsch. 57, 86
Marburg 49, 51
Mecklenburg, Hgt. 57, 87, 93
Merseburg, Bt. 57, 110
Minden, Bt. und Stadt 79
Mohács, Schlacht bei 153 f.
Mosbach 72
München 65, 150
Münster, Bt. 43, 75 f.

Nassau, Gfsch. 21, 58
Neuseeland 26
Neustadt (Schwarzwald) 104
Niederlande, spanische und Generalstaaten 16, 20, 23, 26, 29 f., 43, 54, 123, 176
Niederösterreich 60, 65
Niederrhein 21, 56, 59, 65 ff., 74, 93, 100, 128, 136
Niedersachsen 49, 57, 63, 74
Nordamerika 23, 26, 188
Nordhausen, RStadt 87
Nordstrand (Hallig) 45
Nürnberg, RStadt 49, 63, 65

Ösel 154
Österreich 16, 29 f., 42—45, 151, 154, 158, 164, 178 (s. auch Niederösterreich)
Ostfriesland, Gfsch. 21, 36, 42, 59
Ofen 173
Oldenburg, Gfsch. 36, 116
Orsay 77
Ortenau 73
Osnabrück, Bt. 44, 65, 75 f., 93
Osnabrück, Stadt 14
Paderborn, Bt. 43
Pfalz
   Kurpfalz 21 ff., 45, 49, 58, 63 f., 70, 72, 74

Pfalz-Neuburg, Pfalz-Gfsch. 135
Pfalz-Zweibrücken, Pfalz-Gfsch. 65
Oberpfalz, Pfalz-Gfsch. 70, 74, 106 f.
Polen 30, 42, 45, 88, 91, 153 ff., 157—160, 164—173, 175—178
Pommern 47, 49, 57, 92 f., 104, 133, 168
Portugal 30, 151
Prag, Ebt. 80, 163
Prechtal 134
Preußen (Ostpreußen) 17, 42, 47, 57 f., 62, 88, 91, 93, 105 f., 110, 136, 139, 157 f., 160 f., 171 f.
Prüm, OSB-Abtei 36

Querfurt 91

Rakow 165
Ravensberg, Gfsch. 66
Rastatt 69, 73
Regensburg, Bt. 61
Regensburg, RStadt 49
Renchtal 70
Reuß, Gfsch. 87
Riga 158
Rom 28
Rußland 153 f., 157, 172

Sachsen, Kft. und Hgt. 8, 21 f. 36, 38, 44, 49, 57, 85, 87, 103 f., 107, 115, 117, 139, 163, 176 (s. auch Sachsen-Gotha)
Sachsen-Gotha 111
Samland 105
Sandomir, Consensus von (1570) 167
St. Blasien, OSB-Abtei 66
St. Gallen, OSB-Abtei und Stadt 135, 143, 149
St. Georgen, OSB-Abtei im Schwarzwald 63

St. Michael (ev. Kloster in Lüneburg) 79
St. Peter, OSB-Abtei im Schwarzwald 66
Schildesche 79
Schlesien 44 f., 47, 58, 62, 79, 85, 88, 93, 153 f., 168
Schottland 20, 23, 29, 43
Schwaben 47, 63 f., 66, 73, 105, 149
Schwarzwald 61, 63, 66, 104
Schweden 16, 93, 154 f., 172, 183
Schweizerische Eidgenossenschaft 8 f., 23, 29 f., 41, 45, 54, 62, 66, 97, 124, 143, 148 f., 173, 176, 183
Siebenbürgen, Ft. 17, 31, 153, 156, 158 ff., 174 ff.
Skandinavien 16, 54
Slowakei 159, 173, 176, 178
Spanien 27, 30, 123
Speyer, Bt. 39, 61, 98
Speyer, RStadt 61, 91
Steiermark, Hgt. 47, 57, 60, 71
Stralsund 14
Straßburg, Bt. 70, 98, 126
Straßburg, RStadt 21, 49, 64
Sudetenländer 47, 156, 158, 163

Tecklenburg, Gfsch. 58
Tennenbach, Zisterzienser-Abtei 69
Teschen, Ft. 87 f.
Thüringen (Landschaft) 103 f., 117
Thurgau 132
Tirol, Gfsch. 47, 57, 71
Torgau 110
Trier, Ebt. 66, 144
Tübingen 115
Türkei 153
Ulm, RStadt 49, 64, 71, 105, 107, 111

Geographisches Register

Ungarn 17, 20, 42, 114, 153—160, 164, 171—178

Villingen 63

Warschau 157
Weingarten, OSB-Abtei 149
Wesel 21 f., 59 f.
Westfalen 47, 56, 58, 63, 65, 74, 93
Westpreußen 157, 160, 171
Wetzlar 79
Wied, Gfsch. 58
Wien, Bt. 60
Wilna 157

Wittenberg 14 ff., 110, 115, 139, 172 f., 177
Wittgenstein, Gfsch. 58, 133 ff.
Wolfenweiler 133
Wolhynien 165
Worms, Bt. 39
Württemberg, Hgt. 16, 49, 57, 63, 70, 93
Würzburg, Bt. 44

Xanten, Archidiakonat 60, 77, 128
Xanten, Stadt 77

Zürich 8, 22, 49

SACHREGISTER

Folgende Worte sind in das Sachregister nicht aufgenommen:

Calvinismus	Protestantismus
Katholizismus	Reform
Luthertum	Reformation

Abendmahl 18, 51, 71, 74, 77, 83, 84 f., 110, 146, 174 (s. auch Eucharistie)
Abendmahlselemente 18, 85 f., 144
Abendmahlslehre 18 f., 20 f., 24, 91, 177
Elevation 85 ff.
Laienkelch 76
Aberglaube 15, 101, 104—109, 172, 180
Ablaß 88
Absolutismus 155, 162
Adel (s. Sozialstruktur)
Agende (s. Gottesdienst)
Altar 18, 74, 84 f., 130, 134
Anglikanische Kirche, Anglikaner 9 f., 23—26, 30
Archidiakonat 60, 128
Armutsideal 149 (s. auch Mönchtum)
Aszese 148 f., 150
Augsburgischer Religionsfrieden 39, 41 f., 43, 47, 53, 78, 80, 83, 180
Aufklärung 11, 84, 108, 136, 139, 183, 185—187, 189

Barock 138, 150, 164
Bauern (s. Sozialstruktur)
Bauernkrieg 8, 10
Beamte (s. Verwaltung)
Beichte 18, 83, 88, 110, 144 A
Absolutionsformel 60, 83
Beichtpfennig 83
Beichtvater 49, 97, 166
Bekenntnisfreudigkeit
(s. Kirchenbewußtsein)
Bekenntnisschriften 33, 35, 82, 117, 137 f., 186, 190
Confessio Augustana (1530) 33, 53, 77, 159, 162, 167
— Variata 20
Brüderkonfession (1535) 162
Common Prayer Book (1549) 24
Confessio Gallicana (1559) 34
Confessio Scotica (1560) 34
Confessio Belgica (1561) 34
39 Artikel (1563) 25
Confessio Bohemica (1575) 162
Confessio Helvetica posterior (1566) 34, 174
Formula Concordiae (1577—1580) 34, 113 ff., 137

Sachregister

Bibel 15, 18, 38, 83, 107, 117, 121, 138, 141 f., 145 f., 185 f.
Biblizismus 16, 26
Bikonfessionalität (s. Konfessionelle Mischformen, Parität)
Bildersturm 30, 143
Bildung 48, 50 f., 55, 69, 108, 111, 114, 116 ff., 168 (s. auch Katechismus, Schul- und Erziehungswesen, Unbildung)
Bischof 28, 61, 79 f., 92, 120, 124 f., 128, 133, 164, 169 (s. auch Episkopat)
Bistum 28, 43 f., 122
Böhmisch-Mährische Brüder 160, 162—165, 167 f., 171, 178
Brauchtum 15, 56, 80 f., 86, 92, 106, 122, 142, 145, 180, 188
  Glockengeläut 85 f., 92, 131
Brester Bibel (1563) 167
Bruderschaften (Laien-) 127 f.
Bürger, Bürgertum (s. Sozialstruktur, Stadt)
Bußsakrament 83

Caritas, Liebestätigkeit 8, 36, 145 f., 148, 151 f.

Declaratio Ferdinandea 79
Dogma (s. Lehre)
Domkapitel 33, 53, 56, 64 f., 79, 122
Dorf 69, 72, 88, 103, 108, 116 f.
Dreißigjähriger Krieg 82, 102, 118, 162 f., 164 f., 167

Ehe, -recht, -schließung 83, 89 f.
Emigranten, Exulanten 20 f., 45, 57
Episkopat 52, 159, 169 f., 175 (s. auch Bischof)
Erbauung, -sliteratur 141, 143
Erbsündenlehre 76
Eucharistie 74, 77, 84, 124 (s. auch Abendmahl)

Evangelismus 16
Exerzitien 148
Exkommunikation 89
Exorzismus 19, 84, 91, 130

Fanatismus 132
Fasten, -zeit 73, 75, 83, 85, 144, 144 A, 149 f.
Feudalismus 120
Firmung 83
Flacianismus, Flacianer 113 f.
Frömmigkeit, -sformen 9, 14, 26, 39, 51, 54, 56, 69, 81, 99, 108, 111, 127, 137, 141—143, 145—152
Flugschriften 14, 40 A, 52

Gebet 18, 83, 141, 144 A
  Angelusgebet 145
  Ave Maria 88, 109, 126, 145
  Brevier 49, 75, 85
  Rosenkranz 144 f., 150
  Vaterunser 109 ff., 126, 172
Gegenreformation 27, 32, 47, 55, 82, 115, 121, 156, 160, 162 f., 171 f., 175 (s. auch Restauration)
Geistl. Jurisdiktion 18, 52 ff., 66, 79 f., 89, 97, 128, 144
Geistliche Spiele 142, 144
Gelübde 49, 87, 113, 131
Gewissen 37 f., 186
Gesellschaftsordnung (s. Sozialstruktur)
Glaube 54, 78, 114, 119, 146, 151, 188
  Glaubensbekenntnis 95, 102, 109, 126
  Glaubenseinheit 45
  Gläubigkeit 54, 107
Gnade, Gnadenlehre 142, 145 f., 151
Götzendienst, Heidnische Bräuche, Heidentum 15, 19, 102, 105 f., 172

Sachregister

Gottesdienst 8, 15, 18, 26, 42, 49, 60 ff., 64, 73 f., 77 ff., 82—86, 88, 90 ff., 99, 103, 109 ff., 119, 133, 139, 142 ff., 157, 161, 166, 178 f.
Gottesdienstordnung, Agende 18, 21, 84, 92, 141
Simultangottesdienst 79 f.
(s. auch Liturgie)
Griechisch-Katholische (unierte) Kirche 156
Griechisch-Orthodoxe Kirche 156—158
Gutsherr (s. Sozialstruktur)
Gymnasium (s. Schul- und Erziehungswesen)

Häresie, Häretiker 10, 31, 115, 127, 129, 138 (s. auch Ketzer)
Handwerker (s. Sozialstruktur)
Heidentum (s. Götzendienst)
Heiligenverehrung 131, 142, 150
Herrnhuter Brüdergemeinde 163
Hexen, -verfolgung, -wahn 102
Hierarchie 24 f., 51
Hofprediger 97, 112, 170 (s. auch Predigt, Prediger)
Humanismus 13, 16, 50 ff., 58, 74, 76, 158 f., 164, 166, 173
Hussiten 10, 163

Independentisten 25
Index 116, 189
Innerlichkeit 137 f., 140
Interdikt 90
Interim (1548) 41, 91, 122
Interzession 141
Intoleranz 11, 39, 64, 78, 101, 123, 137 f., 184 (s. auch Toleranz)

Jansenismus, Jansenisten 182
Jesuiten, Gesellschaft Jesu 27 f., 61, 69, 98, 101, 112, 124, 133, 141, 148 f., 150 f., 163, 170, 175

Jesuitendrama 131
Jesuitenkolleg 99, 131, 170
Jurisdiktion (s. geistl. J.)

Kalenderreform 29
Kanzel 11, 111, 115
2. *Kappeler Landfrieden* (1531) 41, 53
Katechismus, Katechese 15, 49, 83, 89, 99, 103, 108 f., 111, 124 ff., 130, 141, 146, 150 f., 172 (s. auch Religionsunterricht, religiöse Unterweisung)
Bellarmins Katechismus 126
Canisius' Katechismus 74, 98, 126
Catechismus Romanus 28, 34, 125
Genfer Katechismus 34
Heidelberger Katechismus 34
Luthers Katechismen 15, 109, 125
Ketzer, Ketzerei 10, 20, 58, 69, 115 f., 130, 132, 139 (s. auch Häresie)
Kirchenbewußtsein 121 f., 129, 145, 147, 152
Kirchengeschichte 139, 145, 157
Kirchengut 8, 30, 70, 103
Kirchenjahr und kirchliche Feste 84 f., 93, 136, 144, 150
Advent 149
Aposteltage 84
Beschneidung Christi 84
Buß- und Bettag 84
Christi Himmelfahrt 84
Epiphanie 84
Fastenzeit 149 f.
Fronleichnam 85, 131, 136, 150
Fest Johannes des Täufers 84
Fest des hl. Laurentius 85
Marienfeste (Heimsuchung, Himmelfahrt, Lichtmeß, Verkündigung) 84 f.

Fest der hl. Maria Magdalena 85
Fest des hl. Martin 85
Fest des Erzengels Michael 84 f.
Ostern (s. Karwoche, Liturgie)
Quatembertage 84
Vigilien 144
Kirchenlied 58, 109, 133, 139 ff., 146, 172
Kirchenordnungen 37, 56, 81—85, 87—90, 92, 96, 106 ff., 110, 116 f., 126, 130 f.
Kirchenorganisation 54, 66, 88, 99, 159 f., 166, 168 f., 174
Kirchenrecht, Kanonisches Recht 28, 80, 82, 90, 96, 102, 181
Kirchenregiment 21, 25, 53 f., 67, 100, 181
Kirchensteuer (s. Zehnt)
Kirchenverfassung 8 f., 18, 20 f., 25 f., 28, 82, 89 f., 92, 95, 179, 187, 189
   Episkopalverfassung 24, 26
   Gemeindeverfassung 21, 34, 174, 178
   Synodalverfassung 22
Kirchenväter 117, 121
Kirchenzucht, -disziplin, -strafen 11, 18, 21, 26, 34, 42, 55, 60, 89, 111—113, 119, 122, 128, 148, 166, 174, 178 f., 182, 188 f. (s. auch Polizei)
Klevischer Erbstreit 41
Kloster 24, 30, 43 f., 49, 52, 56 f., 61, 63 ff., 69, 75, 78 f., 83, 114, 121 f., 125, 149
Kondominat 39, 134, 180
Konfessionelle Mischformen, Bikonfessionalität 72, 74, 78 ff., 94 (s. auch Parität, Toleranz)
Konfessionelle Streulage 29, 55, 135
Konfessionspolitik 35 f., 41, 60, 97, 100, 128, 169

Konfessionsbestimmungsrecht (ius reformandi, Religionshoheit) 35, 37, 41, 44 f., 59, 71, 100, 177
Konfessionswechsel 68 f., 71, 93, 144, 180
Konfessionelle Vereinheitlichung 45 f., 97—99
Konfessionszwang (Bekenntniszwang) 21, 35, 44 f., 55, 63, 97, 101, 111, 125, 134, 160 f., 163 f., 180
   Schikane 132, 135
Konkubinat 61, 65, 124
Konservativismus 19, 59, 82, 141, 144, 188 ff.
Konsistorium 114, 116, 166
Kontraremonstranten 43
Kontroverstheologie, -predigt 111, 130, 170, 183
Konvente 49, 64 (s. auch Kloster)
Konzilien 188 (s. auch Trienter Konzil)
Krankenölung 83, 86
Kryptocalvinismus 21 f., 115, 176
Kunst
   Bildende Kunst 150, 189
   Dichtung 137 f., 140, 143
   Musik 137 f., 140, 143, 189
Kult 11, 15, 18, 20, 42, 51, 58, 64, 80 f., 87, 92 f., 95 f., 143, 150, 174, 178 f., 181, 188 (s. auch Liturgie, Gottesdienst)
Kurie 122 f.
Küster (Mesner) 86, 109, 116 ff.

Landgeistliche 53 f., 68 f., 102 f., 108, 116
Landeskirche 48, 54, 91, 99, 113, 116, 160, 185
Latein. Ritus 158
Lehre (Glaubens-, Dogma) 8—11, 15 f., 18, 20, 23—27, 34 f., 37 f., 42, 51, 58, 75 f., 78, 80,

88 f., 95 f., 98, 101, 107, 113 f.,
121, 124, 126, 129, 137—140,
146, 159, 161 f., 168, 173 f.,
178 f., 182, 185—190
Reine Lehre 20, 127, 130, 137,
148, 185
Lehrstreitigkeiten 96, 98, 117,
165, 168, 176
Lehrunterschiede 19, 77, 147,
185
Lehrmeinung 21, 115, 165
Lehrer, Schulmeister 18, 58, 70 f.,
86, 98, 116 ff., 124, 128, 144
Liberalismus 187
Liturgie 18, 24 f., 37, 60, 75, 83—
85, 87 f., 90 ff., 120, 132, 143,
149 (s. auch Gottesdienst)
Brautmesse 83
Canon missae 82
Chorgebet 92
Credo 83, 86, 109 f., 172
Hochamt 92
Hymnen 83
Introitus 83
Karwochen- und Oster-Liturgie
88, 144 ff., 149 f.
Kyrie 83
Messe 60, 65, 71, 77, 81, 83,
90, 144
Mette 83, 85
Offertorium 83
Primiz 85
Prozessionen 15, 85, 88, 131,
135, 142—145, 149 f., 152
Psalmengesang 18, 146
Sequenzen 83
Totenoffizum 82
Vesper 83
Wallfahrten 15, 87 f., 131, 144,
152
Liturgische Gewänder und Geräte 84, 91, 127 f., 130
Bilder 18, 84, 87, 130, 142
Ciborium 88
Kerzen 18, 130

Kruzifix 84
Meßbuch 83, 85
Monstranz 85, 136
Weihrauch 85
Liturgische Schriften 28, 82,
141, 189

Märtyrer, Märtyrertum 16, 101
Magnaten (s. Sozialstruktur)
Marienverehrung 124, 131,
144 f., 150
Meditation 141, 148 f., 152
Messe (s. Liturgie)
Mesner (s. Küster)
Mittelalter 82, 108, 125, 141,
145, 150, 154, 174, 178, 183,
189
   Spätmittelalter 28, 52 f., 129,
   141
Mennoniten 42
Methodisten 25
Minderheiten (relig. und nationale) 22, 29 f., 64, 156, 167,
177
Mission 31, 148 f., 189
Mönchtum 48, 56, 61, 63, 112,
123, 133, 143 (s. auch Kloster)
Mystik, Mystiker 138, 141, 143,
182, 189

Nationalität, Nationalbewußtsein
153, 156—158, 160—163, 171—
174, 176—178, 183
Nationalliteratur 161, 167
Neuscholastik 190 (s. auch Scholastik)
Notbischof 54 (s. auch Kirchenverfassung)
Nuntius, Nuntiatur 29, 61, 95,
170

Orden 31, 96, 112, 122 f., 148,
151, 164 (s. auch Kloster,
Mönchtum)
Barmherzige Brüder 151

Sachregister

Beginen 143
Benediktiner, -innen 63, 124, 131 f., 143, 149
Dominikaner, -innen 64, 138
Kapuziner 70, 124, 148, 163
Kartäuser 61, 65
Klarissen 63, 65
Ordination 80, 83
Orthodoxie, calvinistische 177
Orthodoxie, lutherische 34, 137—140, 176, 182, 184 ff.

Papist, Papismus 19, 104
Papst, Papsttum 120—124, 133, 147, 184, 188
Parität 41, 43, 64, 78, 132, 135 f., 183 (s. auch konfessionelle Mischformen)
Passionsfrömmigkeit, -mystik 141, 143, 151 f.
Passionslyrik 152
Pathos 20, 38, 129 ff., 135 f., 148, 187 f.
Pfarrei 28, 52, 60 f., 98, 122 f., 127
Philippismus, Philippisten 20 f., 113 f., 176 f. (s. auch Melanchthon)
Pietismus, Pietisten 11, 182, 185 f.
Polemik 18, 35, 44 f., 111, 130, 132, 136
Politische Testamente 38, 184 f.
Polizei 46, 98, 100, 119, 128, 182 (s. auch Kirchenzucht)
Polnische Brüdergemeinde 165
Polnische Teilung 157
Postille 117 f.
Prädestination 19
Prälaten 50, 123, 159
Predigt, Prediger (Prädikant) 8, 18, 48—50, 52, 61, 84, 90, 103, 108 ff., 112, 115, 118 ff., 124, 126 f., 140, 146, 170
Presbyterium 18, 174

Priester, Priestertum 14, 28, 61, 65, 71, 74 f., 123 f.
Priesterehe 76 (s. auch Zölibat)
Priesterseminar 28, 98 f., 125, 170, 175
Priesterweihe 79, 83
Privilegium fori, Privilegien der Geistlichen 48, 90, 159
Prozessionen (s. Liturgie)

Quäker 25
Quietismus, Quietisten 182

Rechtfertigung, -slehre 19, 76, 82
Reformationsdekret
  Ferdinands II. (1627) 163
Reichsstädte 16, 43, 64, 87
Reichstage, deutsche 8, 22
  Worms (1521) 47
  Speyer (1526) 8, 37
  Speyer (1529) 37
  Augsburg (1555) 61
Reichstag, polnischer 165, 169
Reichstag, ungarischer 176
Religionsfreiheit 25, 42, 45, 73, 136, 162 f., 177, 185 (s. auch Toleranz)
Religionsverträge 43
Religionsgespräche 48, 167
Religionskriege 7, 28, 163
Religionsunterricht, relig. Unterweisung 15, 37, 98, 118, 123, 125 (s. auch Katechismus, Katechese)
Reliquien 131, 143
Remonstranten 43
Renaissance 164
Restauration (kath.) 46, 69, 163 f. (s. auch Gegenreformation)
Restitutionsedikt (1629) 41
Ritter, Ritterschaft (s. Sozialstruktur)

Sakramente, Sakramentspraxis 24, 51, 61, 65, 75 f., 78, 83, 88, 91, 103, 144 A, 185

Sakramentsanbetung 87 f.
Sakramentslehre 19, 27, 145
Sakramentierer 51
Schisma, -tiker 23
Schmalkaldischer Bund 36, 75
Schmalkaldischer Krieg 75, 165
Scholastik 50, 138
Schul- und Erziehungswesen 11, 15, 36, 49, 82, 98 f., 103, 109 f., 118, 122, 124—127, 131, 168—170 (s. auch Bildung, Katechismus, Unbildung)
Gymnasium 23, 99, 125
Schwärmer, -tum 34, 51, 91, 182 (s. auch Sekten)
Schwedisch-poln. Krieg (1655 bis 1660) 168
Seelsorge 28, 37, 39, 76, 99, 112, 118, 120, 122—127, 149, 163, 165, 169 f.
Segnungen 15, 87 (s. auch Liturgie, Weihen)
Sekten 17, 25, 46 f., 58, 113, 153, 163 ff., 177 f., 187 (s. auch Schwärmer)
Separatismus, Separatisten 182
Sitte, Sittlichkeit, sittl. Lebensführung 9 f., 18, 26, 51, 54, 56, 63, 69, 71—73, 99, 102, 111—114, 180, 187, 190
Simultankloster 79 (s. auch Kloster)
Sodalitäten 149 (s. auch Bruderschaften)
Soziale Revolten 14, 48
Sozialstruktur, soziale Schichten, Gesellschaftsordnung 33, 43, 53, 59, 118 f., 153—155, 158, 171 f., 175, 178
Adel 14, 33, 49, 53, 58 f., 64 f., 100, 102, 112, 114, 119, 123, 155, 159, 162, 164—177, 180
Landadel 73
Arbeiterstand 190

Bauern 10, 14, 50—53, 59 f., 63, 68, 84, 86, 88, 102 f., 105, 109 f., 112, 116, 119, 155, 165, 167, 178
Bürgertum 16, 59, 64, 68, 112, 119, 155, 159, 173
Grundherr, Grundherrschaft 14, 53, 166
Gutsherr, Gutsherrschaft 74, 155, 162, 171 f., 174 f., 178
Handwerker 59, 68, 116
Ritter, Ritterschaft, Junker 52 f., 102 f., 109, 112, 116, 162
Magnaten 42, 155, 159, 162, 166, 173, 175—177
Sozinianer (s. Unitarier)
Spiritualismus, Spiritualisten 9, 91, 185
Spitäler 36, 52 (s. auch Caritas)
Staatskirche, -religion 24 f., 30, 35 f., 40, 53 f., 67, 70, 100, 163
Stadt 8, 10, 14, 17, 22, 34, 42 f., 48, 50, 52, 55 f., 58—62, 65, 69, 72, 78, 81 f., 87, 92, 97, 99, 102, 112, 114, 156—160, 173
städt. Bürgerschaft 48 f., 56, 77
städtische Obrigkeit, Stadtrat, -magistrat 8, 36, 38, 52—54, 63, 77, 87, 96, 135
Stände, Standesherren 16, 43, 53, 82, 162, 166, 168, 171, 173, 177
Reichsstände 22, 37, 49, 66
Landstände 42 ff., 72, 155, 162 f., 175
Stift, Stiftskapitel 33, 49, 52 f., 63, 79, 88, 122 f., 125
Stolgebühr 83
Studenten 114 f., 133, 159, 166, 176
Superintendent, -attendent 35, 116 f.

Synoden, Synodalwesen 22, 28, 55, 77, 169 f., 174 f.

Taufe 19, 84, 92, 110, 130
  Kindertaufe 19
Täufer 9 f., 14, 40, 46, 51, 71, 133, 160, 177
Teufel 105, 108, 152
Toleranz 25 f., 39, 42 f., 45, 161, 164 f., 169, 175, 184 f. (s. auch Religionsfreiheit)
  Toleranzpatent Josephs II. (1781) 175 f.
Tonsur 79
Tradition 145, 189
Trienter Konzil 26 ff., 30, 47, 66, 80, 113, 120, 125, 137, 169, 188 f.
  Professio fidei Tridentina 79, 189
  Konzilsdekrete (1564) 28, 34, 96, 169 f., 175, 189
Trinität 111 (s. auch Unitarier)
Trunksucht 61 (s. auch Sitte, Sittlichkeit)

Unbildung 93, 102, 104, 109 f., 112, 117, 123, 180 (s. auch Bildung, Katechismus, Schul- und Erziehungswesen)
Unierte Kirche (Altpreuß. Union) 187
Union von Brest (1596) 157, 170
Union von Lublin (1569) 154
Union der poln. ev. Bekenntnisse 166
Unitarier, Antitrinitarier, Sozinianer 156, 160, 164 f., 166 ff., 171, 174 f., 178
Universität, Hochschule, Akademie 23, 29, 33, 98, 115, 125, 138 f., 158 f., 165, 168, 170, 173 f., 176 f. (s. auch Bildung)
Utraquisten 163, 173
  Altutraquisten 161
  Neuutraquisten 91—163, 178

Verfassung, polit. 35, 37, 45, 97, 119, 153, 155, 158, 162, 172, 174, 178
Visitation, Kirchenvisitation 28 f., 52, 60 f., 71, 75, 87, 97, 108, 110, 118, 131, 169
  Visitationsakten 56, 69, 103
  Visitationsberichte 57, 61, 71, 97, 104, 107, 111, 117
  Visitatoren 68 f., 87, 110, 117
Verwaltung, Administration 10, 33, 82, 136, 181
  Beamte 100, 103, 180
Volk 13, 54, 56 ff., 68 f., 74, 87, 93, 95, 99, 101—106, 108—112, 119, 124, 126, 132, 168, 171, 179 f.
  Volksbewegung 13, 30
  Volkssprache 15, 132, 142, 146, 161

Wallfahrten (s. Liturgie)
Weihen 15, 87 f., 90, 144
  (s. auch Segnungen, Liturgie)
Werkgerechtigkeit 141, 146, 148, 150
Westfälischer Frieden 75, 78 ff., 98, 180
Wirtschaft, -spolitik, -sverfassung 10, 45, 155, 172
Wittenberger Konkordie (1536) 53
Wormser Edikt 120
Wundersucht, -glaube 101, 104, 108 f. (s. auch Aberglaube)

Zehn Gebote 109 f., 121 (s. auch Katechismus)
Zehnt, Kirchensteuer 36, 90, 93, 103
Zensur 89, 115 f., 182
Zeremonien (s. Liturgie)
Zölibat 50, 79, 113 (s. auch Aszese, Mönchtum, Priester, Priestertum)
Zünfte 33 (s. auch Stadt)

Vom gleichen Verfasser erschienen:

HARDENBERG UND DER GEDANKE EINER
VOLKSVERTRETUNG IN PREUSSEN
1807—1812

166 Seiten, Verlag E. Ebering, Berlin 1940 (Histor.
Studien, H. 365)

※

MARTIN LUTHER
UND DIE REFORMATION IM URTEIL DES
DEUTSCHEN LUTHERTUMS

Studien zur Selbstdeutung des lutherischen Protestantismus von Luthers Tod bis zur Goethezeit.
2 Bände, 412 und 487 Seiten, Verlag Herder, Freiburg 1950/1952 (vergriffen)

※

DAS ZEITALTER DER GLAUBENSKÄMPFE

98 Seiten. In: Gebhardt, Handbuch der deutschen
Geschichte, 8. Auflage, Union Verlag, Stuttgart
1955

Vom gleichen Verfasser erschienen:

KATHOLISCHE ÜBERLIEFERUNGEN
IN DEN LUTHERISCHEN KIRCHEN-
ORDNUNGEN DES 16. JAHRHUNDERTS

108 Seiten, Aschendorffsche Verlagsbuchhandlung, Münster i. W. 1959 (KLK, H. 17)

*

DIE FREIBURGER PHILOSOPHISCHE
FAKULTÄT IM UMBRUCH DES 18. JAHR-
HUNDERTS

Ein Stück Universitätsgeschichte
130 Seiten. In: A. Bauer - Zeeden - Zmarlik, Beiträge zur Geschichte der Freiburger Philos. Fakultät
Verlag E. Albert, Freiburg 1957 (Beitr. zur Freiburger Univ.- u. Wissenschaftsgeschichte, H. 17)

*

ÜBER METHODE, SINN UND GRENZE DER
GESCHICHTSSCHREIBUNG IN DER AUF-
FASSUNG JACOB BURCKHARDTS

35 Seiten, Verlag K. Alber, Freiburg 1948

Ritter Gerhard

WELTWIRKUNG DER REFORMATION

2. Auflage, 172 Seiten, Großoktav, 1959, Leinen, DM 15,80

*

Sturmberger Hans

KAISER FERDINAND II. UND DAS PROBLEM DES ABSOLUTISMUS

Österreich-Archiv
47 Seiten, Großoktav, 1957, brosch., DM 4,—

*

Coreth Anna

PIETAS AUSTRIACA

Ursprung und Entwicklung barocker Frömmigkeit in Österreich (Österreich-Archiv)
75 Seiten, Großoktav, 1959, brosch., DM 6,—

R. OLDENBOURG MÜNCHEN-WIEN

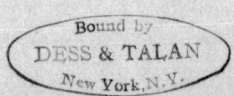

MAR 1968